西方哲学家中的中国之友
—— 马勒伯朗士、莱布尼茨、伏尔泰思想研究

文聘元 著

图书在版编目（CIP）数据

西方哲学家中的中国之友：马勒伯朗士、莱布尼茨与伏尔泰思想研究 / 文聘元著 . — 北京：商务印书馆，2021
ISBN 978-7-100-19684-0

Ⅰ.①西… Ⅱ.①文… Ⅲ.①马勒伯朗士(Nicolas Malebranche 1638–1715)—哲学思想—研究 ②莱布尼兹(Leibniz, Gottfried Wilhelm Von 1646–1716)—哲学思想—研究 ③伏尔泰(Voltaire, Francois- Marie, Arouet 1694–1778)—哲学思想—研究 Ⅳ.①B565.2

中国版本图书馆 CIP 数据核字（2021）第 046183 号

权利保留，侵权必究。

西方哲学家中的中国之友
马勒伯朗士、莱布尼茨与伏尔泰思想研究
文聘元 著

商 务 印 书 馆 出 版
（北京王府井大街36号 邮政编码100710）
商 务 印 书 馆 发 行
北京博海升彩色印刷有限公司印刷
ISBN 978-7-100-19684-0

2021年4月第1版　　开本 880×1230　1/32
2021年4月北京第1次印刷　　印张 12
定价：68.00 元

序　言

　　西方自古以来就是一个思想繁荣、哲学昌盛的世界,古希腊以降,杰出的哲学家可谓群星璀璨。

　　这些哲学家的思想也各有所长,既有共同之点,也各具特色。而正是那些共同之点的存在使得我们可以对这些哲学家们进行相应的分类,如分成经验主义的或者理性主义的、有神论的或者无神论的,如此等等,甚至于可以进行更加的细分,如对"存在"这个词的不同理解就可以构成一部贯通整个西方哲学史的著作。

　　简言之,我们可以从不同的视角理解西方哲学史,从而进行具有特色的归纳并且写出相应的独具特色的作品来。

　　本书正是从一个独特视角去看西方哲学史。

　　这个独特的视角是与中国相关的。

　　中华文明是古老的文明,向来被认为是世界四大古老文明之一,并且是唯一从遥远的古代一直延续到今天的文明。但由于地理相距遥远,我们在思想上对西方文明的影响稀微,西方的哲学家们也甚少提及中华文明。据我的了解,最早提及中国的西方哲学大家是诞生于1561年,中世纪晚期的培根,他在其著作之中有几次提到了中国。例如他在《新工具》中说,中国人不了解音乐学中关于谐音学的知识,中国的文字中也没有字母,意指中国的文字是原始而简陋的。

　　特别是在《新大西岛》中,他对中国的批评可以说是毫不客气。他说中国一直有一种古老的法律,就是不准外邦人入境,他认为这是一种"很坏的法律",因为它"使中国人民成为古怪、愚昧、怯懦和蠢笨的民族"。

他还说,中国虽然限制外国人进入,但中国人自己却可以随意航行到各处,"这就说明他们限制外邦人入境的法律是一种怯懦和恐惧的表现"。

他甚至还说,在大西岛上也像中国人埋藏陶器一样在许多洞穴里埋藏各种各样的陶器,不过大西岛上的种类"比中国的陶器更多,形式更美"。

我们知道,中国的瓷器(我认为培根在这里实际上指的不是陶器而是瓷器)之精美举世无双,培根由于对中国怀有偏见,即使在编造出来的小说式的《新大西岛》中也要说中国不行,就连中国人最擅长的瓷器都不行。

从这些就可以看出来,当时西人对于中华文化是相当缺少了解的,正因为缺少了解而对之抱着一种负面的甚至轻蔑的看法。抱持这种看法的西方哲学大家并不止培根一个,生于1770年的黑格尔同样如此。例如他认为中国人是没有自己的历法的,而对作为中国传统哲学的核心与基础的孔夫子的思想,他在《哲学史讲演录》中是这样说的:

> 我们看到孔子和他的弟子们的谈话,里面所讲的是一种常识道德,这种常识道德我们在哪里都找得到,在哪一个民族里都找得到,可能还要好些,这是毫无出色之点的东西。孔子只是一个实际的世间智者,在他那里思辨的哲学是一点也没有的,只有一些善良的、老练的、道德的教训,从里面我们不能获得什么特殊的东西。西塞罗留给我们的"政治义务论"便是一本道德教训的书,比孔子所有的书内容丰富,而且更好。我们根据他的原著可以断言:为了

保持孔子的名声，假使他的书从来不曾有过翻译，那倒是更好的事。

显然，黑格尔对中华文化是持着批判甚至蔑视的态度的。西方人对中华文明的这种蔑视与不了解从十六世纪一直延续到十八世纪，此后当然更是如此。因为黑格尔之后，中国更加落后于西方了，到十九世纪甚至沦为了西方人的半殖民地。

然而，并非所有的西方哲学家对中国都抱持着这样的态度，纵观整个西方哲学史，可以说有三个"中国之友"，他们有一个共同之点，就是对古老的中华文明怀着相当大的好奇心，也进行了相应的论述，并且整体而言都抱持着正面的态度，这三个人就是马勒伯朗士、莱布尼茨与伏尔泰。

这三人可以说各有特点。

马勒伯朗士对中华文明的整体并不理解，他只是基于朋友的请求，经朋友转述朱子理学之后，认为其与传统的基督教思想并不相符，甚至整体来说是属于无神论的，因此要加以批判。目的也是要中国人接受这种批判，好转而跟从基督教的来华传教士们信仰基督教的上帝。虽然如此，马勒伯朗士对于理学的分析却是所有西方大家中对中国哲学最为深刻而系统的比较性分析，是中西比较哲学的典范，直至今天都是最好的样本之一。原因无他，因为马勒伯朗士是唯一对中国哲学尤其是朱子理学作出过深入了解的西方哲学大家，虽然有不妥之处，但整体而言却是正确的，指明了中国传统哲学是无神的，是以道德而不是以神为基础的。

莱布尼茨和伏尔泰对中国文化的了解却不是如此。首先他们针对的并非如马勒伯朗士一样只是中国传统哲学中的理学，而是整体的中华文化，并且对这种文化有着崇高的敬意，例如莱布尼茨在《人类理智新论》中甚至称中华民族是"最伟大的民族"。

但他们对于中华文明并不是一味地崇拜，而是客观地认识到了中华文明并不完美，而是有其缺憾的。其中一个主要的特点或者说缺点就是虽然曾经有过光辉灿烂的古代，但却自古代之后就长期停滞不前。停滞的原因就在于中国人盲目崇古，将古人的成就看得至高无上，因此就使得中华文明整体上处于停滞状态，缺少新的发现与新的成就，无论哲学与科学都是如此。这种看法诚然是对的，就哲学而言，伟大如朱子理学——这可以说是春秋战国之后最重要的思想创新，虽然有着独立的名称，但实际上并非一个真正独立的思想体系，它是附属于儒学的，是孔夫子思想的一种后续发展，并不能算是一种独立的思想体系，从其内容与形式都可以清楚地看出来。

之所以如此，原因很简单：当朱子在创立他的理学之时，并不是独立地观察这个世界的，就整体而言仍是以古代思想家们的眼睛去看这个世界的，因而他的思想也是奠基于这些古代思想家们的思想基础之上的，虽然有所原创，但原创的程度有限，无法与西方那些古希腊之后的思想家们极富原创性的思想相比。

写到这里，我不由又想起颇为蔑视中华文明的培根在《新工具》中说过的另一句话：

> 新的发现必须求之于自然之光亮，而不能溯求于古代之黑暗。

这句话在我看来相当适用于中国古代哲学，当然并不是说中国的古代哲学是黑暗的，而是说，中国自春秋战国之后，哲学基本上就是溯求于古代了，一切都以古代的老庄孔孟思想为起点，只是夹杂了些许自己的创见罢了，即使伟大如朱子亦如此。尤其是孔夫子创立的儒家思想牢牢地统治着中国人，而此后中国的学术研究就整体而言亦不过是从这些古代伟人的著作中引经据典而已，其情形就如英国大哲休谟所言：

> 中国看来有很深厚的文化和科学传统，经过了这么多世纪的进程，自然可以期望它应已成熟，比现有的一切更为完美。然而中国是个大帝国，人民讲着同一的语言，受治于同一的法律，赞许同一的生活方式。像孔夫子这样的导师，其思想权威易于传遍全国。没有人敢于抗拒当时盛传的主张。后人也不敢辩驳其祖先一致接受了的观点。看来这就是科学为何在这个伟大的帝国中进展甚为缓慢的一个客观原因。（《休谟政治论文选》，71页）

休谟在这里说得很清楚，中国的科学之所以落后，就是因为盲目跟从古人，所面对的只是古人的思想与著作，而不是世界本身，这样一来当然不可能得到新的发现了。科学如此，哲学亦如此。我们的哲学传统是一向习惯于崇拜，过去是崇拜孔孟老庄，今天不过是在孔孟老庄之后增添了一些西人的名字而已，如柏拉图、亚里士多德、康德、黑格尔、海德格尔、胡塞尔等，将他们的思想与著作看作是不可逾越的高峰。我们只能高山仰止，只有崇拜的份儿，而且往往是一个学者专门搞一个人或者一个学派，认为搞学术研究无非就是读他们的书、写赞美他们的书而已！

以培根的话来说，我们过去的学术，无论科学还是哲学，实际上都是"溯求于古代之黑暗"，但请问，在这种情形之下，我们今天的学术研究可能创造出开一代先河之新思想来吗？

用膝盖想想都是不可能的！

所以必须改进，而改进之法其实并不难，就是要面对世界本身，面对我们此时所面对的世界，用我们自己的眼睛去看，用我们自己的头脑去思考，然后用我们自己的语言去表达这种思考，这是中国哲学思想创新的唯一可行之道。

是为序。

文聘元

2017 年 10 月 26 日于海大研究室

目 录

马勒伯朗士

第一章　马勒伯朗士与中国 ················· 3
　第一节　马勒伯朗士与中国 ················· 3
　第二节　简单人生 ······················· 6

第二章　上帝、心灵与可感之物 ··············· 10
　第一节　对万物的分类 ···················· 10
　第二节　心灵如何认识万物 ················· 16
　第三节　认识与上帝 ····················· 28

第三章　如何理解上帝 ···················· 38
　第一节　上帝：孤独的存在 ················· 38
　第二节　并不绝对自由的上帝 ··············· 41
　第三节　幸福在于上帝 ···················· 44

第四章　朱子与马勒伯朗士 ················· 49
　第一节　神与中国人 ····················· 49
　第二节　理与神之异同 ···················· 55
　第三节　运动、认识与快乐 ················· 68
　第四节　奇异的契合 ····················· 75

莱布尼茨

第五章　莱布尼茨的人生与著作 ·················· 85
　第一节　宫廷里的万事通 ························ 88
　第二节　挫折与惨淡 ···························· 98
　第三节　莱布尼茨与微积分 ······················ 101
　第四节　莱布尼茨的著作 ························ 106

第六章　莱布尼茨哲学的基础理论 ················ 114
　第一节　万物源于充足理由 ······················ 114
　第二节　论自由意志 ···························· 130
　第三节　自由与必然 ···························· 140

第七章　单子论 ································ 161
　第一节　单子与原子 ···························· 161
　第二节　单子的八大属性 ························ 170

第八章　前定和谐 ······························ 191
　第一节　究竟什么是前定和谐 ···················· 192
　第二节　这是最好的世界 ························ 199
　第三节　应该如何认识前定和谐 ·················· 206

第九章　灵肉与善恶 ···························· 210
　第一节　灵与肉 ································ 210
　第二节　身与心 ································ 217
　第三节　何为恶？ ······························ 220
　第四节　为什么这世界应该有恶？ ················ 230

第十章　语言与逻辑 ………………………………… 237
第一节　语言：人类最古老的纪念碑 ………………… 237
第二节　数理逻辑的先驱 ……………………………… 244

第十一章　论天赋观念 ……………………………… 250
第一节　为什么有天赋观念？ ………………………… 250
第二节　天赋观念的两个重要特点 …………………… 253

第十二章　空间和时间 ……………………………… 258
第一节　对空间的理解 ………………………………… 259
第二节　对时间的解释 ………………………………… 262

第十三章　对中华文明的崇敬与赞美 ……………… 271
第一节　对中华文化的整体性认识 …………………… 271
第二节　汉语 …………………………………………… 278
第三节　理学与二进制 ………………………………… 280
第四节　莱布尼茨之继承者沃尔夫与中国 …………… 285

伏尔泰

第十四章　伟大的启蒙者伏尔泰 …………………… 295
第一节　伏尔泰的历史地位 …………………………… 296
第二节　伏尔泰的人生 ………………………………… 297

第十五章　伏尔泰对上帝的理解 …………………… 307
第一节　如何理解上帝？ ……………………………… 307
第二节　为什么要有上帝？ …………………………… 313
第三节　对宗教迷信与狂热的批判 …………………… 317

第十六章　论知识 ………………………………………… 323
　第一节　知识源于经验 ………………………………… 323
　第二节　反对天赋观念 ………………………………… 326

第十七章　自由、平等与气候决定论 ……………………… 330
　第一节　平等与自由 …………………………………… 330
　第二节　气候决定论 …………………………………… 333

第十八章　对中华文化的理解与赞美 ……………………… 340
　第一节　对中国历史的理解 …………………………… 340
　第二节　中华文化的优越性 …………………………… 355
　第三节　中华文化的局限性 …………………………… 365

跋 ……………………………………………………………… 371

西方哲学家中的中国之友——马勒伯朗士

- 我看见拿破仑,这个世界精神,在巡视全城。当我看见这样一个伟大人物时,真令我发生一种奇异的感觉。他骑在马背上,他在这里,集中在这一点上他要达到全世界、统治全世界。

- 我们可以断言,没有激情,任何伟大的事业都不能完成。

- 凡是合理的都是存在的,凡是存在的都是合理的。

- 真理诚然是一个崇高的字眼,然而更是一桩崇高的业绩。如果人的心灵与情感依然健康,则其心潮必将为之激荡不已。

第一章 马勒伯朗士与中国

英国常识哲学家里德在《论人的理智能力》中这样评价马勒伯朗士：

> 马勒伯朗士是位思想敏锐的天才，……他的优势是在笛卡尔作出发现后，追随笛卡尔，但不是后者的附庸。

这是对马勒伯朗士比较公允的评价，从这样的评价可以看出来，马勒伯朗士是值得我们关注的思想家。

第一节 马勒伯朗士与中国

即使在整个西方哲学史上，马勒伯朗士也算得上是一个很特别的人物，特别之处有两个：一是他的思想很特别，二是他的著作很特别。

思想的特别我们后面再说，著作的特别在于他写了可以说是西方哲学史上唯一一部由大家写就的却与中国有着密切关系的作品，这就是《一个基督教哲学家和一个中国哲学家的对话——论上帝的存在和本性》。从这部书的名字就可以看到它与中国的关系。

这部著作是怎么来的呢？

这还要从很早以前说起。我们知道，基督教虽然诞生了两千来年，在中国的传教历史也相当长久,但一直没有大的起色。第一个在中国传教比较成功的是大名鼎鼎的利玛窦,他于明朝万历年间来到中国,1610年卒于北京。不过他的主要贡献倒不是传教,而是西方的文化尤其是科学在中国的传播,例如他曾和徐光启合译了欧几里得《几何原本》的部分内容,作品也大多是有关科学的。

当利玛窦传教时,为了使基督教易为中国人接受,便认为中国传统中也有关于上帝的观念,认为中国传统的儒家和基督教的教义并不违背,也准许信徒们依然祭天祭孔祭祖"三祭"。利玛窦去世后,他的接班人叫龙华民,即尼科洛·龙哥巴底。他却认为中国传统中根本没有基督教中的上帝,中国人实际上是无神的。利玛窦和龙华民各有追随者,他们的观点反映到了罗马教廷后,终于在十七、十八世纪之交在罗马教廷内部掀起了一场有关中国的争议。结果龙华民一派占了上风,于是罗马教廷便几番下谕,禁止中国的基督徒三祭。后来终于惹怒了本来对基督教的传播不加禁制的康熙大帝,他下了圣旨:"不必西洋人在中国行教,禁止可也,免得多事。"(《有关神的存在和性质的对话》1998,23页）

这就是马勒伯朗士著作的大背景了。当时,有一位在中国生活了多年的传教士利阿纳,中国名字叫梁宏仁,他属于龙华民一派的,即认为中国的传统是无神论的。他在康熙下令禁教之前就回到了欧洲,是马勒伯朗士的好朋友,很熟悉马勒伯朗士的哲学,在和中国当时的学者们争论有关上帝的问题。他争论时所运用的工具就是马勒伯朗士的思想。这番回国后,他到了巴黎,见到了马勒伯朗士。据曾长期跟随马勒伯朗士的安德烈神父在《马勒伯朗士与中国问题》中说:

> 这位高级教士曾经在中国逗留近二十年之久,传教布道成绩卓著,他还有幸在那里修筑了一座教堂。由于他很

熟悉中国的教理，所以时常和这个国家的学者、哲学家们争辩。在争论中，他感到，说服他们的最好办法就是用马勒伯朗士神父的原理去制胜他们。（因为这些基本的真理可以使他们的心灵比较容易接受，特别是这些真理不尚权势，而服从理性。）（《有关神的存在和性质的对话》，135页）

这里说得很明白，梁宏仁认为可以用马勒伯朗士去说服中国人信仰基督教。我们知道，作为一个基督徒，能为基督教的传播作出贡献是莫大的荣耀，就像安德烈所言：

> 马勒伯朗士神父对于这样的荣誉，并不是无所感动的，因为首先事关宗教大业。他很兴奋地得知他的原理在中国胜过了最顽强的异教；尤其使他欣喜不已的是，他同时看到这些原理在法国对非教倾向的斗争中也取得了胜利，这是凿凿有据的。（同上，136页）

结果当然是马勒伯朗士欣然接受了梁宏仁的建议，专门写一本书来驳斥中国的那些他认为是无神论的传统思想，以传播基督教的有神论思想，这本书就是《一个基督教哲学家和一个中国哲学家的对话——论上帝的存在和本性》了。

这本书有两个特点：

一是它对中国哲学（理学）的评价有些是错误的，这当然不怪马勒伯朗士，而是怪那些错误地理解了理学并且将这种错误传递给了马勒伯朗士的人，如梁宏仁。但这并不意味着它们是没有意义的，事实上，理学与基督教或者说马勒伯朗士的神学还是有着相当密切的关系的，他们的评价对于我们理解理学也是有帮助的。

二是它系统而简明地阐述了马勒伯朗士自己的哲学，是我们了解马勒伯朗士哲学的一件利器。

当然，我们之所以要讲述马勒伯朗士的哲学，并不是由于他写了这本有关中国的书，而是因为他的思想的确是很重要的，就像《哲学百科全书》所说的，马勒伯朗士是"笛卡尔之后主要的笛卡尔主义哲学家之一"。①

笛卡尔主义哲学家是马勒伯朗士一个主要的标签，但事实上，马勒伯朗士不但是重要的笛卡尔主义哲学家，也是重要的哲学家，特别是在十七、十八世纪，受马勒伯朗士影响的哲学家中包括许多哲学大家，如莱布尼茨、贝克莱、休谟等。特别是莱布尼茨，尽管他是一个相当高傲的人，和许多哲学家和科学家包括伟大的牛顿的关系都不好，但他却公开地赞扬和接受了马勒伯朗士的许多观点，还和马勒伯朗士保持着通信。在1679年写给马勒伯朗士的一封信中，他说道："我十分赞同你提出来的如下两个观点，即我们在上帝之中看到一切事物，身体严格来说对我们没有什么影响。"②

这里莱布尼茨所赞成的马勒伯朗士的思想就是我们下面重点要讲的心物平行论，这是马勒伯朗士思想之中最重要也最深奥的思想，我们后面都会述说。

第二节　简单人生

在讲马勒伯朗士的哲学之前，我们先来讲一下他的人生。

马勒伯朗士的人生是很简单的。

尼古拉·马勒伯朗士1638年生于法国巴黎，家世显赫，他的父亲和儿子同名，是法王路易十三的秘书官，母亲则是当时新法西总

---

① 见 Encyclopedia of Philosophy, 2nd edition 之 Malebranche 条目，V5，第663页。

② 见 Encyclopedia of Philosophy, 2nd edition 之 Malebranche 条目，V5，第671页。

督之妹,他的哥哥也是高官。还有,他母亲生了许多孩子,有说法是 10 个,更有说法是 14 个,马勒伯朗士是最小的一个。生在这样一个家庭,注定会一辈子锦衣玉食。

然而,马勒伯朗士有一个毛病,这毛病和法国哲学史上的另两位大家笛卡尔还有帕斯卡一样,就是从小体弱多病。他更加如此,称得上是残疾人,脊椎严重畸形,一天到晚只能猫着腰,这样对肺又造成了压迫。如此一来,他自小便没有上学,而是请了教师在家里学习。直到 16 岁时身体才好转了些,便进了拉马仕学院,毕业后到著名的巴黎大学学习神学。

他在巴黎大学的学习也不愉快,因为他不喜欢统治着当时神学界的亚里士多德思想,而偏好于奥古斯丁的思想。于是,1660 年时,他离开巴黎大学,到了奥拉托里会修道院。

奥拉托里会修道院很合马勒伯朗士的胃口,因为这里宣扬的正是奥古斯丁的思想,还有,这里的气氛也比较自由,学生们可以安心地沉思上帝。

马勒伯朗士在这里度过了四年,研习了基督教会史、古典语言学与《圣经》等,当然主要还是奥古斯丁的神学,1664 年时正式被授予圣职。

也就是在这一年,发生了一件影响他哲学人生的大事。有一天,他在巴黎的大街闲逛,路过一家书店,问有什么新出版的书,店员便递给他一本笛卡尔的《论人》,笛卡尔十四年前就已经逝世了,这是他的遗作。马勒伯朗士一翻之下,立即被深深地迷住了。我们上面提过的安德烈神父在他为马勒伯朗士所写的传记中说,读到这本书后,马勒伯朗士狂喜不已,心跳得快的受不了,气都喘不过来,以至于他"不得不经常把书搁下一会,不再读它,以使呼吸能够顺畅一点"。①

从此，马勒伯朗士就成为笛卡尔的信徒了，这也奠定了他一生哲学的大方向。也许有人会好奇地问，笛卡尔哲学究竟为何使得马勒伯朗士如此着迷？个中原因其实并不难理解。我们前面说过，马勒伯朗士一向不喜欢亚里士多德而偏好奥古斯丁，实际上是不喜欢当时已经变得繁琐之极的以亚里士多德思想为基础的托马斯·阿奎那神学。但奥古斯丁毕竟是比托马斯·阿奎那还要古的人，他的思想很难解开马勒伯朗士心中的疑团，特别是有关如何解释世界与上帝的问题，但笛卡尔的哲学却可以。因为笛卡尔的哲学尤其是他的心物平行论给我们打开了一扇独特的理解世界与上帝之大门，马勒伯朗士正是与笛卡尔的这些思想产生了共鸣，于是一下子就被迷住了。

此后，马勒伯朗士又读了笛卡尔的许多著作，如《论方法》《第一哲学沉思集》《哲学原理》，等等，成了一个热情洋溢的笛卡尔主义哲学家。不止于此，他也知道了笛卡尔不但是伟大的哲学家，还是伟大的科学家特别是数学家，于是，为了更深刻地理解笛卡尔的思想，他还专门研习了科学特别是数学。

还有，马勒伯朗士并没有停留在笛卡尔那里，做一个笛卡尔哲学的传声筒，而是有他自己的思想，也开始撰写自己的著作。是1674年开始出版的《真理的探索》，共分两部六卷，称得上是马勒伯朗士一生的代表之作。

由于这本书一改繁琐的经院哲学论证，说理透彻，文字通透，大受欢迎，畅销一时。

这也是马勒伯朗士哲学著作的共同特点。我们知道，哲学著作一般都是晦涩的，读者很少，销量有限，但马勒伯朗士的著作却不

---

① 见 *Stanford Encyclopedia of Philosophy* 之 Malebranche 条目。

如此,几乎部部畅销,例如他此后的《基督教会话》,1676年在巴黎出版后,第一版几乎是被抢购一空,紧接着便有了第二、第三版。

此后,马勒伯朗士的生活就很简单了。他平时总是深居简出,只做两件不出门就可以做的事,即沉思与写作。他一辈子写过很多书,除《真理的探索》和《基督教会话》,还有包括二十个沉思的《基督教和形而上学沉思录》《论道德》《关于形而上学和宗教的对话录》《关于死亡的对话简录》,等等。最后一部是马勒伯朗士在一次重病之后写就的,1696年出版。

这些著作在当时产生了很大的影响,使得马勒伯朗士在世时就获得了拥趸无数,1699年还成了法兰西科学院院士。他的哲学也成了欧洲许多大学专门讲授的课程。简而言之,如他的同时代哲学家比埃尔·培尔所称,马勒伯朗士是"我们时代首屈一指的哲学家"。[①]

不过,我们不要以为马勒伯朗士的哲学在当时得到众口一词的赞美。事实上正相反,他有许多对手,他们批评马勒伯朗士的哲学。马勒伯朗士可是不甘示弱的,对于批评总是一一回应,这也成了他人生的主旋律之一。

所幸的是,虽然一辈子身体不好,但马勒伯朗士不像帕斯卡生命短促,他活了77年之久,1715年病逝于巴黎!

考虑到他的体质,这确乎算得上是一个奇迹了!

---

① 见 *Stanford Encyclopedia of Philosophy* 之 Malebranche 条目。

第二章　上帝、心灵与可感之物

马勒伯朗士哲学的内容是很丰富的，就像他的著作一样，遗憾的是我们在这里不能一一讲来，不过也不用愁，我们将要比较深入地讲述他最重要、最深刻的思想，就是他的认识论与上帝观，以及他最为独特的思想——可以与中国哲学进行比较研究的思想。

我们首先要讲的就是马勒伯朗士的认识论。

马勒伯朗士的认识论和他的本体论关系密切，我们可以从他对世界的整体划分着手分析。

第一节　对万物的分类

在马勒伯朗士看来，世界万物可以划分为三大不同的领域，即上帝、心灵与可感之物。

上帝不用说，就是那个万物的创造者，就如他所言：

> 我们的上帝，就是那位自有的、无限完满的存在体，就是存在体。[①]

[①] 《一个基督教哲学家和一个中国哲学家的对话——论上帝的存在和本性》，《马勒伯朗士的"神"的观念和朱熹的"理"的观念》，庞景仁著，冯俊译，商务印书馆，2005年，第200页。

关于上帝，我们后面还要专门论述，这里且不多说。我们要强调的是，在马勒伯朗士看来，上帝很重要的一点是囊括万物。我们可以将上帝类比为光或者太阳，一个在整个宇宙之中照耀万物的太阳，万物都沉浸与沐浴在这光芒之中，然而这太阳却不是万物，它只是万物的创造者与照耀者。但从另一个角度说，万物是存在于这个太阳之中的，就像万物被这光芒包裹着一样，简而言之就是：万物在上帝之中，但上帝却不在万物之中。对此马勒伯朗士说：

> （上帝）不仅在宇宙里，而且无限地超出宇宙；因为上帝不包含在他的作品里，而是他的作品是在他里边并且继续存在于他的实体里。……上帝不是在世界里，反而是世界在上帝里。……一切物体都在上帝的广大无垠性里广延着。①

这种思想看上去像斯宾诺莎的泛神论，即万物都居于神之中，不过只是表面相似而已，实际上是不一样的甚至是相反的，因为斯宾诺莎的泛神论比较彻底，于是几乎走向了无神论。但马勒伯朗士的却依然是有神论，而且是十足的有神论。马勒伯朗士自己也特别强调了这一点，并且对斯宾诺莎是极端的不客气，称他为"大逆不道的斯宾诺莎"，指出斯宾诺莎的体系是一种无神论。②

上帝之外就是心灵了。

心灵这个词有些怪，倘若不说呢，我们知道它是什么，但一说

---

① 转引自《西方著名哲学家评传》（第四卷），钟宇人、余丽嫦编，山东人民出版社，1984年，第255页。

② 参《一个基督教哲学家和一个中国哲学家的对话——论上帝的存在和本性》，《马勒伯朗士的"神"的观念和朱熹的"理"的观念》，庞景仁著，冯俊译，商务印书馆，2005年，第235—236页。

起来就麻烦了，简直不好解释。尤其是在马勒伯朗士这里，他的心灵和我们平常所说的心灵更加不同。我们平常所说的心灵好歹和心有关，或者说和心脏有关，但在马勒伯朗士这里是没有关系的，甚至是风马牛不相及。我们或者可以用他在《真理的探索》第一卷中的序言所说的一段话来解释：

> 人的心灵，从本性上可以说介乎它的创造主和各种有形创造物之间；因为按照圣奥古斯丁的说法，它以上只有神，它以下只有形体。但是，它虽然大大地超乎一切物质事物之上，这并不妨碍它与物质事物相结合，甚至以某种方式依附一部分物质；同样，最高本体与人的心灵之间的距离虽然无限大，也并不妨碍两者直接结合，紧密无间。后一结合使人的心灵高于万物；就是凭着这一结合，它才得到了它的生命，它的灵明，以及它的全部幸福；……与此相反，心灵与形体的结合则无限地贬低了人；这就是今天人类一切错误、一切苦难的主要原因。(《西方哲学原著选读》(上卷) 1981，471—472 页）

这段话很长，但不难理解。可以看出来，在马勒伯朗士那里，所谓心灵就是介于上帝和各种有形之物（也就是可以感觉的万物）之间的那个东西。正因为它占有了这样的位置，因此一方面可以和上帝沟通，另一方面又可以和万物结合。但在这里又要注意两点：一是心灵虽然可以和上帝以及万物都相通，但与它们又都是距离很大的，首先和上帝的距离是无限之大！这当然好理解，因为上帝本来就高于一切，心灵既然是人的心灵，当然和上帝的距离无限之大。因为上帝是无限，而人是有限，有限和无限之间的距离当然是无限之大的。

至于和万物，这里又要注意三点：一是心灵和万物的结合并非直接的沟通，这一点是非常重要的，是理解马勒伯朗士心物平行论的关键，这我们后面还要说。二是心灵与万物的结合是心灵居于"物"之中，这个物是非常具体的，就是人的身体。心灵是不能离开这个身体的，身体就像心灵的容器一样，没有这个容器，心灵或者说人就无法存在，就不是人了。三是心灵是大大地高于万物的，因此心灵与万物的结合是一种纡尊降贵。另外就是，结合的结果是大不一样的：心灵和上帝结合产生了幸福，而与肉体的结合则产生了恶与不幸。

对于这个心灵，马勒伯朗士有时候还有别的称呼，例如理性，当然也可以说理性是心灵的一种能力，但它们又是可称一体的。对于这个理性，马勒伯朗士在《道德论》中说：

凭借着理性，我们或者可以有与神以及一切其他理智者交往底机会；因为他们都与我拥有共同之物，那即是理性。
（《西方伦理学名著选辑》（下卷）1987，96 页）

看出来了吧，在这里，理性也是可以与神交往的，由此也可以看到心灵就是理性。另外一个称呼就是精神，马勒伯朗士这样说过："精神是如此伟大的，只有它的创造者可以直接作用于它。"[1] 精神同样可以和上帝结合，因此也是心灵与理性，不过这并不难理解，我们读了这么久的西方哲学史，早就应该发现了有许多词的含义虽然在某些场合有细微的区别，但整体而言其实都是差不多的。除了心灵、精神、理性外，理智也是一样，有时候意识都是一样。若说

---

[1] 《一个基督教哲学家和一个中国哲学家的对话——论上帝的存在和本性》，《马勒伯朗士的"神"的观念和朱熹的"理"的观念》，庞景仁著，冯俊译，商务印书馆，2005 年，第 215—216 页。

有差异，不过是从不同的角度去分析同一个对象而已，即都是那个和可感之物不同的东西，有时候指一种能力，有时候又指一种具体的对象，但这又是二而一、一而二的，例如意识，既可以是名词，又可以是动词。

第三个分类是可感之物。

可感之物就是我们可以感觉的万物，如花草树木、日月星辰、鸡毛蒜皮等，通通都是。对于这些可感之物，马勒伯朗士首先是承认它们的存在的，他说：

> 信仰告诉我，上帝造了天和地；信仰告诉我《圣经》……明明白白地对我说有成千上万的造物。（《西方著名哲学家评传》1984，231页）

还说：

> 除非是疯子，才会怀疑物体的存在。（同上）

看出来了吧！马勒伯朗士之所以承认万物的存在，理由很简单，并不是因为看到了万物（我们后面会说到，他恰恰不承认我们能够"看到"或者"感觉到"万物甚至任何一物，这是他思想的核心），而是因为《圣经》中说得很明白：上帝创造了万物，既然上帝创造了万物，我们怎么可以怀疑万物的存在呢？那岂不是不相信上帝的创造吗？

这话听起来简单，实际上是非常深刻的。我们知道，万物是否存在，这是哲学史上一个很大的问题。早在巴门尼德那里，他认为存在是唯一、永恒且不动的，而在黑格尔看来，这意味着在存在者之外，思想是不存在的，或者说是无物。即思想与它的存在是同一的。这种思想与存在的同一性是哲学史上一个核心的问题呢！所以，这个万物即可感之物是否存在并不是如我们想当然的那样明确地存在的，是一个需要怀疑与论证的问题，也是一个很容易怀疑同时很难论证的问题。就像马勒伯朗士所言，可感之物"这些东西不单是凭想象出来的，它们是实在的，我们可以相信它们有不依于我们精神的一种实在的存在，这一点我们不会弄错，虽然这是很不容易用论证的方式证明的"。（同上）

与可感之物相对应的是感觉。

我们知道，对感觉的认识同样是哲学与哲学史中的一件大事，英国的经验主义者们如培根、霍布斯与洛克等都强调了感觉与主要由感觉而来的经验的真实性，欧洲大陆的理性主义者们如笛卡尔则相反，不承认经验的可靠性。在这个问题上，作为笛卡尔的拥趸，马勒伯朗士是坚决地否认感觉的可靠性的，例如他在《道德论》中说过这样的话：

> 如果我们大家都依赖感觉事物而行动，我们便皆是罪人。（《西方伦理学名著选辑》1987，99页）

这里的不依赖感觉事物其实就是不依赖感觉，若依赖于感觉，不但不好，甚至是有罪了！何等的可怕！不过，这并不意味着马勒伯朗士对感觉是一味的排斥，他只是说我们不能依赖它而已。但感觉还是有用的，它的用处就在于告诉我们有关我们身体与外物一些情况。还有，感觉的这种本领不但是很可靠的，而且是很有用的，例如对保存我们的生命与健康都很重要。当我们上街时，一辆汽车迎面奔来，我们凭什么知道汽车开来了？当然靠的是感觉，于是我们赶紧躲开。要是不躲开，就可能会被撞伤甚至撞死，这就是感觉的作用。

不过，虽然感觉有这样的作用，但我们还是要注意：感觉的作用仅此而已，整体而言，它是比心灵要次一等的，所以千万不要因为感觉能够让我们健康甚至保命就把它看得比心灵重要，这是万万不行的，就像马勒伯朗士所言：

> 我们的感官非常忠实、非常准确地向我们报导我们周围的一切物体与我们身体的关系，但是它们并不能告诉我们这些物体本身是什么；为了恰当地使用感官，就只能把它们用来保持我们的健康和生命，当它们意图把自己抬高到压倒心灵的时候，就只能充分地藐视它们。（《西方哲学原著选读》（上卷）1981，470页）

对于感觉的用处，也许我们可以用"钱"和"幸福"打个比方：幸福是不能依赖于钱的，若以为幸福依赖于钱，那不但是错误的，很可能会导致人去犯罪：有人以为有钱就幸福，于是为了幸福就去抢钱。但这也并不是说钱对于幸福是毫无作用的。当然不是这样，试想，没钱的人或者说很穷的人能够幸福吗？恐怕很难，也许圣人可以，但普通人是不能的。总之就像俗话说的：钱不是万能的，但没钱万万不能。

第二节 心灵如何认识万物

以上我们介绍了马勒伯朗士对世界的分类，将之分为上帝、心灵与万物，这是我们下一步分析的基础。这下一步分析又分成两大部分，一是对心灵如何认识万物的分析，二是对上帝的分析。

我们先来讲第一部分，心灵如何认识万物。

对此我们首先要说的或许是，"心灵如何认识万物"这样的命题本身就是错误的。尽管在我们看来，这样说是理所当然的，但在马勒伯朗士看来却不是如此。因为在他看来，心灵根本就不能认识万物，这也许是他的认识论甚至整个哲学之中最有特色、最有意思也是最深刻的部分了。

这个思想就是他的心物平行论。

心物平行论的核心就是心灵不可能认识万物。

在《一个基督教哲学家和一个中国哲学家的对话——论上帝的存在和本性》里，马勒伯朗士说过这样一段话：

> 你应该知道我们看不到物质对象本身。我们不能当前地、直接地看到物质对象，因为我们经常看到的并不存在。这是一个真理，这个真理可以用上百个方式来论证。

在这里，马勒伯朗士说得很明白，就是我们不能认识物质。他这里的"我们"指的就是我们的心灵了，而物质当然就是可感之物。也就是说，在他看来，我们人的心灵是不能认识可感之物的。他在这里还给认识提供了具体说明，就是"看到"，即我们的心灵并不能直接地看到可感之物。这是一，还有就是，这些我们似乎看到了的可感之物实际上并不存在。

不用说，这种观点是令人有些匪夷所思的。因为它所包含的两个内容都与我们的直观或者平常的经验是截然不同的，因此看上去是相当荒谬的。例如说，我们不能看到可感之物吗？例如，此刻我正在打字，电脑屏幕清清楚楚地呈现在我的眼前，我看到了一个个闪现在屏幕上的字，此刻打的"例如"这个词，难道我没有看到吗？还有，天上有个太阳，此刻也在天上，我们可以相信当初马勒伯朗士看到的也是同一个太阳，难道马勒伯朗士能够否认，说他没有看到吗？甚至于，能够说太阳不存在吗？

不错，正是！马勒伯朗士正是说我们不但不能看到太阳，那太阳也是不存在的。

在他看来，我们的心灵是不能认识个体之物的，他说有一百种方式可以证明这一点，他也的确举出了一些证明。例如他说，我们经常看见的那些个体之物实际上并不存在，像在睡觉时，或者大脑被某种疾病过分地折磨时，"这时看见的东西当然并不是对象，因为对象并不存在"。（同上）

看得出来，他这个论证实际上是论证心灵似乎认识了或者感觉到了的个体之物实际并不存在，例如在梦中，至于"大脑严重的疾病"指的就是幻觉。

幻觉是一种比较特殊的心理现象，它在心理学上的定义是指没有相应的客观刺激时所产生的感觉。这就是说，幻觉是一种主观的体验，对于幻觉的主体而言其感受与真觉是相似的甚至完全一样的，由于其感受逼真且生动，可引起与真觉同样的愤怒、忧伤、惊恐、逃避乃至产生攻击别人的情绪或行为反应，然而事实上真觉是有相应的产生真觉的外物的，而幻觉则根本没有。

他由此说明心灵不能认识万物。

这个证明似乎有问题，因为幻觉的存在似乎并不能否认心灵可以认识万物啊，要知道还有真觉存在呢！例如天上的太阳，不就真真实实地存在着吗？怎么能够以幻觉的存在而否认真觉甚至万物的存在呢？

对于这个问题我们应当这样理解，马勒伯朗士的意思恰恰是说，我们凭什么认为太阳的存在就是真觉呢？难道太阳的存在不能够也是如我们在梦中看到的东西一样吗？不可能也是一种幻觉吗？那当然是可能的！笛卡尔就作出了相似怀疑。从这个角度上来说，马勒伯朗士的说法当然就可以理解了。这样一来，心灵当然不能认识万物了。

除了这个抽象的论证外，马勒伯朗士还提出来了一个很具科学性的论证。他说：

1.我认为你同意这一点,即物件不过是向你的眼睛反射了光。2.我假定你知道你的眼睛是怎么做成的,我认为你也同意这一点,即眼睛不过是聚集了物件的每一点所反射的光,把那么多的点都反射到视神经上,在那里有眼睛的透明液体的焦点。显然,光的汇集不过是震动了这个神经的纤维,通过这个神经,震动了这些神经的终止点——大脑的各部分,也震动了这些纤维之间的动物精气或者这些小物体。而到这里为止,没有什么感觉,也没有什么对物体的知觉。(同上)

这段话是很厉害的,因为它从科学的角度说明了我们为什么不能认识万物。我们知道,视觉形成的生理过程大致可以描述如下:

光线→角膜→瞳孔→晶状体(折射光线)→玻璃体(固定眼球)→视网膜(形成物像)→视神经(传导视觉信息)→大脑视觉中枢→形成视觉。

在这个过程里我们可以看到一个基本的事实,就是大脑并没有直接和可感之物相接触,大脑接触到的只是一些光与影像,正是这些光与影像使我们产生了视觉,从而认为了对象的存在。于是,问题就出来了:我们凭什么认为这些光与影像和它由之而来的个体之物是一样的呢?凭什么?

大家想想吧,凭什么?对这个问题也许你们会回答:不用凭什么,这太明白了!

但是,倘若我们深入思考一下,就会发现其中不是不能够质疑的,质疑者也远不止马勒伯朗士一个,像我们讲过的洛克就曾经这样质疑过,在洛克看来,我们就像不可能"看到"数学中的无穷小一样不可能观察到物体的实在本质:

除了简单的观念而外,我们概无所知——这是我们所不必惊异的,因为我们底少些虚浮的事物观念,只是由感官从外面得来的或是由人心反省它自身中底经验得来的,而且我们除了这些虚浮的观念而外,再没有其他观念,因此,再超过这个界限,则我们便一无所知,至于事物底内在组织和真正本质,则我们更是不知道的,因为我们根本没有达到这种知识的官能。(《人类理解论》1959,286页)

虽然他们分析问题的角度不一样,一个是理性主义者,一个是经验主义者,但对于感觉的怀疑却是一致的,只是马勒伯朗士的怀疑更趋极端罢了。在马勒伯朗士看来,我们不但不能凭心灵认识事物的实在本质,连事物的存在也不能够认识。个中的深意难以言喻,但我可以说,对于这一点理解的深度同样决定了我们哲学思维的高度。

以上我们谈的是心灵不能认识万物,那么心灵为什么不能认识万物呢?

这个问题要回答起来就比较容易了,那就是马勒伯朗士认为,心灵是心灵,物质是物质,二者之间风马牛不相及,因此心灵不能认识万物。将心灵与万物区分开来,认为它们不能相互认识是马勒伯朗士最基本的观点之一,就如他在《形而上学的对话》中所说的:"没有任何创造物能够根据它自己的作用因来作用于其他的创造物。"(《马勒伯朗士的"神"的观念和朱熹的"理"的观念》2005,67页)

这里的意思是很明白的,两个创造物之间是不能够以自己的力量去相互作用的,心灵与万物当然都是这样的创造物,它们都是上帝所创造的,既然如此,他们当然不能相互作用了。这句话可以看作是马勒伯朗士一个基本的认识原理,他整个的认识论从某个角度上说都是基于这个原理的,其他的许多分析,例如上面从科学意义上的分析，不过是在有了这个原理之后，从科学角度进行说明罢了。但我们要注意的是，这个原理才是主要的，它是原因而不是结果，是论证的起点而不是终点。

至于为什么两个创造物之间不能直接地相互作用，马勒伯朗士的观点也是很清楚的，那就是神的意旨。我们知道，马勒伯朗士不但是一个虔诚的基督徒，而且是一个教士，他的所有一切论证都是以神为中心的。在他看来，神的功能之一就是在心与物之间建立联系，倘若心物之间能够自己相互作用或者联系了，那还要神干吗呢？所以，为了神的存在之意义，他便认为心物之间不能相互作用，而要依赖神来进行这种联系，他说：

> 只有创造者才能是一切事物的原动力或作用因。一切创造物只是和神有一种直接的联系。（同上）

心与物之间不能相互作用，那么它们之间是什么样的关系呢？我们前面说过了，在马勒伯朗士看来，心是高于物的，但这只是问题的一个方面，另一个更重要的方面是心与物之间是一种相互平行的关系，这就是他著名的心物平行论了。

我们知道，心物平行论是笛卡尔得出来的，作为忠实的笛卡尔主义者，马勒伯朗士继承了这个观点，他有这样一段意味深长的话：

> 我思维，所以我存在。在我思维的时候，这个在思维的我是什么？我是一个物体吗？是一个精神吗？是一个人吗？我还都不知道。我只知道在我思维的时候，我是一个在思维的什么东西。但是让我们看一看，一个物体能思维吗？一个带有长、宽、高的广延能推理、希望、感觉吗？显然不能。因为这样一种广延的一切存在方式仅仅在于一些距离的关系；而这些关系决非知觉、推理、快乐、希望、

感情，一句话，思维。……所以这个在思维的"我"，我自己的实体，不是一个物体，因为我的知觉肯定是属于我的，它们和距离的关系不同。(《西方著名哲学家评传》1984，232页）

这里的内容是十分深刻的，它首先引用了笛卡尔的名言"我思，故我在"。然后作出了进一步的分析，我思故我在，这是肯定的，我是在。但问题是，这个在的是什么呢？这个思维的又是什么呢？是一个物质的人在思维吗？还是一个心灵或者说精神在思维呢？他认为，那个物质性的身体是肯定不行的，不是它在思维。这样一来，那个思维者就出来了，那就应该是心灵，是心灵在思维，而不是身体在思维。于是，这个"我思故我在"到了马勒伯朗士这里，推出来的不是抽象的我了，而是一个更加具体的我——思维之我！

可以说，这是马勒伯朗士对笛卡尔哲学一个重要的发展。

至于这个思维之我或者我的思维，它与身体之间是什么样的关系呢？答案就是：平行关系，即两者是各自独立的，各自走各自的路。

对于这一点，他还举了一个很形象的例子。在人的常识之中，心与物是一致的，其间有着清楚的因果关系，例如我的心中有了一个念头，我要摆一下手臂，于是我的手臂就摆动起来了，二者间的关系是很清楚的吧！还有，我的手不小心被刺了一下，冒出了血，我叫了起来："妈呀，痛死我了！"这也表明了这痛的感觉——痛觉——和前面那个被刺的手指之间有着清楚的因果关系。这些因果关系在我们的常识看来是再明显不过的，根本用不着怀疑。然而马勒伯朗士却不这么认为，在他看来，无论是在我有摆手臂的念头和摆动手臂的动作之间还是在手被刺和痛感之间，都没有什么因果关系。

那为什么似乎有关系呢？那原因很简单，就是上帝使然，他说：

> 一个形体和另一个形体没有任何因果关系，一个精神和一个形体，一个形体和一个精神，一个精神和另一个精神都没有任何因果关系。您认为是您的心灵移动了您的手臂，不对！在形体和心灵之间没有任何直接的联系。您的手臂被摆动，是上帝推动了它，或更准确地说，既然创造是连续的，那么是神现在创造出的在运动中的手臂。我刺您的手，您感到疼痛，这不是您的形体在您的心灵中产生一个痛的感觉，而是神，通过这个感觉，向您昭示在您之外发生的事情。（《马勒伯朗士的"神"的观念和朱熹的"理"的观念》2005，66 页）

这也就是说，是上帝让我们产生这样的联想的，或者说是上帝使我们觉得有这样的因果关系的，这就是马勒伯朗士对心物之间因果关系的认识。从这样的因果关系之中也可以看到感觉之来源以及认为万物存在之根源：我们之所以会从感觉之中认为万物的存在，是基于上帝的意志。

这些万物就是我们所面对的那些事物，如日月星辰或者花草树木，通过这样的方式，马勒伯朗士使我们认识到了它们的存在本身并不一定如我们所认为的一样，是我们自己认为的结果。一切都是基于上帝的意志，我们如棋，而上帝就是棋手。这和《黑客帝国》中所描述的情形是一样的，那些活动在 MATRIX 中的人，以为自己是真实的存在，以为自己真实地感觉到了万物的存在。其实，无论是他们所感觉到的万物还是他们自身，都不是过一个幻象罢了，一切都在那创造这个 MATRIX 的人的掌控之中，甚至于他们的思维，也是如此被掌控的。

你以为你存在，你以为你在恋爱，可你不知道啊，一切都是上帝的意志，只要上帝轻轻的一闪念，你的一切——你的存在与恋爱——都将归为虚无。

但这又如何？因为人的一切本是虚无，从马勒伯朗士看来是如此，从许多其他的角度分析也不过如此。

总言之可以这样说：真正的哲学是对世界的解释，可以使你对这个世界有和常识不一样的认识，但这也许就是世界真正的本质——当然只是也许。

但这也许同样昭示了一种可能，一条通向对世界的新认识之大道。

马勒伯朗士在这里还举了我们大脑的例子。他一方面承认思维是在大脑之中进行的，也承认大脑是一种可感之物，但他指出我们可不要以为作为可感之物的大脑和大脑之中的思维是一回事，他说：

> 我们的知觉不是我们大脑的变化（大脑不过是成为不同形状的广延），而仅仅是我们的精神能够思维的唯一实体，这一点是肯定的。不错，我们在思维时，总是通过我们的大脑，因此可以断言我们的精神同我们的大脑是结合在一起的，不过绝不能说我们的精神和我们的大脑不过是同一的一个单一的实体。（同上，209页）

也就是，虽然思维与大脑是在一起的，但它们却是两个不同的实体，这是断乎不能混淆的！我们可以打个这样的比喻：大脑就像碗，思维就像水，请问碗和水是一回事吗？当然不是的！水是水，碗是碗，一种固体，一种液体，大不一样。在思维与大脑之间的差别比水与碗之间的差别还要大得多，因为一者是可感之物，另一者是不可感知的思维，二者之间的区别就像我们所说的物质与意识之间的区别一样，那可是一种本质性的区别啊！

不用说，马勒伯朗士这种思想是极其深刻的，直到现在还值得我们深思。

当然，我们也要看到，马勒伯朗士这样的说法似乎是有问题的，因为它和我们的常识不符，简直太不符了，为什么如此呢？即心灵为何似乎可以认识万物呢？或者说像上面的例子中一样，为什么在我的手臂动和这个动的念头之间似乎有所关联呢？

对于这个问题，马勒伯朗士也作了分析。

他认为，这原因主要就在于上帝的作用是一般人所感觉不出来的，因为那作用本身对于我们来说"不是很鲜明的"，相反，而大脑对于外物的感知与作用却似乎是很鲜明的。两相比较，人就很容易把在我们心中形成的关于万物的种种观念通通归之于大脑的感知，即认为大脑与可感之物直接接触，然后理解之。但是，马勒伯朗士强调说，这是错的，"其实物体本身是你知觉不到的，所有这些都是由于灵魂与肉体相结合的一般规律所做成的"。（同上，206页）

在这里，马勒伯朗士不但说明了我们的大脑或者说意识是不可能知觉到可感之物本身的，还说明了感知产生的原因，那是灵魂与肉体相结合的一般规律。什么是这个一般规律呢？这就是我们后面马上要说的上帝的杰作了，即上帝给我们创造了这样的规律，使我们觉得在可感之物与我们的感觉之间有着联系与因果的关系。例如我的头脑中产生了要动一下胳膊的意识，我的胳膊肘马上就真的动了起来。这里面似乎有着明显的因果关系，但马勒伯朗士说，不是这样的，这种似乎有的因果关系实际上是上帝制造出来的一个规律而已，它使得我们的意识与动作之间似乎有着密切的联系甚至因果关系，但实际上二者之间是没有什么联系的。倘若不是上帝的意旨与为我们制订的一般规律，光靠我们自己的头脑、精神或者意志，不但胳膊肘，我们连一个指头都动不了：

> 精神连世界上最小的物体都动不了；因为，显然在我们所有的意志——比如说动一下我们的胳膊——与我们的

胳臂的运动之间没有必要的联系。不错，胳臂是在我们想要它动的时候它才动；因此，我们是我们的胳臂的运动的自然原因。然而自然原因并不是真正原因，它们不过是一些机缘原因，它们是由于上帝的意志的力量和有效性而起作用的。(《西方著名哲学家评传》第四卷，252页)

不用说，这样的思想是够惊人的，但这就是马勒伯朗士的思想，是他一再强调，我们也要一再强调的思想，是最具特色的马勒伯朗士的思想，不理解这个，就不会理解马勒伯朗士。

与此相应，他还提出了有关观念的理论，他这样说：

我们不能知觉在我们以外的物体本身。我们看见太阳、星体和无穷无尽的物体在我们以外，灵魂不能从肉体中走出，去（姑且且这样说）在天空中翱翔以便观察一切物体。因此它不是从它们的本身看见它们。比如说看见太阳时，我们精神的直接对象不是太阳，而是一种直接与我们的灵魂相结合的什么东西，这个东西，我们称之为观念。因此，用观念这一词，我在这里不是指别的东西，而是指在精神知觉到什么东西的时候，精神的直接对象或者与精神最接近的东西说的。（同上，244页）

这段话中马勒伯朗士再次强调了我们不可能直接感知外物，例如太阳，太阳高高地悬在天上，我们的灵魂或者精神怎么可能接触它呢？难道它能够高飞上天不成？当然不能够！灵魂是不能离开身体的，如同精神不能离开大脑。

——这样的思想乍看上去有些荒谬无理，但仔细一想，就会发现它其实是很有深意的，并非胡说八道。就像芝诺的悖论一样，看上去荒唐，实际上是有其道理的，并且是十分深刻的。

在这里马勒伯朗士还分析了何谓观念，不难看出来，在马勒伯朗士那里的观念有类于某种理念，它有两个特点：一是可以与我们的精神直接接触，二是又与可感之物有关。例如太阳有太阳的观念，这个观念一方面与太阳有关，另一方面又与我们的精神有关——它直接接触于我们的精神，并且形成我们对事物的感知，例如感知到太阳，或者说形成我们关于太阳的认识。

在马勒伯朗士看来，不但太阳如此，我们对一切可感之物的感觉都是如此，甚至我们对于我们自己身体的感觉也同样如此，都是经由观念而来的：

> 我们之所以看见物体是由于观念作用于我们的精神，我之感觉到我们自己的肉体也是由于观念的作用。①

观念可以说是理解马勒伯朗士心物平行论的关键所在，因为心物平行论所要解决的就是我们的认识如何形成的问题，而马勒伯朗士对于我们的认识之形成和传统的认识理论是大不一样的，这个大不一样的核心就在于他提出了我们的心灵所认识的其实不是个体之物，心灵也无法直接地认识个体之物，心物两者就像两条相互平行的直线一样，是永远不会交汇的。我们的心灵直接接触的不是个体之物本身而是观念，是观念让我们形成关于万物的认识的。理解了这一点，也就理解了马勒伯朗士心物平行论的核心。

为了证明这一观点，马勒伯朗士还举了一个更有说服力的例子：

> 当一根刺扎了你一下时，刺的观念在你的灵魂里产生一个可感觉到的知觉，我们把它叫作疼痛。当你看到你的

---

① 《一个基督教哲学家和一个中国哲学家的对话——论上帝的存在和本性》，《马勒伯朗士的"神"的观念和朱熹的"理"的观念》，庞景仁著，冯俊译，商务印书馆，2005年，第205页。

房间的广延时,你的观念在你的灵魂里产生一个不那么鲜明的知觉,我们把这种知觉叫作颜色。但是,当你看天空时,这个空间,或者不如说这个空间的观念,在你心里产生的知觉,没有或者差不多没有了鲜明性。最后,当你闭上眼睛的时候,你那时所领会的广大无垠的空间:观念,仅仅用一种纯粹理智的知觉来触动你。但是,我请问你,应该用观念在你心里产生的知觉的鲜明性来判断观念的实在性吗?如果是这样的话,那么就必须相信在扎我们的一根刺的尖里,在烫我们的一块煤里,或者在它们的观念里,具有的实在性比全世界里,或者全世界的观念里的实在性多。

(同上,204页)

这段话比较长,含意却比较简单,他就是打了一个类比,以强调感觉的有限性。例如当我们被一根刺刺了手指时,会有强烈的感觉,就是痛,我们看看房间的颜色,也会有比较鲜明,但没有痛那么强烈的感觉;最后,当我们闭上双眼,想象那无限广大、辽阔的空间时,我们所得到的感觉是最不鲜明的,甚至于是不可感觉的,例如我们能够感觉100亿光年之外的空间吗?能感觉飘森无物的空间吗?都是不能的!这就足以显示感觉是不可靠的,它对我们呈现出来的貌似实在的特性也是虚假的。倘若我们否认这一点,那等于是认为整个无限的天地宇宙还不如一根尖刺的实在性!这显然是荒谬的。

不用说,这个思想又是很深刻的,值得我们再三深思。

第三节 认识与上帝

我们上面不止一次地说过,当马勒伯朗士谈到认识的起源时,是必然要谈到上帝的,他的理论简而言之就是说:一切的认识都是依赖于上帝的。

这并不复杂，一切依赖于上帝，这是神学中一种基本的理论，持之者多有。但马勒伯朗士在这里将上帝的功能发挥到了极致。以前的神学，无论多么张扬上帝的力量，都没有将我们的感觉归之于上帝，我们的感官可以直接接触可感之物并且形成感觉，这是所有神学家都不否认的。笛卡尔虽然一度提出过类似的观点，但很快以松果腺代替了上帝。到了马勒伯朗士这里却又将上帝拉了回来，将一切认识包括感觉都归于上帝，认为我们的认识是彻底地依赖于上帝的。

为什么呢？归结起来，理由有三：

一是上帝万能；二是上帝创造了万物之理念；三是我们的精神能够与这些理念相接触，甚至与神相接触。

我们先来看第一个理由。

马勒伯朗士给了上帝这样一个解释，就是"无限完满的存在体"，他说：

> 我们崇拜的上帝就是无限完满的存在体！
> ……
> 无限完满的存在体（无论是被创造的，或者可能的）分有或模仿的各种样式，也就是说，他在他的本质里看到所有这些存在体的观念或原型。而无限完满的存在体也是全能的，因为全能是一种完满性。因此他能够愿意并且从而创造这些存在体。因此，上帝在他的无限本质里看到一切有限存在体的本质，我的意思是说，看到所有这些存在体的观念或原型。（同上，219页）

这一段里的中心词是存在体，我们应把这个存在体理解为存在者,当然不能说是存在的东西,因为不能够说上帝是东西。上帝是存在者,并且是完满的存在者,万物实际上也是存在者,只不过不是完满的存在者而是有限的存在者而已。其他存在者都是上帝这个完满的存在者创造出来的。但是,我们在这里要注意的是,上帝并不是一开始就直接地创造作为可感之物的存在者的,而是先创造了它们的原型,这些原型也可以说是它们的本质。

要理解这个思想我们必须走向更古老的过去的斐洛,正是他将犹太教思想与古希腊哲学思想结合在一起,他最了不起的创造之一就是借助了柏拉图的理念说,认为上帝在创造万物之前先创造了万物的理念,而这个思想直接地影响到了后来的新柏拉图主义,然后又影响到了伟大的奥古斯丁,他也接受了这种理念论,认为理念是"某些原型的形式,或是事物的固定不变的理由,它们不是自己形成的,而是永恒地包含在神心中,始终如一,它们没有出现,也不会消失,可是那些出现或消失的东西都是根据它们而形成的"。①

不难看出来,马勒伯朗士的这种思想是直接来自奥古斯丁的,我们在前面也说了,马勒伯朗士就是因为厌恶当时极为繁琐的托马斯·阿奎那神学体系而转向了奥古斯丁的,他的认识论思想当然也受到了奥古斯丁的很大影响。

但马勒伯朗士在这里进一步地运用了来自奥古斯丁的理念。在奥古斯丁那里,理念只是本体论的,主要是上帝创造万物的一个步骤,但到了马勒伯朗士这里,他将理念进一步用之于认识论,认为当我们人认识万物之时,所认识的其实就是这个理念,也就是他称之为的观念。当然,在理念与观念之间不能够说是等同的,但可以大致这样理解。

---

① 转引自《西洋哲学史》(第二卷),柯普斯登著,庄雅棠译,黎明文化事业有限公司,1988年,第101页。

马勒伯朗士认为，在上帝这个"无限完满的存在体"中本来就已经包含了所有的理念，也就是包含了万物原初的一切本质性的东西，于是，当上帝把这些向我们展示时，也就是向我们展示了万物的本质，而我们对于万物的认识就是这么形成的。

这时候也许有人问：难道上帝会直接作用于我们吗？向我们直接显示什么吗？这似乎和传统的神学是有区别的啊！要知道，在传统的神学包括奥古斯丁神学那里，神与我们之间是不可能直接接触的，上帝也不会直接地向我们显示什么，而要通过某种中介，例如斐洛所说的天使或者说理智，我们人只有通过天使与理智之类的中介才能与上帝沟通。

但马勒伯朗士正是在这里显示了他的独特性，他认为上帝是直接地向我们显示这些理念的，这些理念直接地与我们的精神相接触，这样就形成了我们对万物的认识。他这样说：

> 因此，只有上帝自己直接作用于我们的灵魂之中，只有他自己是我们的生命，我们的光明，我们的明智。[1]

在《道德论》中，马勒伯朗士也说：

> 假若我们认为人是一种理性的造物，我们就不能断然否认人有神所思的知识，及神底行为样态底知识。[2]

这句话说得稍微隐晦一些，但实质上是一样的，即认为我们人能够有神所具有的知识。并且我们的心灵唯有依赖上帝才能认识万物。

---

[1] 《一个基督教哲学家和一个中国哲学家的对话——论上帝的存在和本性》，《马勒伯朗士的"神"的观念和朱熹的"理"的观念》，庞景仁著，冯俊译，商务印书馆，2005年，第220页。

[2] 《西方伦理学名著选辑》（下卷），周辅成编，商务印书馆，1987年，第96页。

那么，心灵究竟怎样依靠上帝认识万物的呢？

这个问题也是很重要的，要知道，上帝向我们呈现万物的理念，但这并不能解决这样一个问题：为什么我们会觉得认识是来自于心灵对外物的感知呢？例如我的心灵想移动手，接着我的手就动了，我想看到一朵红花或者折下一根树枝我也这样做了，这其间似乎有明显的因果关系！你马勒伯朗士为什么硬说没有呢？倘若没有，那么为什么会显得有？

对于这个问题，马勒伯朗士也回答了，他的回答就是"一般规则"。他说：

> 上帝建立了灵魂和肉体相结合的一般法则；我们应该根据这些法则并且按照印在大脑里的各种感觉，得知面前的物体，或者在我们的肉体上出现的东西。①

也就是说，我们之所以会觉得灵魂与肉体之间似乎是可以直接接触的，是结合在一起的，会形成各种感觉，例如感觉到某个物体就在我们前面，那都是上帝建立了这个一般规则，使我们产生了这样的认识。

这似乎不大好理解，于是，马勒伯朗士还给我们举了那个针扎手的例子。我们的手指被扎了一个窟窿我们就感到疼。是不是说痛这个感觉是由针扎引起的呢？当然不是的，要是这样，就说明我们的心灵能够直接与外物接触而形成感觉了。而是上帝在这两件事之间建立了一般规则，正是这个规则使我们觉得手上的针眼儿和痛之间有着因果的关系。他说："手指上的一个窟窿并不等于疼。疼并

---

① 《一个基督教哲学家和一个中国哲学家的对话——论上帝的存在和本性》，《马勒伯朗士的"神"的观念和朱熹的"理"的观念》，庞景仁著，冯俊译，商务印书馆，2005年，第226页。

不在手指上，也不是手指的一种变化。……这是由于创世主所建立的灵魂和肉体相结合的一般规律所使然的，以便我们缩回手，保存他给我们的肉体。"（同上，210页）

他在这里还解释了为什么上帝要创造这个一般规则，那是为了保存我们的肉体，因为倘若不建立这个规则，当我们的手指被扎了一个洞，我们还不缩回手，那么就可能继续被这样扎下去，最后我们的肉体也就被毁掉了，这是不行的，因为灵魂需要肉体，灵魂与肉体结合在一起才能成为人。

这样的解释确实显得有些荒唐，但只要我们愿意思考，是可以理解的，可以看到，虽然马勒伯朗士的心物平行论乍看上去有些荒唐，但它是一个完整的、自洽的理论，从纯粹理论的角度而言是站得住脚的。

在马勒伯朗士看来，这种"一般规则"是极其重要的，不但是感觉，我们的一切认识都有赖于这样的规则，他又将之看成是一种自然的法则，他说：

> 如果上帝不总是给我们同一的知觉使得在我们的眼睛里或者在我们的大脑里有同一的一些印象，就这样一件事就足以摧毁一切人与人的关系。父亲不认识他的孩子，朋友不认识他的朋友。人们会拿起一块石头当面包，总之一切都陷于可怕的混乱之中。去掉了自然法则的一般性，一切都会陷入一片混乱之中，人们在那里什么也认识不了。

（同上，228—229页）

在这里，我们看到了，不但一般感觉的形成有赖于这种一般规则，这规则对于我们的所有认识都是十分重要的，例如儿子为什么认识父亲？就是因为上帝为我们建立了这样的规则，使父亲看到儿子时，就产生了"这是我的儿子"这样的观念，倘若没有这样的规则，父亲是不可能认识儿子的。因为儿子也是一个肉体、一个外物，父亲的心灵怎么可能认识之呢？

父亲认识儿子如此，一切的认识皆是如此。

通过这些分析，我们就可以比较全面地了解我们关于万物之认识的形成过程了，首先是上帝创造了关于万物的理念，并且以这些理念创造了万物，万物既然源自于这些理念，这些理念当然也反映了万物的本质。同时，我们人有着灵魂或者说心灵与精神，它们虽然不能直接与万物接触，但上帝却将这些理念向我们显示，于是通过理念我们便认识了万物。此外，上帝还为我们创造了一些一般的规则，正是这些规则使我们产生了具体的认识。当我们想移动一下胳膊，我们的胳膊就移动了，这之间有着一种同步性，正是这种同步性使我们以为是我们的思想移动了我们的胳膊。一切认识都是如此，都有赖于这种规则。换言之，我们的精神是不可能直接移动胳膊的，就是一枚针也移动不了，父亲也是不能够直接认识儿子的。这些事物之间是平行的，永远不会有交点。产生这一切的是上帝，或者说是上帝所创造的一般规律。

在所有这些认识里，上帝永远居于核心地位，只有上帝的呈现我们才可能产生认识。在另一段话里，他将上帝的这种呈现与核心地位说得更清楚：

> 上帝是无限完满的存在体，他在他本身之内包含着一切有实在性或完满的东西，就像我已经向你证明和解释过的那样，他可以在用他的有效的实在性触动我（因为在上帝那里没有什么不可能的）的时候，也就是说用他的本质触动我（就这种本质是可以为万物分有的而言）的时候，让我发现或给我呈现万物。（同上，215 页）

还有，上帝为什么要向我们呈现理念，使我们感知万物呢？对于这个问题，马勒伯朗士也作了回答，那是因为上帝爱我们的，爱我们人类这些他所创造的"作品"：

> 现在请你注意一下我们所有的对可感觉的东西的纷繁复杂的感觉，不仅仅是通过视觉，而且通过其他感觉；注意一下它们在我们心里做成得多么迅速，它们告知我们多么准确，这些感觉以各种各样程度的力量或活力适合我们需要，不仅对于你和对于我，而且对于一切人，每时每刻都是如此，最后请你考虑一个我们一切知觉的不变规律和一般法则；请你深深地赞赏我们所崇拜的聪明睿智和无限能力，他的行为前后一致性，他对人们的善心，他对他们现世生活的需要的关怀。然而，我们的宗教教导我们他对他的孩子们的慈父般的爱是远远超过这种关怀的！一个工匠爱他的孩子，比爱他的作品要超过无限倍。（同上，214—215页）

在这里，马勒伯朗士不但说明了上帝因爱而让我们感知，还顺带告诉了我们，要我们看看万物的复杂纷纭，而我们的感觉对这复杂无比的万物的感觉是多么的迅速而准确，而这一切，难道我们凭自己那有限的感觉能力与思维能力就能做到吗？在马勒伯朗士看来，这是不可能的，这也足以显示我们的感觉是源自上帝的。

这种说法是否有理，我们可以深入想想，就像我们可以想一下神学对上帝存在的那个基本的论证：从这个大千世界之万物的纷纭复杂去论证只有上帝才有这样的才能。从奥古斯丁到托马斯·阿奎那都是这么论证的。

由此出发，马勒伯朗士还提出了两种广延说，即他认为不但可感之物有广延，我们的心智或者说精神也有广延。这是因为，在马勒伯朗士看来，广延是万物一个最基本的不可或缺的属性，倘若我们的心智没有广延，我们如何可以理解万物的广延呢？即使理念将这个广延向我们呈现，倘若我们的精神本身没有广延，也是不可能理解广延的。

这个思想不难理解，它是心物平行论的一个具体表现，既然心物是平行的，它们的本质也应该是平行的，这样认识才可能，而这个本性就是广延。

还有，在马勒伯朗士看来，心智的广延是比物质的广延要更好理解的，因为它就居于我们的心灵之中！但物质的广延就不一样了，要知道我们的心灵是不可能直接认识物体的，因而物质的广延也是不可能直接认识的，我们要认识这种广延或者相信它们的存在，那只能靠信仰了，对此他说："另一种广延是被创造的广延，这就是组成世界的物质，它与你所知觉的作为必然的存在体的广延大不相同，只有信仰才能告诉你它的存在。"[1]

这个思想简而言之就是说，万物的广延与存在，或者说万物是否真的存在，这其实是无法证明的，只能基于对上帝的信仰。当然，对万物的存在我们是相信的，因为《圣经》里面说得很清楚。这我们上面已经说过了。

将世界万物的存在归于对上帝的信仰，实际上也就是说万物的存在不是客观的而是主观的——依赖于上帝的主观，这就是我们平常所说的客观唯心主义了。马勒伯朗士的思想总的来说当然是一种客观唯心主义思想。当然，贴这样的标签是没有必要的，但这的确是便于理解的标签。

---

[1] 参《西方著名哲学家评传》（第四卷），钟宇人、余丽嫦编，山东人民出版社，1984年，第241页。

以上就是我们对马勒伯朗士心物平行论的分析,虽然篇幅比较长,但较之于马勒伯朗士丰富、深刻又艰深晦涩的思想,这分析已经算是相当简明的了。

第三章　如何理解上帝

以心物平行论为基础的认识论是马勒伯朗士思想之中最有特色的部分，但若讲对于他自己来说，什么思想最重要，当然是关于神的思想了。作为一个神学家、一个修士，马勒伯朗士是永远将神放在第一位的。

第一节　上帝：孤独的存在

马勒伯朗士对神的论述也是极为丰富的，从某个角度说，他的全部思想都是围绕神。我们在这里不一一述说，只择其要而言之。

在马勒伯朗士看来，神之为神，或者我们之所以要谈神，首先当然是因为神是万物的创造者。

但是，在这一点上，马勒伯朗士也有他比较独特的见解。例如，他认为万物的存在不是必然的而是偶然的，神是偶然地以自己的意愿创造了万物，对此他说：

形体的存在是偶然的，如果形体存在，那是因为神愿意创造它们。[①]

这里的形体当理解为万物的整体，因为显然，不但是形体，就

[①] 转引自《马勒伯朗士的"神"的观念和朱熹的"理"的观念》，庞景仁著，冯俊译，商务印书馆，2005年，第52页。

是那形体之外的理念与灵魂也是一样，都是依赖神的意愿的，总之神之外的一切都是依赖于神的。

还有，在马勒伯朗士看来，万物并不是在创造之后就不需要神了。万物是无时无刻不需要神的，宇宙万物持续性地存在是因为神持续地有着这样的意愿，倘若神有片刻不需要万物，那么万物也将灭亡。从这个角度上说，神是随时都在不停地创造万物的，而万物也因此得以持续地保存。

万物是神创造的，那么神是不是一定要创造万物呢？或者说，神和他所创造的万物之间是什么样的关系呢？他是不是对他所创造的万物有一定程度的依赖呢？这些问题都是神学中有关上帝创造的大问题，在神学史上有着不同的回答。对此马勒伯朗士的回答和大多数神学家特别是中世纪哲学家的回答是一致的，即神并不一定要创造万物。还有，神和他所创造的万物之间虽然有某种联系，就如我们上面说过的一样，万物与神之间有某种直接的联系，人的灵魂在神那里看到了一切的理念，或者说得到了一切的观念。但是，这一切都掩盖不了一个基本的事实：神并不因此而与万物是亲近的，正如他并不一定要创造万物，他依然是那个高高在上的神，就像马勒伯朗士在《道德论》中说的一样：

> 世界也不是神底必然的放射，神是完全自足的，一个无限完全存在的观念，可视为孤独的存在。[1]

"孤独的存在"是对神一种相当妥帖的描述，我们可以联想一下在《圣经》中神是如何让以色列人知道他的，他对摩西说："我是自有者，你要对以色列子民说，那'自有者'打发我到你们这里来。"

---

[1] 《西方伦理学名著选辑》（下卷），周辅成编，商务印书馆，1987年9月，第96页。

这个"自有者"其实也可以理解成"孤独的存在"。

既然神是一个孤独的存在,是自有者,那么他为什么要创造世界、创造万物呢?对这个古老而常新的问题,马勒伯朗士在《形而上学的对话》中也作了简明的回答:

> 神愿意要一个世界,就是他为什么要创造它的理由。

的确,我们除了这样的解释,也许不能有更好的解释呢!神要创造世界,当然是他想要创造啊!难道还有别的?也许有人说,神是为了要让人崇拜他才创造了人,这种解释也不是没有道理,和上面的解释显然是不相矛盾的,神要人爱他、崇拜他,这不也是他自己的意愿吗?

所以,在马勒伯朗士看来,神是为了自己的意愿而创造世界,这表明了神是创造的中心,倘若神是为了万物而创造万物,那万物岂不成了目的?由此也岂不成了创造的中心?这显然是不对的,是和神学的基本原则相违背的。这个原则是:神爱世人,但这种爱是一种纯粹的恩赐,不表示神对人有任何的依赖,不同于父母爱子女,但也依赖子女,神之爱人,只是一种单方面的恩赐,神对人没有任何的需要,神的一切动机都存在于他自身之中。总之,神在任何角度之上都没有一点点的地方依赖人,神永远以他自己为中心。即使他创造万物,亦是如此!就像马勒伯朗士所言:

> (神)他创造我们不是为了我们而是为了他自己;因为神只能用他的意志来意愿,而他的意志只是他对自己的爱。他的命令的理由、动机和目的,只能在他之中发现。[①]

[①] 转引自《马勒伯朗士的"神"的观念和朱熹的"理"的观念》,庞景仁著,冯俊译,商务印书馆,2005年,第54页。

创造万物对我们人而言是神的善，或者说是给了我们善——好处，这也是人为什么要崇拜神的根由所在。但这只是人的活动，而不是人的属性。对于神的属性，马勒伯朗士也说了许多，例如他说：

> 无限完满的存在体是明智的。但是它本身就明智。它是明智本身。它不是由于一种外来的、虚构的明智而成为明智的。它本身就是它的光明，并且是光照一切智慧的光明。它是公正的，而且是根本的、原本的公正（义）。它是善良的，并且是善良（仁）本身。（同上，218页）

这里一下子说出了神的许多特性，例如神是明智的、光明的、智慧的、正义的、善的，等等。但我们要注意的是，当这些词用于神之时，实际上是不能够带"的"的，即它们不再是形容词，而是名词，如不是正义的，而是正义本身；不是智慧的，而是智慧本身。更本质的，神不是善的，而是善本身，或者如波纳文德所说的，是至善本身。[①]

对于神的这些性质我们不必多说，这也是基督教信仰中神一向就有的，也是好理解的。我们下面专门要说的是神在一般人看来不那么好理解的性质，这就是神并不是绝对自由的。

第二节 并不绝对自由的上帝

除了这些之外，马勒伯朗士还有一个很有意思的观点，就是一方面强调上帝是不变的、永恒的，但同时也说上帝并不是"绝对自由的"，因为他也必须遵守某些规则。

[①] 参《中世纪哲学》（下卷），赵敦华、傅乐安主编，商务印书馆，2013年，第1216页。

上帝是永恒的这不用说，上帝当然是永恒的，他是自有者，永恒存在，无始无终，时间与他无关，就像马勒伯朗士所言：

> 神在过去的时间中存在着，但是他在那时也就是和在将来的时间中存在着的完全一样。神在时间之外，他是永恒的。①

神不但是永恒的，还是不变的，"尽管神是他的意旨的原因或本原，他在他自身之中绝不产生任何变化。因为他的意旨，尽管是完全自由的，它们本身同样是永恒的和不变的"。②

这个永恒是好理解的，但不变就不好理解了，上帝怎么不变呢？例如上帝不是创造了世界吗？这不也就意味着有没有世界的一天，上帝是从没有之中创造了世界的，这不是一种变吗？还有，这个世界也不是永恒的，总有一天要被上帝毁灭，这不又是一种变吗？怎么能够说上帝是不变的呢？当然也可以这样理解：虽然上帝可以创造或者毁灭世界，但这只是世界之变，并非上帝之变。倘若说上帝变了，那只是他的某些想法变了，但上帝本身是不变的。

与上帝的不变性相关的是马勒伯朗士认为上帝也必须遵循某一些规律。

我们在上面讲人的认识时说过，上帝创造了一些规则，正是这些规则使我们产生了相应的认识。例如当手指被刺激了个小窟窿时就感觉到痛，认为痛是由这个窟窿引起的。在马勒伯朗士看来，不仅认识如此，一切都是如此，即上帝整体地是通过创造一些一般的

---

① 转引自《马勒伯朗士的"神"的观念和朱熹的"理"的观念》，庞景仁著，冯俊译，商务印书馆，2005年，第57页。

② 转引自《马勒伯朗士的"神"的观念和朱熹的"理"的观念》，庞景仁著，冯俊译，商务印书馆，2005年，第64页。

规则或者说规律去支配这个世界的。这些规则有可能是好的，例如雨水滋润大地、万物生长靠太阳，但有的却似乎不那么好。例如有老虎会吃人、有跳蚤会咬人、有水灾旱灾之类，但这些都是由上帝决定的。无论对我们是好是坏，都是上帝所创造的一般规律，是上帝的意旨，上帝正是通过这些规律来彰显他对世界的支配之力的。并且，连上帝自己也不能违背这些规律与规则。（同上，62页）

不用说，马勒伯朗士的这种观点是有些与众不同的，因为神之为神，似乎应该是绝对自由的，就像奥康所强调的一样，上帝是绝对自由的、绝对万能的，上帝不但不会依据任何法则去约束自己的行为，神不受任何必然性的制约，因为一旦必然就意味着不自由，因为必然换言之就是规则，就是一种必须，就像一块下落中的石头，它必然地遵循自由落体定律，它必须得这样，这就是它的必然与必须，它可以有别的选择吗？没有！请问，上帝能够像石头一样，去遵循任何的必然、任何的规律吗？不会！因为他是上帝，绝对自由与万能的上帝，因此他的一切都不是必然的。或者说像库萨的尼古拉所言，上帝就是自相矛盾也是可以的："这是任何知性都不能把握的，它包含着一种自相矛盾。"①

但马勒伯朗士大概是不会同意奥康和尼古拉的观点的。在他看来，上帝也必须受到某些规则的约束。至于为何如此，大概是因为在他看来，这些规则就如上帝本身一样，也是永恒而不变的，并且是必然的。既然如此，当时上帝也不得不遵守它们了，他说：

> 所以上帝所包含在他的无限本质里而为一切存在体所不等地分有的永恒的、不变的、必然的秩序，是永恒的、必然的、不变的法则。上帝自己也不得不遵守它。但是他

---

① 《论上帝的观看》，第13节，见《论隐秘的上帝》，（德）尼古拉·库萨著，李秋零译，1996年，第90页。

是独立自主的,因为他之所以不得不遵守它,只是由于他既不能犯错误,也不能违背他自己,不能对他自己的所作所为感到羞耻,不能停止对他自己的高度评价和自爱,不能停止按照万物分有他的本质的分量来评价它们、爱它们。除了他的不变的、无限的杰出本质之外,没有什么东西迫使他遵守这个法则。他是完满地认识并且不可抗拒地热爱他的杰出本质的,所以上帝是根本正义的,是正义本身。①

在这里马勒伯朗士可以说是解释了上帝为什么要遵守这些规则,因为这些规则是源自于上帝的,上帝就像一个最讲信用的人一样,言出如山,所谓"季布无二诺,侯嬴重一言"。既然他制订了这些规则,那么他自己就以身作则,也遵守这些规则。

若再问上帝为什么要这样遵守自己的规则,马勒伯朗士在上面也回答了:那是因为上帝爱自己,或者用一句通俗的话来说,上帝是很爱面子的,他既然制订出了这些规则,他就要遵守,不能违背,否则的话,他就应该为此感到"羞耻"了,而上帝可"不能对他自己的所作所为感到羞耻,不能停止对他自己的高度评价和自爱",于是就只好遵守这些规则了。

这就是马勒伯朗士的回答,是很将上帝看成凡间的帝王一般的大人物的,是否有理,我们就只好见仁见智了。

第三节 幸福在于上帝

关于上帝我们最后要讲的是,马勒伯朗士认为,人的幸福也在

---

① 《一个基督教哲学家和一个中国哲学家的对话——论上帝的存在和本性》,《马勒伯朗士的"神"的观念和朱熹的"理"的观念》,庞景仁著,冯俊译,商务印书馆,2005年,第222页。

于上帝。

不用说，幸福是很重要的，任何人的存在从某个角度上说都是为了幸福，只是幸福所指向的对象不一样，有人认为有钱就幸福，有人认为得到了美女与爱情就是幸福，有人认为当官是幸福，当然也有人认为幸福在于求知，在于为人民服务。如此等等，不一而足。

对于幸福，马勒伯朗士的态度是这样的。首先，他认为，人是不可能得到完全的幸福的，至少在此人世间不可能，这是他在《对真理的追求》一开篇就说的：

> 我们在今生不要指望完全的幸福，因为生在尘世之中我们必不可想望自己是无过的。

在这里他不但说明了我们今生不可能得到完全的幸福，而且说明了原因所在——那是因为我们在今生不可能没有过失。在他看来，正是因为人在今生之中一定会有过失或者错误，因此我们不可能得到完全的幸福。相应地，我们只有消除这些错误才可能得到幸福，或者说真正的幸福：

> 错误是人们不幸的原因之所在，它是产生了世上之罪恶的险恶的原则，它将所有折磨我们的罪恶都产生出来并且保存于我们的灵魂之中，因而我们只有在经过艰苦的努力避免它之后才可能获得健全的与真正的幸福。

那么我们应该怎样避免错误呢？核心的途径当然只有一条，就是走向神，这是我们人生的首要责任，也是我们生活的中心所在。对此，他在《道德论》中说：

> 因此那些为自己底完善、为使自己像神而努力的人，

也是为自己底幸福与进步而努力的人。①

"像神"就是说走向神,使自己具有神的某些优越之处。马勒伯朗士还有一个有意思的观点,就是认为在今生之中我们是不可能得到完满的幸福的,那么怎样得到完满的幸福呢?当然是要彻底地走向神,而要这样彻底地走向神,道路只有一条,就是死亡。于是,一个合理的推论是,为了获得完满的幸福,我们就应该死:

> 神也是我们生活的最高目的。因为,我们都只能希望是幸福的,而幸福只存在神之中。所以,我们的目的是看到神、和神联结在一起。为了看到神并和他联结在一起,就应该死。②

这个观点和他前面的认识也是相关的。我们前面说过,马勒伯朗士认为,我们的灵魂是可以直接和神沟通的。进一步地,可以这样说:在今生之中,由于灵魂居于肉体之中,也可以说是受到了肉体的拘束,因此不能走向神。而当我们死亡之后,灵魂就离开了肉体。这时候,自然而然地,我们就可以彻底地走向神了,于是也就可能得到完满的幸福了!

这些观点听起来有些不对劲,但对于虔诚的基督徒是正常的,例如最伟大的神学家托马斯·阿奎那也是这么认为的,新柏拉图主义的代表人物柏罗丁同样是这么认为的,他最后的遗言就是:

> 我正在等候你,不久我内在的神性成分就要前去与宇

---

① 《西方伦理学名著选辑》(下卷),周辅成编,商务印书馆,1987年,第99页。
② 《马勒伯朗士的"神"的观念和朱熹的"理"的观念》,庞景仁著,冯俊译,商务印书馆,2005年,第70页。

宙之神结合了。①

巴尔扎克的小说《欧也妮·葛朗台》中的一幕场景也是对这种观点一个很好的注解。临死前，葛朗台太太对女儿说："孩子，幸福只有在天上！"

前面我们谈了马勒伯朗士不少关于神的观点，似乎他对神有很多的了解，这也是的，但我们同样不要忘记了，马勒伯朗士就像几乎所有的神学家一样，一方面在不断地说着神这样那样，但同时也强调说神就本质而言是不可知的，是我们人所不可能真正理解的，他说：

> 因此不要把神性给人性化了，永远不要用你自己来判断无限完满的存在体。②

这也就是说，虽然我们说了神的这样那样，但神是超越这一切言说的，神是一切，也不是一切，因为他超越了一切。也许他下面一段话是对神一种最好的注解：

> 我们的上帝就是没有任何条件、没有任何限制的存在体。他以一切有限精神所无法理解的一种方式把凡是有完满性的东西，在一切被创造的以及可能的东西中的全部有真正实在性的东西，都包含在他本身里，他在他本身里甚至也包含了万物中最末的、最不完满的东西。但是并不包

---

① 《西洋哲学史》（第一卷），柯普斯登著，傅佩荣译，黎明文化事业股份有限公司，1986年，第597页。

② 《一个基督教哲学家和一个中国哲学家的对话——论上帝的存在和本性》，《马勒伯朗士的"神"的观念和朱熹的"理"的观念》，庞景仁著，冯俊译，商务印书馆，2005年，第227页。

含它的不完满性、它的限制性、它的无，因为在存在体里边没有无，在无限里没有任何种类的限制。我的手不是我的脑袋、我的椅子、我的房间，它不是我的精神，也不是你的精神。它（我的手）包含着，姑且这样说，无穷无尽的无，凡不是它的东西的任何无它都包含。但是在无限完满的存在体里没有无。我们的上帝是一切皆是、无处不有、处处都在。你用不着费力气去理解为什么他是这样的。因为你是有限的，如果一个有限的精神能够理解他，那么无限的属性就不会是他的属性。可以指明是这样，但是不能解释为什么是这样；仅仅能够证明出对于一切有限的精神一定是不可理解、不可解释的。（同上，200 页）

理解了这段话，也就理解了马勒伯朗士对神一种终极的理解。

这个理解简而言之，就是：对于有限的人而言，神本质上是不可理解、不可解释的。

这是自从古老的斐洛以来，直到现在，基督教神学对神最本质的认知。

这时候，我又想起了还是在同一本书中马勒伯朗士的一句话：

> 作为一个信徒，应该盲目地信仰；但作为一个哲学家，应该清楚地看到。[1]

作为哲学家，通过这样的分析，马勒伯朗士究竟看到了什么呢？更进一步地，清楚地看到了什么呢？

除了上帝，其他的恐怕很难说啊！

---

[1] 《马勒伯朗士的"神"的观念和朱熹的"理"的观念》，庞景仁著，冯俊译，商务印书馆，2005 年，第 113 页。

第四章　朱子与马勒伯朗士

这一章我们来讲述马勒伯朗士思想中那个最为独特的地方，就是和中国哲学之间的关系。要知道我们之所以会在本书中论及马勒伯朗士，就是因为他是西方哲学史上唯一专门用著作分析中国哲学的大家，他的作品《一个基督教哲学家和一个中国哲学家的对话——论上帝的存在和本性》也是迄今为止西方哲学史上唯一一部由大家写就的中西哲学比较研究，值得我们认真阅读。

当然，这并不说明马勒伯朗士对于中国哲学有多么的认同，其实在这里他还有着一种批判的含义，但所谓他山之石，可以攻玉，无论赞美还是批判，对于我们了解自己的思想都是有意义的。

第一节　神与中国人

我们前面说过，马勒伯朗士之所以会写《一个基督教哲学家和一个中国哲学家的对话——论上帝的存在和本性》，或者简译为《有关神的存在和性质的对话》，是受到了一个长期在中国传教的传教士利阿纳即梁宏仁的影响。这位梁宏仁本人是认识马勒伯朗士的，对马勒伯朗士的哲学也深表推崇。他在中国传教二十来年后回到了法国，在巴黎见到了马勒伯朗士，和他谈起了在中国的经历。他认为中国人传统上是无神论者，他们所信仰的儒学中是不存在神的，属于无神论的思想。但他这样的主张在当时遭到了两方面的反对，一方面是传教士内部,那些在中国传教的西方传教士中,有一些人追随他们著名的前辈利玛窦,认为中国人是有神的,儒学的教义也和基督教的教义并不相违背;另一方面是中国的本土学者,他们可能是一些加入了基督教的中国儒生,他们当然认为儒学和基督教是不相冲突的,即儒学之中也是有神的——否则他们也难以信仰基督教了。

我们还可以相信,当梁宏仁进行这样的争辩之时,他并不一定是处于优势的,并没有从理论上驳倒他的对手们,正因为如此,他才想找到一个强有力的帮手,来帮他驳倒对手们。而这样的帮手在当时最合适的就是马勒伯朗士了。一则因为马勒伯朗士是当时最知名的基督教神学家之一,二则因为马勒伯朗士的著作并不同于传统的神学家如托马斯·阿奎那的著作,没有那么晦涩难懂,而是论证清楚,富有说服力。所以,当他回到欧洲、回到巴黎之后,就去见了马勒伯朗士,想要他写出一部著作来批判中国的非神传统,以使中国人抛弃这样的错误传统而走向基督教,或者说走向基督教的神。关于这事,安德烈神父在他的马勒伯朗士传记即《尊敬的马勒伯朗士神父的生平》中说道:

> 历史上说他名叫阿尔蒂斯·德·利阿纳,罗萨莉主教,在中国生活了很长一段时间。在他回去之后,和马勒伯朗士建立了友谊,他经常去拜访马勒伯朗士,向马勒伯朗士讲述他的旅行。在他的谈话中向马勒伯朗士讲述了中国学说的一些原则,曾几次恳求马勒伯朗士写一部著作来驳斥中国人的错误。马勒伯朗士接受了他的意见,写出了《一个基督教哲学家和一个中国哲学家的对话》。①

---

① 《马勒伯朗士的"神"的观念和朱熹的"理"的观念》,庞景仁著,冯俊译,商务印书馆,2005年,第32页。

从这样的言语中,我们就可以看到,这部《一个基督教哲学家和一个中国哲学家的对话》的主题是批判性的,即批判中国的传统儒学观念,认为其中是无神的,至少是没有基督教的神的。之所以没有直接针对儒学的创立者孔子的思想而是针对朱子,主要是因为在当时朱子的理学是儒学的正统,是全中国都在信受奉行的思想,统治着绝大部分中国人的头脑。从这个角度而言,它的作用有类于基督教在欧洲的作用,所以,当马勒伯朗士要批判中国的传统儒学时,当然要针对朱子了。还有,虽然表面上是针对朱子一个人,但实际上却是针对整个中国的传统哲学的,因为在马勒伯朗士看来,中国的传统哲学家们所持的都是一种无神论,是要批判的,他在《一个基督教哲学家和一个中国哲学家的对话》的"附录告读者书"中说得很清楚:

> "随随便便地把无神论算在一个中国哲学家的账上"这句话让人听起来好像是我没有道理。因此,既然没有一个持无神论观点的中国人可以不失真实性地做我的对话人来驳斥无神论,那么为了使评论的作者满意起见,不妨把中国人换成日本人或者暹罗人,或者甚至换成法国人,因为这适合于说大逆不道的斯宾诺莎体系在这里做了大量破坏的事;而且我认为在斯宾诺莎的无神论和我们的中国哲学家的无神论之间有很多相同之处。改换名字一点也改变不了我的书的基本东西。

这段话的意思就是说,每一个传统的中国哲学家都可以当作者的对话人,而对话的内容就是驳斥无神论,而且,这些中国传统的无神论和斯宾诺莎的无神论是相似的。

这种相似性在哪里呢?倘若我们了解斯宾诺莎的思想,就会发现它存在于这里：无论中国传统的无神论还是斯宾诺莎的无神论，都有一个共同的特点，就是它们表面上是有神的，甚至将神捧得很高，但实际上是无神的，至少在正统的基督教神学家们看来是这样。

我们中国人看上去是有神的，而且很有神，神在我们中国人的心目中是占有极高的地位的。这个神在我们的传统文化中有时候以"天"的形式表达出来，中国人是很尊崇这个天的，例如皇帝就是天子，这个天子也可以理解为神的儿子，这是不是看上去和耶稣是神的儿子相似呢？中国人也是很相信人的命运是由天决定的，这就是"天命"，所谓天命不可违，违之不祥。这也是和基督教中人的命运由上帝主宰是相似的。还有，在中国的民间，那神就更多了，可以说无处不有神，山有山神、河有河伯，哪怕一小块土地也有这里的土地神，此外还有数不清的其他大小神，从玉皇大帝到美女嫦娥再到专门负责为情人牵线搭桥的月老之类，总之有数不清的神。

但我们同样可以看到，中国人的天以及神和基督教的上帝可以说有着根本性区分，例如基督教的上帝是万物的创造者，并且他是有意地创造了这个世界包括人与万物的，但中国的天实际上只是一个模糊而抽象的概念，或者说也像某一方面的工匠专家一样，负责某种事情，与基督教的神是大不一样的。还有，中国文化对于这些神可以说没有什么论述可言，更不用说有一种与之相关的"神学"了。最明显直观的差异是，在基督教那里，神是唯一的，而在中国，神可多了去了，简直多如牛毛。这样一来，虽然中国人表面上是有神的，但实际上等于没有。

斯宾诺莎的思想也有类于此。一方面，斯宾诺莎对神是很尊崇的，在他的著作之中到处充斥着对神的分析与敬仰，甚至于看上去使整个世界都归于神了，因此黑格尔总结斯宾诺莎的思想："我们可以把他的学说体系称为无世界论，这样更合适一些。"后面还说："人应当把一切归结到神，神是一切中的一；所以斯宾诺莎主义是无世界论。"①

但这只是表面现象,在传统的基督教神学家来看,斯宾诺莎这种表面上对神的尊崇恰恰说明了他的无神论,其核心就在于他没有将神与自然分开,而将神与自然合为一体,对此他也是坦率承认的,例如他说:"我并不像我所认识的那些作者所做的那样,把神同自然分开。"②

在一封信中他还说:

> 我对于神和自然,持有一种和那些近代基督教徒惯常所主张的非常不同的观点。因为我主张神是一切事物的内在的原因,而不是超越的原因。虽然方式不同,我也像保罗,或者甚至像一切古代哲学家一样,主张一切事物都存在于神内,并且在神内运动。

这两段话中的含义是很清楚的,就是强调指出,斯宾诺莎认为神与自然是不可分的,并且自然居于神内,并且在神内运动。这里的"内在的原因,而不是超越的原因"指的就是,神并不是在自然万物之外去创造万物,就像我们现在的一个铁匠打造一件铁器一样,工匠与他打造的铁器是截然不同的两样东西,而相反的,神与其所创造的万物是一体的,神不是用一种"外在的"方式而是用一种"内在的方式"创造了万物,内在得可以说将自己化为自然,成为万物之一分了,这当然有违了基督教的基本教义。

关于斯宾诺莎的思想我们且不深入分析,总之在斯宾诺莎这里,

---

① 《哲学史讲演录》(第四卷),(德)黑格尔著,贺麟、王太庆译,商务印书馆,1978年,第126页。

② 《斯宾诺莎书信集》,(荷兰)斯宾诺莎著,洪汉鼎译,商务印书馆,1993年,第28页。

虽然表面上他是有神的，但实际上是无神的，正如中国的传统哲学如儒学，在表面上看是有神的，但实际上是无神的，至少在传统的基督教神学家们如马勒伯朗士看来是如此。也正因为如此，马勒伯朗士在这里才将斯宾诺莎的思想与中国的传统哲学关联在一起，认为"斯宾诺莎的无神论和我们的中国哲学家的无神论之间有很多相同之处"。

对于我们了解马勒伯朗士的思想，在这里还要指出，庞景仁先生的《马勒伯朗士的"神"的观念和朱熹的"理"的观念》一书是极为重要的，其重要性表现在两个地方：

一是它是我们中国人研究马勒伯朗士思想的第一本专著，直到今天依然如此。这实际上是非常遗憾的，因为马勒伯朗士的思想是十分重要的，无论对于西方的神学史还是哲学史都是如此，我们却对它论之甚少甚至知之甚少。

二是这本著作系统地比较了马勒伯朗士的神的观念与朱子的理的观念，是典型的中西比较哲学著作，无论就其研究的形式还是内容而言，都是极为出色的。在我看来，直到今天也很少有类似的著作可以比得上庞先生的这本大作。关于这一点，贺麟在为《马勒伯朗士的"神"的观念和朱熹的"理"的观念》中译本所作的序言中也说得很清楚：

> 庞景仁先生的《马勒伯朗士的"神"的观念和朱熹的"理"的观念》一书，算是中国人研究马勒伯朗士哲学的第一部专著。虽历经数十载，今天仍然是我国研究马勒伯朗士哲学的唯一一本专著。作者对马勒伯朗士哲学和朱熹哲学这两个在中法文化史上有着重大影响的哲学体系进行深入的分析和比较，为比较哲学作出了一个范例。四十多年来，虽然在国内外对马勒伯朗士哲学和朱熹哲学已经有

了比该书更为深入的研究，但是，对这两位大哲进行比较研究，仍然是后无来者。

最后要说的一点是，马勒伯朗士之所以要选择朱子理学思想作为批判的对象，一方面是因为理学已经成为当时儒学的正统，也是孔孟之后儒学的最大成就；另一方面是因为其思想在马勒伯朗士看来并不是全盘错误的，要全盘否定的，而是在其中也有着真理性的东西。这种真理性的东西都与"理"相关。正如法国哲学家亨利·古耶在为《马勒伯朗士的"神"的观念和朱熹的"理"的观念》所作的序言中所说：

> 马勒伯朗士的打算，就像他自己说明的那样，是双重的：批驳中国人关于神的错误，并寻找掺和在这些错误中的真理的颗粒，以便以他们纯化了的哲学的名义来使中国人改宗基督。然而中国思想的错误和真理都和"理"的观念有关，因此《一个基督教哲学家和一个中国哲学家的对话》就是以"神"的观念和"理"的观念为中心的。

所以当马勒伯朗士批判朱子的时候当然是从"理"出发的，我们也要从这个理出发来看马勒伯朗士是如何理解以及批判朱子的思想的。

第二节　理与神之异同

之所以马勒伯朗士要针对朱子进行分析甚至批判，主要原因就在于朱子的理学是当时儒学的正统，是中国全民所尊崇的思想，就如《马勒伯朗士的"神"的观念和朱熹的"理"的观念》所言：

朱熹是11世纪以来"理"学派的所有哲学家中最伟大的大师，他的思想在中国被认为是全民族的和权威的思想。

所谓"擒贼先擒王"，马勒伯朗士想要中国人放弃他们的"错误思想"，接受基督教的正确思想，其核心就是接受基督教中的神，因此当然要将朱子的思想作为攻击的对象了，而攻击的主要方向就是否定理学之理是神。

这时候也许有人说，在中国当时流行着许多别的思想啊，例如佛教与道教的思想，它们可不像儒学一样，只是一种哲学的体系，而是地道的宗教，为什么马勒伯朗士不攻击之呢？对此安德烈神父在他的马勒伯朗士传记中也说得很清楚，那只是因为"这两个教派太粗浅，只讲些教理就足可加以消解了"。即只要将基督教的教义告诉他们，由于基督教的教义是显然更正确的，因此很容易驳倒佛教与道教的主张。

但朱子或者说儒学的思想却不一样，马勒伯朗士指出，它一方面"最为精微"，另一方面又很"危险"。这精微与危险之处都是因为它看上去是正确的——实际上也有正确之处，"持有的一些天然的道理"。实际上，对于马勒伯朗士来说，它是错误的，和基督教的神义是相违背的，以马勒伯朗士的话来说，朱子的思想特别是他对于理的认识一方面是"谬见"，但同时"带有貌似正确的神气"。①

为什么还有"貌似正确"的神气呢？主要就在于朱子的思想是理学，是以"理"为核心的，而这个"理"与基督教的"神"之间的确有着某些相似之处。这些相似之处大致可以从下面的几个角度来说。

---

① 参《有关神的存在和性质的对话》，尼古拉·马勒伯朗士著，陈乐民译，生活·读书·新知三联书店，1998年，第139页。

首先，无论在朱子还是在基督教的思想之中，理和神都是万物之来源，并且都是唯一的。

这种思想在基督教之中是很清楚的，我们知道，基督教最核心的思想有两点，一是认为神创造了万物，二是认为神是唯一的神。

第一点在《圣经》之开篇中就讲得很清楚：

> 起初神创造天地。
> 地是空虚混沌。渊面黑暗。神的灵运行在水面上。
> 神说，要有光，就有了光。

至于认为耶和华是唯一的神，这在其最早的教义《摩西十诫》中的第一条就说清楚了，其中有言"我是耶和华——你的上帝，曾将你从埃及的为奴之家领出来，除了我之外，你不可有别的神"。

这样的思想在朱子理学中也有相似之说，例如在朱子看来，理也是万物的创造者，没有理就没有万物：

> 有此理便有此天地，若无此理，便亦无天地，无人无物，都无该载了。

理还和神一样不但是万物之起源，并且是唯一的，这种思想集中体现在他的"理一分殊"思想之上。

所谓理一分殊的意思就是说，只有一个理，理是唯一的，理也可以称为道或者太极，殊就是特殊的事物，分就是分有。就是说，只有一个理，它要分有到特殊的东西即可以感知的万物上面去，正是因为分有了这个理，所以万物才成其为万物，才可能存在。换言之，在朱子看来，理是根本，没有这个理万物是不可能存在的。

这种理一分殊的思想朱子在其著作中多有提及，例如他说过："万物皆有此理，理皆同出一原。"意思就是说，万物之中都存在着这个理,并且这个理是唯一的。甚至说:"宇宙之间,一理而已!"意思就是说,整个宇宙就本质而言只是一个理罢了。在另一段话里,他对这个理一分殊的思想表达得更为系统而清楚,他说:

> 只是此一个理,万物分之以为体。……所谓乾道变化各正性命,然总又只是一个理。此理处处皆浑沦。如一粒粟,生为苗,苗便生花,花便结实,又成粟,还本无形。一穗有百粒,每粒各各完全。又将这百粒去种,又各成百粒。生生只管不已,初间只是这一粒分去。物物各有理,总只是一个理。

在这里将理一分殊的思想讲得相当透彻,理只有一个,它是万物之根本,万物分有之而成了自身,万千的变化也终究以此唯一之理为基础。除理之外,其他的一切都是混沌不清的甚至不存在的。就像在《圣经·创世记》中所言,在神创世之前,大地是"空虚混沌"的,浑沦与混沌的含义是一致的。朱子在这里还打了一个比喻,就是将理比喻为种子,它长出苗来,苗又长出花来,然后花便结了百粒的果实,如此生生不息。但归根结底,却只有一个同样的理,只有这个唯一的理是万物之根本。

这种类似于理一而分殊的思想在马勒伯朗士那里同样有着相当鲜明的体现。例如在马勒伯朗士那里,上帝是唯一的,是万物之原型,上帝之外的万物只是对这个原型的一种模仿,并且是一种不完满的模仿,对此马勒伯朗士说:

> 我们所崇拜的上帝并不是这样意义上的一个其本质是有局限的存在体。他不如说是全部存在。但是他是这种意义上的一个这样的存在体,即他是唯一的存在体,这个存在体在他本质的单一性里包含着万物里边的全部有实在性

或完满性的东西，而万物不过是他的本质的无限多的限制的一些分有（我不是说一些部分），无限不完满的一些模仿。因为无限的存在体的一个特性是：他是一，同时又是一切东西，也就是说，他是完全单一的，绝不是由许多部分、许多实在性、许多完满性组成的，他是可以由不同的东西以无限多的方式模仿和不完满地分有的。①

在这里马勒伯朗士强调了上帝是唯一的，即是"完全单一的，绝不是由许多部分、许多实在性、许多完满性组成的"，同时万物是对上帝的一种分有，并且是一种不完满的分有，即"他是可以由不同的东西以无限多的方式模仿和不完满地分有的"。和朱子的理一分殊的思想显然是十分相似的。

当然，在这里也有着明显的区分，就是在马勒伯朗士看来，本质上只有上帝是存在的，人的存在不过是上帝存在的一种形式甚至幻象罢了。这种思想表面上与斯宾诺莎的思想是相似的，因为斯宾诺莎同样认为万物并不真的存在，存在的只有上帝。但两者却有着本质的区分，在斯宾诺莎那里，由于他将神看成与自然是一体的，强调的不是自然的神性而是神的自然性，实际上是将神混同于自然之中了，因此是将神化于自然，与马勒伯朗士的思想恰恰相反。马勒伯朗士是将自然化于神。因此，马勒伯朗士才成为了时人尊奉的基督教思想大家，斯宾诺莎却为时人所猛烈抨击，被认为是可恶的无神论者。

在另一段话里，马勒伯朗士同样强调了神是万物之原型，而万物是对上帝的一种分有：

---

① 《一个基督教哲学家和一个中国哲学家的对话——论上帝的存在和本性》，《马勒伯朗士的"神"的观念和朱熹的"理"的观念》，庞景仁著，冯俊译，商务印书馆，2005 年，第 206—207 页。

> 无限完满的存在体（无论是被创造的，或者可能的）分有或模仿的各种样式，也就是说，他在他的本质里看到所有这些存在体的观念或原型。而无限完满的存在体也是全能的，因为全能是一种完满性。因此他能够愿意并且从而创造这些存在体。因此，上帝在他的无限本质里看到一切有限存在体的本质，我的意思是说，看到所有这些存在体的观念或原型。（同上，219 页）

这显然与理一分殊是一致的，因为在朱子看来，理也是存在于一切事物之中的，是万物之原型，而理本身是一，这个一也可以理解为完满，即一个完满的整体，万物是通过分有它而存在的，这就是理一而分殊的含义了。

如此等等，类似的话语在马勒伯朗士与朱子的思想中还有。总之，从朱子的理一分殊与马勒伯朗士的上帝唯一而万物分有上帝那里，可以清楚地看到他们之间的思想有着内在的相似性，甚至可以称为是"英雄所见略同"。

从上面的分析之中可以看到，在朱子这里，理不但是万物之起源，也是唯一的，这不但与马勒伯朗士的思想是相似的，与基督教中对神的基本理解也有相似之处。这正如《马勒伯朗士的"神"的观念和朱熹的"理"的观念》中所说的：

> 整个宇宙和它的所有的部分都是从"理"而来的，它们从它那里吸取了自己的本性，它们的广延。理妙寓于一切存在物之中，而又在一切存在物之外。它既是内在的又是超越的，世界是由"理"创造并在"理"之中。

理与神之间的第二个相似之处是，理与神一样，都是永恒的。神当然是永恒的，这是不用说的，就像《圣经》中所言，神对摩西说："我是自有永有的。"

理也具有这样的永恒性，对此朱子说："理之一字，不可以有无论，未有天地之时便已如此了也。"这就是说，理是在天地万物产生之前就存在了的。朱子还说："万一山河大地都陷了，毕竟理却只在这里。"即将来万物都没有了，但理还是会继续存在的。总之，理是永恒的，它先于万物而存在，即使万物不存在了，它依然存在，这至少看上去与神是很相似的。

关于神的永恒性，马勒伯朗士在《形而上学的对话》中说得很清楚：

> 神在过去的时间中存在着，但是他在那时也就是和在将来的时间中存在着的完全一样。神在时间之外，他是永恒的。①

神与理都是一样，我们在神中看到了永恒性，就像在"理"中看到的永恒性一样。二者都是在时间之外的，是永恒的，同时它也是广大无限的，它从最遥远的过去到最遥远的未来一直存在，在有世界之前就存在了。神当然也是如此，在人存在之前，神就存在了，所以他才能造人。

朱子还将理比喻为大海，我们取一勺、一桶或一碗，它永远是同样的海水，那个海总是同一个海，但是"理"是永远在那儿的主人，而我们只是片刻间接受一丁点海水的过客。这样的比喻是很生动的，较之于苍茫的大海，我们人的确是短暂的，只是天地间一个匆匆的过客罢了，而且一去就永不复还。

不过，在这一点上，马勒伯朗士显然是产生了误会，他误以为

---

① 转引自《马勒伯朗士的"神"的观念和朱熹的"理"的观念》，庞景仁著，冯俊译，商务印书馆，2005年，第57页。

在朱子看来理并不是永恒的，甚至是依赖于万物才可能存在的。对此马勒伯朗士批评朱子道："那么你们为什么贬低理——至上的智慧，竟然主张它离开物质就不能存在？再问你一句：你们主张的，如果是真的，是多么荒谬的奇谈怪论！"①

这样的误会之处还有其他，当然这也是难免的，因为马勒伯朗士本人并不懂朱子理学，也没有读过朱子的著作，他对朱子的理解完全是从龙华民的口述而来的。龙华民对朱子也并没有深刻的理解，甚至有时候可能理解反了，于是将这样的错误传导给了马勒伯朗士。

这样的错误不止一处，因此，《马勒伯朗士的"神"的观念和朱熹的"理"的观念》的第四次谈话《总的结论》中，对话者金道这样说：

> 不应该依据《对话》中的那位中国哲学家所说的来认识中国哲学；因为，他说得太少了，这位哲学家是以这样一种方式来表达中国人的思想，以致如果我们去掉他所犯的错误，几乎所剩无几了。

这样的说法也许有点儿夸张，我们且不管它，我们在这里主要是要比较马勒伯朗士的神与朱子之理之间的关系。不难看出来，在理与神之间确实有着相同之处，就像上面所分析过的，上帝与理都是唯一的，是万物的创造者，并且是永恒的。所以《马勒伯朗士的"神"的观念和朱熹的"理"的观念》中又这样说：

> 在阅读马勒伯朗士的著作和朱熹的著作时，在我们的心中浮现出一种平行的景象，在我们看来，如果不是某种

---

① 《一个基督教哲学家和一个中国哲学家的对话——论上帝的存在和本性》，《马勒伯朗士的"神"的观念和朱熹的"理"的观念》，庞景仁著，冯俊译，商务印书馆，2005年，第217页。

同一性至少也是一种深刻的类似，存在于这两位伟大的哲学家的思想之间。

除了上面的两点外，神与理之间的相似之处还有第三点，就是关于道德，即将人的道德与理、神联系在一起。

我们知道，在基督教中，上帝是至善的，或者说是善本身，这种善也是一种道德的规则，即上帝的行事也是符合于一种道德的规则的，如莱布尼茨所说：

> 上帝既然具有至高智慧，便不得不注意某些法则，他的行动必须符合形体的和道德的规定，这些规定正是他的智慧促使他选择的。①

当然对于这一点神学家们有不同的看法，但神是至善的却是没有疑义的，对此马勒伯朗士说："上帝是根本正义的，是正义本身。"② 这个"正义"也可以理解为善。

还有，在马勒伯朗士看来，神并不需要人，神仅仅是根据他的仁慈而创造了世界包括我们人自身：

> 神创造世界，他创造我们而不需要我们，那么我们可以说，神是根据纯粹的仁慈，根据对我们纯粹的仁爱而创造了我们。（同上，53页）

---

① 《神义论》，（德）莱布尼茨著，朱雁冰译，生活·读书·新知三联书店，2007年2月，第125页。
② 《一个基督教哲学家和一个中国哲学家的对话——论上帝的存在和本性》，《马勒伯朗士的"神"的观念和朱熹的"理"的观念》，庞景仁著，冯俊译，商务印书馆，2005年，第222页。

从这里就可以看出来，在马勒伯朗士看来，人的道德与上帝的至善密切关联在一起。实际上，人的道德就本质而言遵循上帝所制订的道德规范，这些道德规范甚至是一些切实可行的规范，就像《摩西十诫》中的情形一样，那些诫命中的一大部分实际上都是一些道德的规范，如：不可杀人、不可奸淫、不可偷盗、不可贪恋人的妻子，不可贪图人的房屋、田地、仆婢、牛、驴。

而在朱子看来，理也是一切道德之根本。这个"理"在人未形成之前就存在着，当人一旦形成之后便附于人体，成为人的一种先天的禀赋，其实也是一些先天的道德准则，如仁、义、礼、智、信等，这就是人先天的善性之所在。这在朱子看来是人人皆有的，因此他称之为"天命之性"。虽然如此，但人体形成之时，这个气却是有精粗、厚薄、清浊、久暂之不同的，于是就产生了道德上的差异，即产生了善与恶、贤与愚，总之是有善有恶，朱子称之为"气质之性"。换言之就是说，由于理是至善的，而人人身上是有理的，所以与之相关的天命之性也是善的，但由于人除了理之外还有气，而气却有清浊昏明的差别，所以气质之性（即与气相关的人之本性）就有善也有恶，以朱子的说法是："但禀气之清者，为圣为贤，如宝珠在清冷水中。禀气之浊者，为愚为不肖，如珠在浊水中。"①

朱子在这里将理比喻为宝珠，气比喻为水，宝珠是同一颗，即人只有一个共同的理，因此以之为基础的人之天性都是善的，但水就有清有浊了，同样的宝珠落在清水之中当然就看得清楚是宝珠了，这时候人就是善的；反之，倘若落在浊水之中，那宝珠就看不清楚甚至看不见了，于是人的天性之善就消失了，代之以恶了。

总之，理是人之道德与善的产生者，这与基督教中善的产生是一致的。

---

① 《朱子文集》卷五十六。

还有，从上面也可以看到，在朱子看来，理不是恶的产生者，就如同宝珠不是水、水不是来自于宝珠一样。与此相似，基督教神学也认为上帝并非是恶的产生者，就像理不会产生恶一样，例如新柏拉图主义的普罗克洛认为恶只是一种善的"缺陷"，也是一种"缺乏"，因为"缺乏"了善，所以产生了恶。教父奥利金也认为恶是一种缺乏，而不是某种正面的东西，因此我们不可说上帝是恶的创造者。① 到了奥古斯丁，同样认为恶是一种缺乏，即善的缺乏，正是这种缺乏导致了恶，例如在动物生病了，就是意味着健康的缺乏，生病是恶，健康是善，缺乏健康就是恶，即恶是善的缺乏。② 海尔斯的亚历山大对恶的态度同样和奥古斯丁等是一致的，即认为恶不能说是上帝创造的，恶是一种消极的东西，是缺乏、善的缺乏。就像光一样，有光，也有黑暗，但我们能够说黑暗是光造出来的吗？当然不能！黑暗就是因为缺乏了光才产生的。类似的，上帝是光——纯粹的神圣之光，而恶是黑暗，我们不能够说上帝是恶的创造者犹如不能够说光是黑暗的制造者。如此等等，总之不能说上帝创造了恶，就如不能说理产生了恶一样。

以上我们说明了在朱子之理与基督教的神之间的三个相似之处，就如《马勒伯朗士的"神"的观念和朱熹的"理"的观念》中所说：

> 神对于我们来说不很难懂。因为神也许是和我们的"理"一样，是无限完善的。根据朱熹的学说，我们能够在一切真理中和在我们的人性中看到"理"，即在那些真理中我们看到一个不变的秩序，在人性中，也就是在善良、

---

① 参《西洋哲学史》（第二卷），（英）柯普斯登著，庄雅棠译，黎明文化事业有限公司，1988年，第39页。

② 参《奥古斯丁的基督教思想》，周伟驰著，中国社会科学出版社，2009年，第197页。

正义、德行和理智中，我们看到纯粹的和至高无上的道德。

这也是马勒伯朗士对于理与神之关系的整体性理解，即发现了它们之间是有着积极的相关性的，这点特别可以从人的道德之中体现出来。

以上我们说明在理与神之间有三大相似之点，但这当然并不意味着在两者之间没有区分，实际上，它们之间的区分是相当之大的，可以说是本质上的，现在我们且来看看它们之间的区分。

简言之，朱子之理与基督教的神本质不一样，基督教的或者说马勒伯朗士的神实际上是一种人格神，即他是有意识或者说意志的，并且是有意地创造了万物，就像《圣经》开篇所言，上帝"要"有光，于是就产生了光，这个"要"就表明了上帝的意愿。但朱子的理可大不一样，理完全不是一种人格的东西，更不是一个神，它实际上只是一种抽象的存在，与老子的道是一样的。

我们知道，老子的道是无为的，甚至是不可名的，即并不知道它究竟是什么：

> 有物混成，先天地生。寂兮寥兮，独立而不改，周行而不殆，可以为天地母。吾不知其名，强字之曰道，强为之名曰大。

看到了吧，我们只知道这个道是先天地而生的，是天地之母，但并不知道它的名字，只知道它是一种"物"，这"物"虽然不能说是物质之物，但显然完全没有人格神的含义，甚至于根本不知道它是什么，只知道它是万物之根。还有，这个道虽然创造了万物，但并不是有意志与意识地这样做的，因为道的本质在于无为，即"道常无为"。

而在基督教那里，神是一个人格神，是有意志与意识的，甚至于是可以和人对话的,这在《圣经》之中多有提及,例如上帝和亚当、亚伯拉罕的对话,和摩西在西奈山巅的对话,甚至于上帝是可见的,虽然并不能见到上帝的真身,但却可以见到他是以一团火的形式而呈现的:

> 这是在西奈山巅,神亲自告诉摩西的,埃及的万民也亲眼看见了这神迹:
>
> 你只要谨慎,殷勤保守你的心灵,免得忘记你亲眼所看见的事,又免得你一生,这事离开你的心。总要传给你的子子孙孙。
>
> 你在何烈山站在耶和华神面前的那日,耶和华对我说,你为我招聚百姓,我要叫他们听见我的话,使他们存活在世的日子,可以学习敬畏我,又可以教训儿女这样行。
>
> 那时你们近前来,站在山下。山上有火焰冲天,并有昏黑、密云、幽暗。
>
> 耶和华从火焰中对你们说话,你们只听见声音,却没有看见形象。

如此等等,这样的神的形象与理或者说道之间有着本质的不同,这种差异陈乐民先生在《马勒伯朗士与宋明理学的歧异》中也说得很清楚:"在中国哲学里,没有西方宗教里的'神'的观念。"①

关于这点我们一定要弄清楚,因为这才是理与神之间的根本关系所在,简言之:虽然理与神表面上有着许多的相似之处,如都是万物的创造者,都是唯一的、永恒的,也是道德的根源,但它们之间却有着本质的不同,理根本就不是神,根本不具有基督教的神所

---

① 见《有关神的存在和性质的对话》,尼古拉·马勒伯朗士著,陈乐民译,生活·读书·新知三联书店,1998年,第31页。

具有的人格神的性质。

也正是因为如此,所以在理与神之间存在着本质的差异,并且也正是因为如此,马勒伯朗士才断然否定中国人是有神的——因为这个理根本就不是神嘛!

从这个角度上说,马勒伯朗士认为中国人本质上是无神论者,朱子理学本质上与基督教的教义是相冲突的观点也是正确的。

第三节 运动、认识与快乐

前面我们分析了马勒伯朗士的神与朱子的理之间的异与同,分析了它们之间有许多的相似之处,有些甚至是相当微妙的,例如在朱子的理一分殊与马勒伯朗士的万物分有上帝的思想之间的相似性,可以发现虽然朱子的理与马勒伯朗士的上帝有着本质差异,但还是有着内在相通之处。这样的相通之处在两人的思想之中还有不少,我们下面再简单分析两个。

第一个就是关于事物的运动以及认识的起源。

在朱子看来,万物之所以可以运动、我们之所以可以认识事物,是因为太极,是太极使万物运动,使我们能够认识。为什么呢?因为万物是由阴、阳所组成的,而阴阳就像万物本身一样,并不能自己运动,而它们之所以可以运动,是因为在它们之上有另外一个可以说是非物质的存在者在推动它们,这个存在者是一切运动甚至万物本身的终极之因,也是最初的推动者,这就是著名的"太极"。

例如,倘若一块木头燃烧或者大水淹没了土地,并不是因为木头自己燃烧了,也不是大水自己淹没了土地,而是因为太极使它们燃烧和淹没,这就是木头与水的运动了,这个运动的推动者就是太极。

还有,我们人是有眼睛可以看、有耳朵可以听的,但我们之所以可以看与听,并不仅仅是因为我们有了眼睛与耳朵,而是因为背后有那个太极，是太极使我们能看与听，甚至说行动也是因为太极。朱子说："然之所以能听言动，非天命而何？"朱子这里说得很清楚，我们之所以可以听、说与行动，是因为"天命"，这里的"天"指的就是太极，因为太极是至高的存在者，它的命也就是天命了。

对了，在朱子这里，太极与理是同一的，是"同物而异名"，这他在著作之中不止一处地强调过，例如他说：

无极而太极，不是说有个物事光辉辉地在那里，只是说这里当初皆无一物，只是此理而已。

这就是说，太极实际上就是无极，这里的无就是说，万物本来是不存在的，并不是一直有某个事物如一个叫"太极"的东西在那里可以让我们看到，存在的只是一个理。由此也说明，这个理并不是可见的物质性的东西，而只是一种精神性的存在，它是先于万物而存在的，也可以称为太极。

在另一段话中朱子又说："太极只是天地万物之理。在天地言则天地中有太极，在万物言则万物中各有太极。未有天地之先，毕竟是先有此理。"

在这里就说得更清楚了，所谓太极只是存在于万物之中的那个理，对于天地万物来说，是天地中有太极，也就是说天地中有理，而且在天地万物存在之先，是先有了理的，这个理就是太极了。

总之，以朱子的说法是："总天地万物之理，便是太极。"

理是我们运动、看、听与说的根源，这样的思想在马勒伯朗士这里也是存在的。例如运动，在马勒伯朗士看来，人是不可能自己运动的，因为对于人而言，我们要推动什么，是我们自己做不到的，要依靠上帝才行。为什么呢？是因为马勒伯朗士对于物质与意识或者说心与物之间关系的认识，这种认识也来自于笛卡尔，这就是心物平行论，即心与物之间是没有直接关联的，心并不能直接地控制物，当然也就不能移动物了。例如我们的心或者说意识是不能移动我们的胳膊的，因为胳膊与心之间并不能直接关联，而要产生这种关联，在笛卡尔那里是松果腺，在马勒伯朗士那里则是上帝，对此他说：

> 精神连世界上最小的物体都动不了；因为，显然在我们所有的意志——比如说动一下我们的胳臂——与我们的胳臂的运动之间没有必要的联系。不错，胳臂是在我们想要它动的时候它才动；因此，我们是我们的胳臂的运动的自然原因。然而自然原因并不是真正原因，它们不过是一些机缘原因，它们是由于上帝的意志的力量和有效性而起作用的。①

我们之所以可以移动胳膊，就是因为上帝，胳膊的运动如此，用胳膊拿东西当然更是如此了，没有上帝的命令，我们怎么可能用我们的胳膊去拿东西呢？胳膊的运动如此，万物的运动当然更是如此了，更是基于上帝的意志了。

认识也是一样，我们之所以可以认识事物，如看或者听到事物，也是因为神，他还举了一个痛的例子，即如果我的手不小心被刺了一下，冒出了血，我叫了起来："妈呀，痛死我了！"这看上去表明了这痛的感觉即痛觉和前面那个被刺的手指之间有着清楚的因果关系，但这只是一种表面上的关联，在马勒伯朗士看来，在我的手被刺和痛感之间实际上没有什么因果关系，我们并没有认识到手被刺了，而之所以认识到手被刺并且痛了，是上帝使然，如他所言："我刺您的手，您感到疼痛，这不是您的形体在您的心灵中产生一个痛

---

① 转引自《西方著名哲学家评传》（第四卷），钟宇人、余丽嫦编，山东人民出版社，1984年，第252页。

的感觉,而是神,通过这个感觉,向您昭示在您之外发生的事情。"①

这也就是说,是上帝让我们产生这样手被刺与痛之间的联想的,是上帝使我们有了这样的认识。

他还举了我们大脑的例子,我们当然是通过大脑去认识与思维的,但马勒伯朗士指出我们可不要以为作为可感之物的大脑和大脑之中的思维是一回事,他说:

> 我们的知觉不是我们大脑的变化(大脑不过是成为不同形状的广延),而仅仅是我们的精神能够思维的唯一实体,这一点是肯定的。不错,我们在思维时,总是通过我们的大脑,因此可以断言我们的精神同我们的大脑是结合在一起的,不过绝不能说我们的精神和我们的大脑不过是同一的一个单一的实体。(同上,209 页)

也就是,虽然思维与大脑是在一起的,但它们却是两个不同的实体,这是断乎不能混淆的!我们可以打个这样的比喻:大脑就像碗,思维就像水,请问碗和水是一回事吗?当然不是的!水是水,碗是碗,一种固体,一种液体,大不一样。在思维与大脑之间的差别比水与碗之间的差别还要大得多,因为一者是可感之物,另一者是不可感知的思维,二者之间的区别就像我们所说的物质与意识之间的区别一样,那可是一种本质性的区别啊!换言之就是说,我们之所以可以通过大脑进行认识或者说思维,是因为上帝,是上帝使我们产生这种认识与思维的。就像朱子所认为的一样,我们之所以可以认识、可以看与听,是因为太极。

朱子与马勒伯朗士思想还有一个与感觉相关的相通之处,就是

---

① 转引自《马勒伯朗士的"神"的观念和朱熹的"理"的观念》,庞景仁著,冯俊译,商务印书馆,2005 年,第 66 页。

两人都对感觉以及与感觉相关的快乐抱着负面的态度。例如马勒伯朗士在《道德论》中说："如果我们大家都依赖感觉事物而行动，我们便皆是罪人。"①

这就是说，我们不能沉溺于我们的感觉，为什么呢？原因有二：一是感觉不能使我们真确地认识事物，二是感觉是与感官的快乐相关的，正因为如此，倘若我们被这种感觉迷惑，那不但不能正确地认识事物，而且会沉溺于感官的快乐之中，并且在行动之中去追求这样的快乐，而这无论对于认识还是行动，都可以说是一种罪恶，而人也就因此而成了罪人。

关于这个，马勒伯朗士在《道德论》中还说：

> 人是一个自由的当事人。而且我认为他具有一切必需的助力：对于真理，他能不顾在沉思中所遭遇的困难而去追求它；对于秩序，他能摆脱一切邪欲的诱惑而去遵循它。他能为真理而牺牲他的安乐，为秩序而牺牲他的幸福；但另一方面，他又能把他目前实在的快乐，置于他的责任之前，因之陷入错误与紊乱。②

这就是说，虽然是一个自由的人，但我们可不要因为这种自由的存在而耽于感官之乐而忽略了对真理的追求，而是要克服种种困难去追求真理，甚至为了真理可以彻底地牺牲感官之乐，即所谓的幸福。

对了，马勒伯朗士在这里指出了"秩序"，认为我们要遵循这种秩序而牺牲甚至彻底地牺牲世俗之幸福，即感官之乐。在这里的"秩

---

① 《西方伦理学名著选辑》（下卷），周辅成编，商务印书馆，1987年，第99页。
② 《西方伦理学名著选辑》（下卷），周辅成编，商务印书馆，1987年，第98—99页。

序"同样有类于朱子的理。须知朱子的理是什么？它的意思与纹理相关。我们知道，事物都是有其纹理的，这纹理就是它的某种内在的规则或者说秩序，事物正是因为这种规则与秩序而成立的，例如一朵红花，看上去是由花瓣和花蕊甚至无数碎片组成的杂乱无章的东西，但之所以不是杂乱无章的东西，就是因为其中有一定的规则，例如花瓣在外、花蕊在内、其形状也是规则的，这些都是规则。而我们要正确地认识事物就要遵循这种天然的规则。就像庄子在庖丁解牛中所表达的情形一样，庖丁之所以善解牛，就是因为他遵循了牛先天的结构，这就是牛内在的秩序与规则。换言之也是一种天理，这在庄子的原文中也是有的："臣之所好者，道也，进乎技矣。始臣之解牛之时，所见无非牛者。三年之后，未尝见全牛也。方今之时，臣以神遇而不以目视，官知止而神欲行。依乎天理，批大郤，导大窾，因其固然，技经肯綮之未尝，而况大軱乎！"[①]

看到了吧，这里既有天理又有道，它们的含意和太极与理是一致的，朱子也正是在汲取了老子与庄子思想的精髓之后才建立起他的理学体系来的。而我们要怎样才能了解事物之天理或者说理，换言之就是事物的规则与秩序呢？这就要靠"格物"了，即我们要通过格物而致知，对此朱子有言：

> 所谓致知在格物者，言欲致吾之知，在即物而穷其理也。盖人心之灵，莫不有知，而天下之物，莫不有理。惟于理有未穷，故其知有不尽也。是以大学始教，必使学者即凡天下之物，莫不因其已知之理而益穷之，以求至乎其极。至于用力之久，而一旦豁然贯通焉，则众物之表里精粗无不到，而吾心之全体大用无不明矣。

---

① 《庄子·养生主》。

通过这样的引文，我们可以清楚地看到，在马勒伯朗士与朱子之间有一个共通之处，就是认为在事物之中存在着秩序，这种秩序是并非来自于事物本身，而是上帝或者天理，我们也要努力地理解这样的秩序，以了解事物乃至于上帝与天理本身。为此必须牺牲相应的感官之乐。

对于这种牺牲感官之乐，在朱子理学之中也是相当重要的一环，这就是他有名的"存天理，灭人欲"之说。例如他说："圣人千言万语只是教人存天理，灭人欲。"又说："人之一心，天理存则人欲亡，人欲胜则天理灭，未有天理人欲夹杂者。"

不难看出，朱子将天理与人欲对立起来，所谓人欲就是世俗的快乐，也就是马勒伯朗士所说的安乐与幸福。显然，对于这样的快乐，他们两人都是极为反对的，认为我们要理解事物，理解存在于事物之中的秩序或者说天理，并且遵循这样的秩序与天理而行，就要牺牲世俗的感官享乐。这可以说又是他们之间一个内在而深刻的相通之处。

在这里要说明的是，朱子所提出来的人为了追求天地万物之理就要去除人的欲望，这话在近代史上引起了很多的批判与误解，大家想当然地以为朱子是要人不能够有任何欲望，只要追求天理就可以了，于是将之归为"道学"甚至"假道学"，而后进一步地归之于"吃人的封建礼教"。这其实是一种大大的误会，朱子并没有这个意思，他并不是要人灭掉所有的欲望，他的意思其实是和亚里士多德一样的，就是只要去掉那些不必要的、过分的欲望。这在《朱子语类》的后面就说得很清楚："饮食，天理也；山珍海味，人欲也。夫妻，天理也；三妻四妾，人欲也。"这也就是说，正常的食物与性欲的需求是正当的，是要保存的，因为它们是"天理"，而那些过分的食物与性欲的追求——也就是亚里士多德说的"贪食"，是"人欲"，是要消灭的。

我想马勒伯朗士在这里也是一样的意思，即不要追求过分的肉体享受，但正常的快乐幸福是可以有的，否则的话就麻烦了，例如要是没有这种正常的肉体享受，个个都食不甘味，男人个个都不近女色，那么人类很快就会灭亡了！那么还有人去敬拜上帝或者遵循天理吗？当然不会有了，这也是同样的自然之理。我想无论朱子还是马勒伯朗士都不会抱持这样的观念，相反，遵循正常的饮食与男女关系才是合乎天理的，也是对上帝意志的遵循。为什么呢？因为倘若我们追根究底，那人欲也是来自于天理的，就如朱子所言："人欲便也是天理里面做出来。虽是人欲，人欲中自有天理。"所以适当的人欲是合乎天理的，不必根除。

第四节　奇异的契合

前面我们说了朱子和马勒伯朗士思想之间的不少相通之处，本节要说最后一个。

这个相通之处就是，他们都认为世界随时都需要太极或者说上帝，倘若太极或上帝有一时一刻不需要世界或者不维持这个世界，那么这个世界就毁灭了，或者说，如果天或者说神有一瞬间停止了创造，宇宙或一切事物就会归于虚无。这以朱子的说法就是"惟天地圣人未尝有一息间断。维天之命，于穆不已，何尝间断。间断，造化便死了"。后面朱子又说："天地造化，圣人德业，未尝有一息之间。'维天之命，于穆不已'，曷尝间断。"有些间断，则造化便死了！

这两句里的含意都是一样的，这里的天地圣人与圣人德业也就是说天理了，它是不能有一息间断的，只要有一息间断，那造化，也就是天地万物，就都要灭亡了。这样的思想在马勒伯朗士那里也有着鲜明的体现，因为在马勒伯朗士看来，我们这个世界之所以存在，之所以从创造之后持续地存在，全赖于上帝的意志，只要上帝有片刻之间没有保存或者持续地创造万物，那么万物就会灭亡，对此他说：

> 我们的世界，它，是从虚无中得来的，它完全依赖于神的意志，所以如果神再也不愿意保存它的话，它必然地被毁灭；因为如果没有神继续地意愿它存在的话，它就是独立于神的了，这是明显地和神的全能相矛盾的。然而，创造物的保存，从神方面来讲，只是他的持续创造它们。创造和保存只是存在着的同一个意志，它不停地起作用，因此，它必然地产生同样的结果。①

马勒伯朗士在这里说得很清楚，只有神不停地起作用，即不能有任何的间断，万物才可能存在。换言之就是说，倘若有任何的间断，那万物就要灭亡了，这以朱子的话来说就是"有些间断，则造化便死了"。

在《一个基督教哲学家和一个中国哲学家的对话》里，马勒伯朗士也表达了同样的意思：

> 无限完满的存在体是明智的。但是它本身就明智。它是明智本身。……它是其他一切存在体所必然独立存在的一切，而一切存在体都是从它那里得到它们所有的一切实在性和完满性。因为无限完满的存在体本身是自足的，而凡是它创造的东西都不停息地需要它。

"凡是它创造的东西都不停息地需要它"就是说，神所创造的万物是不停息地需要神的，不能有任何的间断，否则万物就要灭亡了。

---

① 《马勒伯朗士的"神"的观念和朱熹的"理"的观念》，庞景仁著，冯俊译，商务印书馆，2005年，第56页。

在朱子与马勒伯朗士之间，虽然隔着万里之遥，彼此的思想没有任何的相互影响，但都得出来了相类似的结论，而且这个结论并不是一种大而化之的、一般人也可以想出来的结论，而是深刻而有着鲜明的特色的，他们两人却从不同的角度不约而同地想到了这一点，真是神奇啊！令人感叹不已，可以说令人叹为观止！

面对这样的情形，两个对话者之中的菲拉莱特不由赞叹说：

> 绝妙的学说！持续地创造。它多么像我们的笛卡尔派哲学家们的观点。根据笛卡尔同样也根据马勒伯朗士的看法，从虚无中得来的宇宙，绝对地依赖宇宙的原因，神的意志；不仅是为了它的存在，而且也是为了它的保存，它都要依赖神的意志。因为现在的时间并不依赖直接先于它的时间。如果神有一瞬间停止它存在的意愿，宇宙必然重新陷入虚无。创造物的保存，从神来说，只是继续把它们创造出来。

另一个对话者金道听了后也说："我也很高兴，过了五百年，相距如此遥远，我们的思想和你们的思想相遇了。这证明，像我们古老的格言所说的一样，英雄所见略同。"

看得出来，他们都为朱子与马勒伯朗士之间这种观点的神奇的契合而大为感叹！的确是英雄所见略同。

当然，这种神奇的契合并不意味着在马勒伯朗士与朱子之间有着本质的相似性，实际上，契合与相通就整体而言只是表面现象，实际上他们之间的思想是有着整体的与本质的差异的，这个整体与本质的差异最为核心的表达就是两种思想的核心是不一样的，中国的或者说朱子的哲学是以道德为中心的，西方或者说基督教的、马勒伯朗士的思想则是以神为中心的，这就是两者的根本差异之所在。

这其实只要看看孔夫子的思想就可以了，以孔夫子思想为核心的中国传统儒学也是中国一直以来的"国学"，有类于基督教是西方的"国教"一样，是从政府到绝大部分人民所遵循的思想体系，朱子理学同样属于这个体系。而孔夫子思想体系的核心是哪个呢？难道是神吗？当然不是的，对于神，孔夫子并不是一味的反对，而是不喜欢谈论这个问题，不将这个问题看成他的思想体系的一部分，因此才有"子不语怪、力、乱、神"这样的说法。

那么孔夫子的思想体系之核心在哪里呢？就是道德，这一点从《论语》之中同样可以看得很清楚，其中的大部分内容都是与道德相关的，目的就要使所有的人民，从天子以至于庶人都要遵循一定的道德准则，以建立一个和谐的社会。典型者如这一句：

> 齐景公问政于孔子。孔子对曰："君君、臣臣、父父、子子。"公曰："善哉！信如君不君，臣不臣，父不父，子不子，虽有粟，吾得而食诸？"

这句话就代表了孔夫子思想的道德之核心，这个核心简言之就是一个君要像一个君的样子、臣要有臣的样子、父亲要有父亲的样子、儿子要有儿子的样子，什么样的样子呢？当然就是有道德的、遵循孔夫子礼教的样子了。

中国哲学的这一特点我们后面要说的伏尔泰也看得很清楚，例如他曾经这样说："孔子只是以道德谆谆告诫人，而不宣扬什么奥义。"①

这当然也是朱子思想的特点，要知道朱子虽然在思想有所创新，但整体而言依然是属于孔夫子的思想体系，即是儒学的体系，这个体系的核心就是以道德为核心，这也是整体中国传统哲学的核心，

---

① 《风俗论》（上册），（法）伏尔泰著，梁守锵译，商务印书馆，1994年，第88页。

而正是这个核心的不同体现了中国哲学与西方基督教哲学之间的本质性差异,当然也体现了朱子与马勒伯朗士之间的差异。

对于这个差异,在《马勒伯朗士的"神"的观念和朱熹的"理"的观念》之中也作出了清楚的表达,例如在这里,借着菲拉莱特的口说:

> 我发现你们的哲学和我们的哲学真是相近。如果朱熹有宗教信仰的话,那么理就是我们的神。尽管如此,我认为,在这两种思想之间,差异并不小于相似。

这里首先说明了在朱子哲学与马勒伯朗士思想之间是有相似之处的,例如都有信仰,朱子所信仰的就是理,它至少表面上是有类于神的,因此就这个角度而言也可以说朱子的哲学是有神的。但当然这样的说法是有些牵强的,因为如我们在第一节中所分析过的一样朱子哲学中的理与基督教的神是大不一样的,有着本质的区分。就本质而言,朱子的哲学也是孔夫子思想的延续,是以道德为核心的。这同样可以从《朱子语类》看出来,其中有言:

> 太极只是一个"理"字。

> 有是理后生是气,自"一阴一阳之谓道"推来。此性自有仁义。

这就是说,无论理还是道,它们并不是抽象的哲学概念,而是一种道德的概念,或者说有着道德的内容,它们之中有着仁义,这可以说是它们的本性,即理与道之本性就是仁义。

仁义当然是一个道德概念,而以道德为中心表达哲学思想,这是中国传统哲学即儒学与理学最根本特质。所以,在《马勒伯朗士的"神"的观念和朱熹的"理"的观念》中这样说:

> 你们的学说真正是一种神中心论;至于我们的学说,

> 虽然理是中心,因为我们没有宗教信仰,却远不是以神为中心的,我们不是相信一种宗教,而是相信一种纯粹的独立的道德,这种道德自孔夫子直到我们的时代,深深地渗透到所有的中国人心中。

这样的说法无疑是中肯的,符合孔夫子与朱子思想的真正特质,这种特质也渗透进了整个中国传统哲学与文化之中,成为几乎所有中国人共同的信仰,这种信仰不同于以神为中心的欧洲基督教的信仰,而是以道德为核心的信仰。

所以,对于朱子或者理学而言,其核心就是道德,而理学之理,它的本义出自纹理,即事物内在的一种规律,这种规律也是一种秩序,不但是自然的秩序,更是社会的秩序,而这个社会要有秩序,当然必须有着一种道德的基础,这种道德的基础也就是道德的规则或者说规律,即道德律,因此,理学简言之就是一种纹理之学、规则之学,更具体而言是一种道德规律之学,而理简言之就是道德规律。而这个道德规律也应该是"道"的本质含义之一,其是从《道德经》里就流传下来了的,这从《道德经》的最后一句可以看得分明:

> 天之道,利而不害;圣人之道,为而不争。

在我看来,这也是《道德经》最后的归结,即从一开始的对天地万物本原的解释归结为对人类社会的解释,这种解释也表达了道的本质性含义。这含义有两个:一者是关于自然的,是自然之道;一者是关于人的,即道德。这个道德在老子那里的核心就是既要有为,又要无为,所谓有为就是要努力建立一个和谐的、符合自然之道的社会,无为就是为了要建立这个和谐社会,不能争,例如不能争权夺利。这直到我们今天也还是适用的,就是为了要建立一个和谐的、有道德的社会,大家一方面要努力工作,要做有为之人,另一方面又不能把这种有为功利化，即一切为了个人的利益而为，为此不惜争权夺利，这样的社会就不可能是和谐的。倘若我们仔细理解孔孟之道还有朱子之道，就会发现他们的核心，即为而不争。这是最基本的道德之规律，既属于老子，也属于孔子与朱子，可以说是整个中国传统哲学的核心，也是理学之核心，是所有道德规律之核心。对此，在《马勒伯朗士的"神"的观念和朱熹的"理"的观念》中也有着清楚的表述：

> 理是纯粹的道德规律，当它作为纯粹的道德规律起作用的时候，我们在朱熹哲学中把它叫作"道"。我敢对您肯定，道德是全部中国哲学的基础，如果人们可以说西方哲学是以科学为基础的话，中国哲学则是以道德为基础。

诚如斯言！

表面上朱子与马勒伯朗士的思想之间有相通之处，但从内在的角度看却有着本质的差异。这个差异也可以一言以括之：马勒伯朗士哲学是以神为中心的，朱子哲学则是以道德为中心的。

西方哲学家中的中国之友——莱布尼茨

- 世界上没有两片完全相同的树叶。
- 考虑了很少的那几样东西之后,整个的事情就归结为纯几何,这是物理和力学的一个目标……
- 不发生作用的东西是不会存在的……
- 虚数是奇妙的人类精神寄托,它好像是存在与不存在之间的一种两栖动物……

第五章　莱布尼茨的人生与著作

在近代西方哲学之中，莱布尼茨、康德、黑格尔可以说是三个最难讲、但同时也极为重要的哲学家，这是他们三人共同的特点。所不同的是，后两个人的重要性已经得到了广泛的重视。莱布尼茨却不是如此，人们对于他的哲学并没有给予应有的重视。这有点像霍布斯，他们都是非常了不起的哲学天才，但他们的思想在哲学史中一直没有获得应有的地位，也就是如康德与黑格尔那样的地位，甚至于也没有培根、洛克或者斯宾诺莎那样的地位，这是很遗憾的事，也有些不公。若究其原因，也许在于他们两人的共同点，就是都不只是哲学家，他们都有着极为广泛与渊博的知识，所取得的成就也是多方面的，在哲学上的成就有时候反而被人忽略了。但事实上，他们对哲学的贡献不亚于前面提到过的那些伟大的哲学家。

特别是莱布尼茨，他在哲学史或者思想史上的地位更是要超越霍布斯，他的思想更加渊博，取得的成就也更加全面而伟大！只要一个简单的事实就可以证明：莱布尼茨不但是伟大的哲学家，而且是伟大的科学家，特别是伟大的数学家，是微积分的发明人之一，而微积分对于现代数学乃至科学十分重要。《美国百科全书》就将数学分为代数学、几何学、分析学三大分支，其中分析学就是用分析的方法来研究数学，虽然现代分析学的内容要超越微积分，但在一般情况下，我们可以近似地将分析学看作就是微积分。还有，微积分也是与现代自然科学关系最密切的数学分支，它的许多概念同力学、物理学、天文学等有密切联系，在这些领域有广泛的应用，甚至可以说，没有微积分，许多现在自然科学门类，尤其是天文学与物理学，都是不可能发展到今天这样的程度的。而莱布尼茨是这一切的奠基者之一，他在科学史上的贡献之伟大可见一斑，纵观整个哲学史，有这样地位的哲学家除莱布尼茨外就只有笛卡尔了。

莱布尼茨不但是伟大的科学家与哲学家，他在其他的许多领域也都取得也巨大的成就，例如他是数理逻辑的创始人，甚至在地质学与历史学上也有独到的贡献。简而言之，莱布尼茨是一个文艺复兴式的全才或者说天才人物。《斯坦福哲学百科全书》是这样评价莱布尼茨的：

> 哥特弗里德·威廉·莱布尼茨是十七和十八世纪伟大的思想家之一，以最后一个"全才"而闻名。
>
> 他在许多领域都有重要而深刻的影响，如形而上学、逻辑学、宗教哲学、数学、物理学、地质学、法学、历史学，等等。

甚至十八世纪法国的无神论者与唯物主义哲学家狄德罗，虽然他的观点和莱布尼茨几乎总是相左的，也不由不敬仰莱布尼茨的成就，在其《百科全书》的"莱布尼茨"条目中这样写道："也许从来没有一个人比莱布尼茨读过更多、研究过更多、沉思过更多，还有写过更多，……他为世界、上帝、自然以及灵魂构建了一个最令人赞叹的雄辩的体系。即使与柏拉图的天才相比，哲学家莱布尼茨的思想较之那位伟大的雅典哲学家也不遑多让。"

事实上，这样的字句表明狄德罗几乎有了一种绝望："当一个人拿自己的才能与莱布尼茨的天赋相比时，那个人会只想扔掉自己的书而躲到一个被人遗忘的黑暗角落里安静地死去。"①

---

① 见 *Stanford Encyclopedia of Philosophy* 之 *Gottfried Wilhelm Leibniz* 条目。

  这段话听上去有些耸人听闻，但可以说毫不夸张，因为这正是我读莱布尼茨时的感觉。生于这个时代，也许我有幸可以读到几乎和莱布尼茨同样多的书，甚至读到比他所读的更值得读的书，因为在他那个时代，有很多好书——无论哲学的还是科学的——都还没有写出来呢！但我对莱布尼茨的敬仰之情不逊于狄德罗，只要我们去读一下莱布尼茨的著作就都会有这样的感觉，他的读书之多、思想之深，给人的感觉是深不可测，令人感觉不可思议，当然也令人叹服！

  这样说的可不只是《斯坦福哲学百科全书》，其他百科全书的说法都差不多，例如《不列颠百科全书》就以这样简短而强烈的语言表达了他惊人的渊博，说莱布尼茨是"德国自然科学家、数学家、哲学家，他广博的才能影响到诸如逻辑学、数学、力学、地质学、法学、历史学、语言学以至神学等广泛领域"。还称他是"西方文明最伟大的人物之一"。

  在莱布尼茨所有这些身份之中，哲学家与数学家是最重要的，也是他之所以永垂不朽的主要原因。

  有一种观点认为莱布尼茨更重要的成就不是在哲学上，而是在数学上，就像《美国百科全书》所言："莱布尼茨在数学上的成就远远超过他在哲学上的贡献。"

  这样的说法我是不赞同的，这从另一个侧面说明莱布尼茨的哲学成就并没有得到足够的认识与肯定。

  当然，所谓见仁见智，这也是不难理解的。

  但不管怎样，一个这样了不起的人物是值得我们了解的，下面我们首先要了解一下他的人生。

第一节　宫廷里的万事通

莱布尼茨 1646 年出生于德国莱比锡一个满室书香之家,他父亲弗里德里希·莱布尼茨是德意志名校莱比锡大学的道德哲学教授,母亲凯瑟丽娜·舒马克则是一个法学教授的女儿。

不幸的是 5 岁多时莱布尼茨的父亲就去世了,因此他主要是在的母亲教养下长大的。

除母亲外,另外有一样东西对莱布尼茨的成长也产生了极大作用,就是他父亲庞大的藏书,他们这样一个书香之家,家里自然藏书丰富。还在很小的时候,他母亲就打开了书库的大门,让幼小的儿子在知识的海洋里畅游。

在智慧上,莱布尼茨是一个很早熟的孩子,他从小就阅读了在我们看来也许根本不适合于小孩子阅读的艰深著作,例如柏拉图与亚里士多德的哲学著作,还有诗歌、历史与科学著作,他几乎无所不读,也几乎无所不知。不仅如此,他很早就有了自己独特的思想。后来,他有些得意地回忆道:

> 在我的青年早期,曾表现出对历史和修辞学的偏爱,在散文和诗的写作上,也表现出如此的敏捷,使得我的老师担心我以后中止这些爱好。因而我被引导向逻辑和哲学。在我刚刚理解所有这些科目的任何东西之前,我在纸上写下了从我脑海中浮现出的许多富于想象力的思想。当我把它们递给老师时,他们被震惊了。①

这些老师是家庭教师,在莱布尼茨那个时代,条件优越的家庭

---

① 《莱布尼茨自然哲学著作选》,(德)莱布尼茨著,祖庆年译,中国社会科学出版社,1985 年,第 2—3 页。

都会给自己的孩子请家庭教师,有些家庭教师自己还是伟大人物,例如洛克和霍布斯都是这样的家庭教师。

这时候的莱布尼茨还只是一个十三四岁的孩子。不但掌握了丰富的知识,还精通多国语言,如法语与拉丁语等,以后他的许多作品都是以这两种语言写成的。

到15岁时,1661年,莱布尼茨进入了莱比锡大学,专业是法律。

在大学里,莱布尼茨遇到了第一个对他人生产生重大影响的人,哲学家托马修斯,正是他引导莱布尼茨进入了哲学的殿堂。

莱布尼茨对这位老师毕生抱着感激之情,在后来所著的《神义论》里,他称其为"莱比锡已故著名教授托马修斯",并且引用了他的观点。

学习了几年后,莱布尼茨毕业了,他的毕业论文名为《论个体原则》,由此获得了学士学位。

此后,他转到了位于纽伦堡附近的阿尔特多夫大学,在那里继续攻读博士学位。

1666年,莱布尼茨写出了《论组合艺术》,其中表达了这样的思想:一切推理与发现,无论其是否用语言表达,都能归结为诸如数、字、声、色等元素的有序组合。对于这本书,莱布尼茨也是颇为得意的,他后来说:

> 当时作为一个二十岁的青年人,幸运使我必须写一篇大学学位论文。就这样我写了关于《论组合术》这篇论文,它在1666年以书的形式出版,从此我的令人惊奇的发现就公之于世了。(同上,3页)

莱布尼茨的得意源自他的自信,他相信自己思想的重要性,因为这种思想是他关于一种新的语言形式——符号逻辑——的雏形,也可以说是数理逻辑之始,甚至是现代计算机理论的先声。

据说莱布尼茨曾经以这篇论文申请大学的博士学位，但被拒绝了，原因只有一个——他太年轻了，还只有20岁，于是他改而申请阿尔特多夫大学的法学博士学位，顺利成功。

至于此后，有两种说法，一说是阿尔特多夫大学想聘他为法学教授①，另一说法是莱比锡大学想请他。② 当然这并不重要，也可能是两所大学都想要他，这也是很自然的事。总之年轻的莱布尼茨已经获得了学界的认可，倘若他有意，完全可以在大学里任职，然后像大多数哲学家一样在大学里工作，度过学术人生。

但莱布尼茨婉拒了，因为这时他已经决心投身政界。

这可能和莱布尼茨这时候遇到的一个贵人有关，他就是克里斯蒂安·冯·博因堡男爵，他是当时德意志最强大的君主之一美因茨选帝侯的封臣，他很欣赏年轻的莱布尼茨的才能，答应为他在选帝侯家中谋一个美差。在选帝侯那里当官自然比在大学里当老师好，也更符合莱布尼茨的志向，他从来是个胸怀大志的人，断乎不会在一所大学里单调地度过人生。

他从此就在博因堡男爵手下工作了，具体干什么不清楚，似乎主要是写作，他在这段时间写出了《为三位一体辩护》《物理学新假说》等书，后者是他的第一部自然哲学著作。

除了写书之外，莱布尼茨这时候还大量地写信，通过书信，他几乎和当时全欧洲知识界有名的人都建立了联系，他经常和这些人通信。这些信许多丢失了，而保存下来的也有1500多封，可以想象莱布尼茨写了多少信，要知道那时候可没有打字机，都是手写的！后来人们也正是通过这些信才全面地了解莱布尼茨的哲学，尤其是

---

① 参《西方著名哲学家评传》（第四卷），钟宇人、余丽嫦编，山东人民出版社，1984年，第390页。

② 参 *Stanford Encyclopedia of Philosophy* 之 Gottfried Wilhelm Leibniz 条目之"Life"节。

他那些最深奥的哲学。

莱布尼茨人生中的另一件大事发生在 1672 年,他被博因堡男爵派往巴黎。

为什么呢?那是有原因的。

原来,经过 1618 年至 1648 年的三十年战争,法国取得了在欧洲大陆的霸主地位,而遭受战争蹂躏的德意志则相当孱弱。于是,热爱祖国的莱布尼茨据说这时候想出了一个好主意,想鼓动当时使法国越来越强大的"太阳王"路易十四去进攻埃及,这样一来他就无暇顾及德意志了。他的计划得到了男爵的认同,于是派他前往巴黎。

还有传说莱布尼茨为了削弱法国,甚至想出了用来自西印度群岛的糖做很便宜的朗姆酒,以打败畅销的法国白兰地这样的怪招。

当然这些都没有奏效,法国国王又不是傻瓜,怎么会放着欧洲的霸主不做,去打什么埃及?

但莱布尼茨去巴黎这事却是成功的,对他一生都产生了巨大的影响。

在巴黎,他遇到了三个重要人物——哲学家马勒伯朗士和阿尔诺,还有著名的科学家惠更斯。

这三个人当中马勒伯朗士无疑是最有名的,我们在前面讲马勒伯朗士时也说过,莱布尼茨尽管和许多哲学家科学家包括伟大的牛顿关系都不好,但却公开地赞扬和接受了马勒伯朗士的许多观点。在 1679 年写给马勒伯朗士的一封信中,他说道:"我十分赞同你提出来的如下两个观点:我们在上帝之中看到一切事物,身体严格来说对我们没有什么影响。"①

这里莱布尼茨所赞成的马勒伯朗士的思想就是心物平行论了,这是马勒伯朗士思想之中最重要也最深奥的思想,莱布尼茨正是在

---

① 见 *Encyclopedia of Philosophy*, 2nd edition 之 Malebranche 条目, V5, 第 671 页。

这个思想之上建立了他最有名的思想即前定和谐和单子论的。

陈修斋教授也说：

（莱布尼茨）他这个时期和马勒伯朗士的交往对于他进一步研究和讨论笛卡尔及其学派的哲学，以及对于他自己的哲学体系的形成和发展都显然有重大影响。①

对于这时候已经过世的伟大的笛卡尔，莱布尼茨也接受了他的部分思想，他同样也反对他的许多思想，但他对笛卡尔本人是很尊敬的，关于笛卡尔他曾经说过这样的话：

这里无须指出什么是笛卡儿学说中应当受到赞扬的东西，他的智能远远超过任何赞扬。②

1673年时，他又被男爵以外交使节的身份派往伦敦，在那里又遇到了许多著名的哲学家与科学家，例如伟大的化学家波义耳和英国皇家学会的秘书奥顿伯格等。莱布尼茨将自己发明的一台"计算机"献给了皇家学会，它不但会算加减乘除，甚至还会算开方立方，他也因这个了不起的成果被接纳为皇家学会会员。据说他还想去见这时候仍活着的霍布斯，但霍布斯已经85岁了，年老体弱，没法谈哲学了。

从英国回到巴黎后，不久传来噩耗，他的两个雇主，也就是博因堡男爵和美因茨选帝侯都去世了。但他并没有失业，而是当了博因堡男爵儿子的家庭教师，继续生活在巴黎，一直到1676年才离开，因为他有了新雇主，就是不伦瑞克-吕内堡公爵弗里德里希，并应

---

① 见《人类理智新论》之《译者序言——莱布尼茨及其哲学简介》，（德）莱布尼茨著，陈修斋译，商务印书馆，1982年，第9页。
② 《莱布尼茨自然哲学著作选》，（德）莱布尼茨著，祖庆年译，中国社会科学出版社，1985年，第4页。

公爵之邀移居其首府汉诺威。

就在去汉诺威的途中,莱布尼茨特意去拜访了此时已经非常有名的伟大哲学家斯宾诺莎,据说他和斯宾诺莎聚了整整一个月之久,但莱布尼茨对待斯宾诺莎不像马勒伯朗士,公开地赞扬之,而是竭力贬低斯宾诺莎对他的影响,甚至否定两人之间有什么深交——事实上并非如此,莱布尼茨也因此受到了一些人的抨击。但这也是可以理解的,因为斯宾诺莎是被当时的教会——无论新教、天主教还是犹太教——都憎恶的人,莱布尼茨可不想搅这趟浑水,他对于上帝和《圣经》都是很尊崇的,和教会的关系也不错。就像刘小枫博士曾经提到的,莱布尼茨读过斯宾诺莎的《神学政治论》后不禁"痛心疾首",写信给朋友说:

> 这本有关哲学研究的作品无法无天到实在让人难以忍受的程度。该书作者似乎不仅继承了霍布斯的政治学观点,也继承了他在《利维坦》这部作品如其题目一样骇人可怖中就已经充分纲领化了的宗教立场。由于霍布斯在《利维坦》中已经整个儿播下了此类极漂亮的批判种子,这个人(指斯宾诺莎)便胆大放肆地贯彻这一点:反驳圣经文本。[①]

俗话说,道不同不相为谋,莱布尼茨不喜欢斯宾诺莎是可以理解的,他的缺点就在于他不大老实,这是人们通常责备莱布尼茨的毛病。

在汉诺威,莱布尼茨的工作是十分繁重的,所谓能者多劳,他几乎什么都做,也什么都喜欢做,例如他建议公爵在领地内进行全面的经济普查,建立经济理事会,建立专门的档案局管理委员会管

---

① 见《〈利维坦〉附录》之前言,(英)霍布斯著,赵雪纲译,华夏出版社,2008年,第16页。

理档案和文书,当时公爵领有哈尔茨山的银矿,莱布尼茨又设计了一种风车,能够大量地排除采矿时会遇到的淹水,如此等等,还有其他。对此他的传记是这样说的:

> 莱布尼茨还提交了许多其他技术设计方案。一些与采矿有关,比如矿石运输工具以及改进炼钢方法。另一些与采矿无关,比如制造瓷器和亚麻布的方法,以及修造运河和使水脱盐的方案。①

很繁忙吧!因此之故,莱布尼茨被称为"万事通"。关于这段时间的生活,黑格尔则是这么说的:

> 1677年他在汉诺威住了下来,忙于政务,特别是研究历史问题。他曾经在哈兹山安装机械,排除危害矿山的洪水。就在1677年,他在百忙之中发明了微分学;在这件事情上,他与牛顿发生了争执,这是牛顿和伦敦科学会十分卑鄙地挑起的。那些英国人把一切都归给自己,不以公道对待别人,宣称牛顿是微分学的真正发明人。其实牛顿的《原理》问世较晚,该书的第一版里还有一个注赞扬莱布尼茨,这个注后来不见了。②

这里黑格尔还谈到了微积分的发明及其与牛顿的争论,这是莱布尼茨一生中最有名的事件,我们后面再专门说。

从这里我们可以看到莱布尼茨是何等的全才与天才!和伟大的

---

① 《莱布尼茨》,加勒特·汤姆森著,李素霞、杨富斌译,中华书局,2014年,第11页。

② 《哲学史讲演录》(第四卷),(德)黑格尔著,贺麟、王太庆译,商务印书馆,1978年,第165页。

达·芬奇有些相似，两人可以说互有短长：达·芬奇是更伟大的艺术家，但莱布尼茨却是更伟大的科学家与哲学家，至于全才，两人则在伯仲之间。

1679年时，弗里德里希公爵死了，他的弟弟恩斯特·奥古斯特继位，但莱布尼茨的地位没受影响，甚至比以前更受宠了，他与公爵夫人索菲的关系也很好。她很崇拜莱布尼茨的哲学，据说"世界上没有两片完全相同的树叶"就是他与公爵夫人谈话时留下的哲学名言。莱布尼茨在著作中也记载了这事：

> 我记得一位聪明睿智的伟大王后有一天在她的花园里散步时说，她不相信有两片树叶是完全一样的。和她一起在散步的一位精明绅士相信他很容易就能找到两片；但他虽然找了很久，终于凭他亲眼所见，深信永远能看到其中是有区别的。①

在新公爵手下，到1686年左右时，莱布尼茨有了一项新的大差使，就是编写公爵的不伦瑞克家族历史。由于公爵想将这个历史尽量地延长，这当然不能瞎说，必须有资料证明，为了这个目的，莱布尼茨便在欧洲到处旅行，花费了大量的时间与精力。但也有所成就，最终成了一个至今在历史学研究中有相当影响的人物。

不过，莱布尼茨旅行的目的与其说是为了编史，不如说更是为了科学。他在从维也纳到柏林到罗马四处奔波的过程中，到处鼓吹建立科学院。他的奔波也收到了不少成效，例如普鲁士的柏林科学院建立起来了，他荣膺首任院长，后来的维也纳科学院、俄罗斯彼得堡科学院也建立起来了，其间都有他的功劳。据说他还向北京的

---

① 《人类理智新论》，（德）莱布尼茨著，陈修斋译，商务印书馆，1982年，第235页。

康熙皇帝建议成立科学院，不过我们可以相信这封从蛮夷番邦来的信件没有被送到康熙大帝的手上。

令人感到惊讶的是，莱布尼茨在数不清的工作之余还能进行广泛的科学与哲学研究，并且在许多方面都取得了伟大的成就。

一方面由于这些工作，另一方面由于他在科学与哲学方面业已取得的卓越成就，还由于他颇善于为自己谋取利益，莱布尼茨获得了许多荣衔，例如他是法国科学院院士、罗马科学与数学科学院院士，还是俄罗斯的彼得大帝以及神圣罗马帝国皇帝的科学顾问。他一度被不伦瑞克－吕内堡、维也纳、柏林、彼得堡四个皇室雇用。1713年，神圣罗马帝国皇帝封他为男爵，这是他一生荣位的顶峰了。

不过这些并不说明他的日子过得有多好。前面我们说过莱布尼茨在欧洲到处跑，他这样做除了建科学院与编史之外，还另有目的——他想离开汉诺威。早在1698年，他服务的第二代公爵去世。新公爵是乔治·路德维希，他不但是德意志的公爵，还是未来的英国国王乔治一世。

他的王位是怎么来的呢？简而言之因为他是英王詹姆士一世的外孙，而1689年英国通过了《权利法案》，规定英国国王只能由新教徒担任，天主教徒，即使是现任国王的儿子孙子，也不能当英国国王。这样一来，英国王位的第一继承人就是这位乔治了。

然而，这新继位的乔治很不信任莱布尼茨，更不予重用。他虽然仍给莱布尼茨俸禄，但不让他做任何稍稍重要的工作，甚至对他提出了一些相当无礼的要求，莱布尼茨的地位江河日下。正是在这种情形之下，莱布尼茨才到处奔波，一方面是为了科学，另一方面也是为了替自己找一个新主人。不过他的努力并没有成效，虽然他竭尽所能，直到最后也没有一个皇室同意正式雇佣他。

当然，他也不是没有朋友。莱布尼茨一生在王侯宫廷中最好的朋友是两个女性，一个是乔治的母亲索菲，另一个则是乔治的妹妹，第一任普鲁士王腓特烈一世的王后——汉诺威公主索菲·夏洛特。尤其是后者，更是他的知己之交。莱布尼茨著名的《神义论》，也是莱布尼茨生前出版的唯一一部大部头作品，就是他和索菲·夏洛特友谊的见证。

腓特烈一世则是德国历史上的重要人物，正是他得到了普鲁士国王这个称号，这也是德国之崛起、终成统一大国的最初萌芽。腓特烈一世不但是有为的君主，在他热爱艺术与文化的王后的影响之下，对艺术与文化也产生了浓厚的兴趣，例如他任命著名的建筑大师吕特尔建造了美丽的夏洛滕堡宫，1694年时还创立了哈雷大学，1701年又创立了柏林科学院，其第一任院长就是莱布尼茨。在他的统治之下，普鲁士不但经济昌盛，文化也得到了巨大的进步，首都柏林甚至被誉为"施普瑞河畔的雅典"。

腓特烈一世的王后索菲·夏洛特与莱布尼茨的友谊更是哲学家一生中最值得回忆的事情之一，他们之间甚至有一种超乎寻常的友谊，一种超越主仆身份的情谊。两人经常在一起交谈，当然主要是谈哲学，王后对哲学也表现出了极大的兴趣与理解能力，使得莱布尼茨如遇知音。同时，为了使王后理解他的哲学，他也尽量用比较通畅明白的语言表达哲学，这就是《神正论》。在写给朋友的一封信中，莱布尼茨如是说：

> 这本书绝大部分的章节是在普鲁士王后的陪伴下一点一滴积累起来的。当时在普鲁士，人们经常讨论这些话题，培尔的《词典》及其他作品也被广泛阅读。在与王后的谈话中，我经常回击培尔的异议，告诉王后培尔的异议不像某些人的那么有力，他对宗教没什么好感，还装腔作势。王后陛下经常让我把我的回复写成书面形式，以便于人们进行仔细检验。伟大的王后陛下过世之后，在知情友人的

推动下我收集并丰富了这些片段,也是从知情友人那里完成了我所说的这部八开本的大部头作品。因为从年轻时就深入思考这件事,因此可以说我的探讨入木三分,很深刻。①

遗憾的是,王后在 1705 年就去世了,时年只有 37 岁,这对莱布尼茨的打击之大可想而知,真可谓"高山流水觅知音,知音不在谁堪听"。

当然,人死不能复生,莱布尼茨虽然伤心,仍得活下去。不过,他此后的人生就遇到了挫折,日渐惨淡。

第二节　挫折与惨淡

莱布尼茨人生的下一次大事发生在 1714 年。

这一年,乔治·路德维希,或译为路易斯,凭着他是詹姆士一世外孙的身份继承了英国王位,是为乔治一世,建立了英国的汉诺威王朝——这个王朝直到现在依旧统治着英国。

我们说过,莱布尼茨和乔治一世的关系一向不好,原因之一是乔治一世认为莱布尼茨同时拥有太多的雇主,对他不够忠诚,也没有把主要心思放在他的家族史的编写上。这对莱布尼茨是很大的打击,因为他毕竟是汉诺威的人,这里才是他的正主与正差,其他只是兼差。

据说当新王继位的消息传来时,莱布尼茨正在外地,他匆匆赶回汉诺威,然而三天前英国新王乔治一世已经走了。莱布尼茨黯然神伤,后来他又恳求乔治一世在宫廷中给他一个小小的职位,但也被拒绝了。从此这个老人只得待在几乎空无一人的汉诺威宫廷,继

---

① 《莱布尼茨》,尼古拉斯·乔里著,杜娟译,华夏出版社,2013 年,24 页。

续他的历史研究。这时候他的敌人众多，品行也遭到了一些人的攻击，加之年事已高，又孤身一人——莱布尼茨终身未婚、更无子嗣，日子过得孤苦伶仃。

但莱布尼茨并没有因此就消沉下去，仅仅一年之后，他就做了人生中第二件青史留名的大事——和克拉克公开论战。

原来，当时英国的王储威尔士亲王的夫人是德意志勃兰登堡-安斯巴赫的威廉敏娜·夏洛特·卡洛琳公主，她的丈夫就是未来的乔治二世，她是莱布尼茨的旧相识，关系还相当不错。她信奉莱布尼茨的前定和谐思想，有一天她在信中告诉莱布尼茨，她在宫廷中见到了一位英国教士，他们谈了起来，她批评了牛顿和他的信徒们关于宇宙结构的观点，而赞扬了莱布尼茨的观点。收到信后，莱布尼茨立即做了答复，这是1715年11月的事。太子妃便将莱布尼茨的信转给了那位教士，他就是克拉克了。

克拉克看到信后，认为是对自己的挑战，便接受了挑战，向莱布尼茨提出了自己的答复，收到克拉克的答复后，莱布尼茨也再次回信，而克拉克又作出了回复，于是双方你来我往，展开了论战。这在当时引起了相当热烈的反响，据说这些论战的书信都是通过太子妃亲手转交的，足见她的重视。更加上此时莱布尼茨正与牛顿暴发了科学史上最有名的一次论战——关于微积分发明优先权的论战。民族荣誉为克拉克与莱布尼茨的这场论战火上浇油，也使双方怒火更旺，难免有些情绪化的言辞，如莱布尼茨在信中有这样的话：

> 我觉得在我给孔蒂修道院长的复信中丝毫没有什么标志着一种精神纷扰的东西；也丝毫没有什么损害牛顿先生的名誉的东西。但既然他攻击了我，我就卫护了自己，而我的用语是足够正直有礼的。当人家已给我下了战书时，

为什么要劝我讲和呢？①

这场论战一直持续到莱布尼茨于 1716 年去世，双方各写了五封信，共是十封，其中第一封实际上是莱布尼茨写给太子妃的，最后一封信写完后不久莱布尼茨就去世了，因此他可能没有看到克拉克的回信。

后来克拉克将这十封信结集出版，就是我们现在读到的《莱布尼茨与克拉克论战书信集》了。

也许正是这场论战耗尽了已经年老体衰的莱布尼茨的最后一丝精力，他在胆结石和痛风及其引起的腹绞痛的折磨之中离开了人世，终年七十岁。

虽然这时候莱布尼茨已经名满天下，但亦谤满天下，他无亲无故，相好的朋友故交本来就少，又大都已经去世。为他送葬的人寥寥无几，其中有一个人不由喟然长叹：

他其实是这个国家的荣耀，但今天却像个强盗般入土！

莱布尼茨的葬礼受到冷落的缘由之一是他的宗教观，尽管莱布尼茨一生中曾经竭力想用他的哲学来为宗教服务，甚至想重新统一基督教，并为之提供一种哲学理论基础，但他本人一生不进教堂，死时也并无一位教士在场，时人甚至给了他一个绰号 Lovenix，这是德意志方言，意思就是"什么也不信的人"。

莱布尼茨在基督教世界中竟然这样对待基督教，难怪死得如此凄凉！

他死后还发生了一桩轶事。我们知道，莱布尼茨是终生未婚的，

---

① 《莱布尼茨与克拉克论战书信集》，（德）莱布尼茨、（英）克拉克著，陈修斋译，商务印书馆，1999 年，第 41 页。

据一位柏那·弗特奈尔先生在莱布尼茨的悼词中描述,莱布尼茨50岁时曾经向一位女士求婚,不过由于这位女士考虑过久,莱布尼茨最终撤回了他的求婚。然而莱布尼茨是相当富有的,因此过世后留下了大量遗产,而这些财产的唯一继承人是他姐姐的儿子,即莱布尼茨的外甥。

第三节　莱布尼茨与微积分

莱布尼茨之所以晚景凄凉,和他的人品也许有一些关系,一方面是因为在和牛顿的争论中输了,生前就被许多人认为是一个不诚实的、品行有问题的人。另一方面也是因为他的个性,他的确没有什么具体的行为表明他的品德有多么高尚——这与斯宾诺莎形成了相当鲜明的对比,因此他的朋友一向就少。不但过去,就是后人对他的品格也多有负面的评价,例如对莱布尼茨深有研究的罗素就这样说:

> 莱布尼兹是一个千古绝伦的大智者,但是按他这个人来讲却不值得敬佩。[①]

这也许是现在大多数人对莱布尼茨的公评了。

莱布尼茨也许有这样那样的缺点,但至少在内心里他是一个正直、善良而有原则的人,从一件事情就看得出来。1689年时,他去了罗马,访问了教廷,当时莱布尼茨已经名满天下,教廷于是向他提出来,只要他皈依天主教,就任命他为教廷的梵蒂冈图书馆馆长。这是一个在天主教界有相当地位的职务,倘若他愿意继续努力,当

[①] 《西方哲学史》(下卷),(英)罗素著,何兆武、李约瑟译,商务印书馆,1976年,第106页。

上红衣主教都是可待之事,但莱布尼茨拒绝了。

此外,在当时盛行种族歧视的欧洲,莱布尼茨却没有这样的观点,他对古老的中华文明赞赏有加,对那些自以为比"野蛮人"高贵的欧洲人不以为然。他曾经这样说过:"一个坏的欧洲人比一个野蛮人还更坏,他能文过饰非,把坏事也加以美化。"①

汤姆森教授在他的《莱布尼茨》一书里,对于莱布尼茨的生平事迹介绍是这样结尾的:

> 最后,但却相当重要的是,我们必须记住:莱布尼茨有着宽厚的仁爱情感和对人类的关怀,这一点推动着他的所有的工作。他自己这样写道:"假如某项重要工作获得成功,我不在意它是完成在德国还是法国,因为我寻求的是人类之善。"

这样的评价是很符合事实的。

关于莱布尼茨生平我们要讲的最后一件事也是他一生中最有名的一桩轶事,就是与牛顿关于微积分发明优先权的争论,这是整个西方科学史上有名的大事。

我们先来谈牛顿是怎样发明微积分的。

大约在 1665 年,牛顿 22 岁的时候,就已经对微积分有了相当深的认识,这个时期他正在家乡躲避瘟疫。在这段时期里,他饱食终日,无所用心,于是就对自然界进行了沉思,得出了三大结论:微积分、光的性质、万有引力。这称得上是牛顿的三大主要功绩。

这时候牛顿开始用"0"表示无限小的增量,这实际上已经有了极限的含意。他同时还能够求出某个函数的瞬时变化率,也就是其

---

① 《人类理智新论》,(德)莱布尼茨著,陈修斋译,商务印书馆,1982 年,第 68 页。

导数。例如对于自由落体，下降距离 y 与时间 t 之间的函数关系式是 $y=\frac{1}{2}gt^2$，它的导数、瞬时变化率与瞬时速度三者是同一的。在这里 t 是变量。牛顿就把这种函数中的变量称为流量，而瞬时变化率为流数，称其整体为"流数术"。

但牛顿的性格有一个特点，就是行事一向谨慎甚至谨小慎微，特别害怕人家批评他，因此很少公布他的思想，他的巨著《自然哲学的数学原理》要不是哈雷一再催促他是不会出版的。他直到1687年才出版该书，关于微积分的思想也第一次呈现在世人面前。

但早在1669年，他就已经在朋友们中间散发了一本《运用无穷多项的分析学》，但这本书直到40余年后才正式出版，这也是他第一部关于微积分的专著。此外他还写过一些关于微积分及其应用的文章，不过大都直到他死也没有正式出版或者发表，他只是在与朋友们的通信中透露出一鳞半爪，或者纯粹是锁在抽屉里的手稿。

这类数学手稿牛顿有很多，等他死后人们才开始搜集、整理、出版，这项工作一直花了240年才完成。到1967年，终于由剑桥大学出版社出完了《艾萨克·牛顿数学论文集》，全书共8卷。

再来看莱布尼茨和微积分的关系。

我们说过，乔治国王不让莱布尼茨去英国，不肯给他英国宫廷里一个小小的职位，这原因很可能与他和牛顿的争论有关。要知道，牛顿那时已经是英国人的光荣，受到举国尊敬，莱布尼茨竟然敢与他争，英国人如何不讨厌他呢！已经是英国国王的乔治一世又如何敢带莱布尼茨去惹恼自己的子民呢！

但他与牛顿的争论究竟是怎么回事呢？我们且来看看。

莱布尼茨虽然博学，但对数学产生兴趣并不早。直到1672年他到巴黎时，才在了不起的科学家惠更斯的指导下专心研究当时先进的数学。但这并没有妨碍作为数学天才的他在数学上取得伟大成就。莱布尼茨在数学的三大领域——微积分、变分学与拓扑学——都取得了重大成就，在与数学相关的另两个方向——综合运算与数理逻辑——也作出了开拓性的贡献，但在这里我们只讲他创立微积分的事。

莱布尼茨大约是在1675年左右发明他的"无穷小算法"的，这里面包含了极限的基本含义，即通过在几何上求曲线切线的方法得出了微积分中有关微分的理论。

我们知道，导数是一种瞬时变化率，它其实也可以通过几何图形去看，那时它就成了曲线上某一点的切线的斜率，二者其实是一体的，只是所说的角度不同罢了。莱布尼茨用 dy 与 dx 的比值来表示这个切线的斜率——到现在这个"d"还是微分的运算符号。不但如此，他还看到了与"d"相反的另一种运算，即求"∫"，这就是积分。

在1676年左右时，莱布尼茨已经给出了微积分的基本定理，即：
$$\int_a^b f(x)\,dx = f(b) - f(a), \quad \int f\,dx = A$$
在这里这个 A 就是曲线 f 与下面的坐标横轴围成的曲面的面积，这个定理现在被称为牛顿—莱布尼茨定理。

从上面看得出来，莱布尼茨已经发明了相当完整的微积分，为数学作出了至关重要的贡献。微积分被许多数学家认为是有史以来最伟大的数学发明。

不过，这一发明并没有给莱布尼茨在世时带来多少荣誉，相反，他受其累至多，原因就在于他与牛顿之间爆发了发明的优先权之争。

两人之间的争论到现在还余音在耳，其间的过程颇为复杂，这里只简略谈谈。

我们前面刚说过，大约在1665年左右时，牛顿已经发明了他的流数术，这其实就是微积分。他将之应用于许多物理问题的研究且取得了成果。但他的研究工作只有少数几个朋友知道。发明流数术多年以后，一次牛顿通过莱布尼茨在英国皇家学会的朋友奥尔登堡转给莱布尼茨一封信，在信中他简短且含糊地提到了他的发明。莱布尼茨敏锐地感觉到这就是他此时也已经想到的微积分。于是他在回信中也告诉了牛顿自己的成果，两人之间的事就此告一段落。

此后，莱布尼茨的微积分方法在欧洲的数学家中间开始流传，并由于其实用性引起了极大的反响。到1684年，莱布尼茨在一篇名为《求不局限于分数或无理数量的极大、极小和切线的新方法以及它们异常的计算类型》的论文中正式公布了他的发明。

然而他在其中并没有提及牛顿的名字——虽然他应该这样做。

过了3年，牛顿在他的巨著《论自然哲学的数学原理》的注释中提到了与莱布尼茨通那次信的事。于是他的朋友们立即向莱布尼茨发难，称他是剽窃者。而莱布尼茨也有自己的朋友，且他自己反过来又暗示是牛顿剽窃了他。于是他的朋友们也向牛顿发了难。更由于他们是不同国度的人，因此这里头不但有个人荣誉，更有国家荣誉。

于是乎，两人之间的争论最后便发展成为国家与民族荣誉之争，不用说争得面红耳赤、几乎要对簿公堂了。特别是民族自豪感强得不得了的英国人最愤愤不平，他们甚至不愿意采用莱布尼茨发明的比牛顿所用的好用得多的符号，牛顿的那套怪符号使得英国的数学发展一度受到极大的阻碍。直到若干年后他们的气消了，愿意接受敌人发明的符号为止。

但莱布尼茨本人并不是胜利者而是失败者，至少在他活着的时候是如此。除了他的同胞外，欧洲没有人承认他是微积分的发明者，瑞士数学学会甚至公开指称莱布尼茨是剽窃者。这令他一生蒙羞。

当然，现在数学史家们已经得出了结论：

微积分是莱布尼茨与牛顿共同发明的，牛顿发明较早，但莱布尼茨公布较早。

不过，对于微积分，实际上严格说来并不能完全说是牛顿与莱布尼茨两人发明的，笛卡尔也在其中作出了他的贡献，因此就如《笛卡尔的秘密手记》中所言：

> 微积分并不是一个独立发展出的理论，它是由许多已经发展百年以上的数学方法与运算技巧所组成的一门理论，累积了从古希腊的阿基米德、欧多克索斯到伽利略、笛卡儿、费马，以及其他数学家等努力研究的成果而成的。而统合一切理论，得出解决微积分问题通则方法的最终荣耀，则应归于莱布尼茨与牛顿。

第四节　莱布尼茨的著作

一向有人认为莱布尼茨的著作很难读，文笔枯燥乏味，罗素就是其中的一个，他说：

> 莱布尼兹的文笔枯涩，他对德国哲学的影响是把它弄得迂腐而干燥无味。他的弟子武尔夫在康德的《纯粹理性批判》出版以前一直称霸德国各大学，把莱布尼兹的学说中最有意思的什么东西全抛弃了，做出一种死气沉沉的学究思想方式。在德国以外，莱布尼兹哲学的影响微乎其微：和他同时代的洛克统治着英国哲学，在法国，笛卡尔继续做他的南面王，一直到伏尔泰使英国的经验主义时兴起来，才把他推翻。①

莱布尼茨作品的这个问题在我们这里却是不存在的，这主要应该感谢陈修斋教授。此前，我们大部分人在研究西方哲学时都面临

---

① 《西方哲学史》（下卷），（英）罗素著，何兆武、李约瑟译，商务印书馆，1976年，第123页。

资料的问题，因为有许多哲学家其作品在国内介绍得不多，有的甚至于没有，因此要了解他们的思想必须读原著。但这并不容易，一是因为内容，我们知道，与其他学科比起来，哲学是比较难懂的。二是因为外文原著并不好找，价钱也相当贵，一本书动辄好几百元。

但在研究莱布尼茨时这个问题就要小多了，因为莱布尼茨的主要哲学著作都已经被译成了中文，其中主要的译者就是陈修斋教授。陈教授是著名的哲学史专家，尤其专长于莱布尼茨哲学，他翻译了莱布尼茨三种有名的作品，即《莱布尼茨与克拉克论战书信集》《人类理智新论》与《新系统及其说明》。

这里要说明的是，最后一本《新系统及其说明》并不是现成著作，这本书是陈修斋先生将莱布尼茨一些论文和资料加以编纂而成的，书名也是他加的。

为什么陈修斋先生要编纂一部这样的著作呢？有这样的必要吗？当然有！这与莱布尼茨哲学的另一个特点有关。这个特点也是一个矛盾，即一方面莱布尼茨生平写过很多的书，堪称卷帙浩繁，但另一方面他从来没有写过一部完整地介绍自己思想体系的作品，就像黑格尔在《哲学史讲演录》中所言：

> 他的哲学完全分散在一些小册子、书信和答辩中；我们根本找不到任何他所写出的完整系统著作。

但莱布尼茨同时又认为自己创造了一个新的哲学系统，例如他给《人类理智新论》所起的原书全名就叫《前定和谐系统的作者著的理智新论》，从这里可以看出来，他大概是将前定和谐看作是他的整个系统的总纲。通过对莱布尼茨整个哲学的分析，我们认为这种称呼是有道理的，不但可以概括他整个哲学体系，也标示了他对于整个世界的总的、基本的认识。对此他在《人类理智新论》中有过这样的话：

> 我已为一个新的体系所打动，我是在巴黎、莱比锡和荷兰的《学者杂志》，以及培尔先生那部卓异的《辞典》的《罗拉留》条下读到有关这一体系的一些东西。从此我认为已看到事物内部的一种新面貌，这体系似乎把柏拉图和德漠克利特，亚里士多德和笛卡尔，经院哲学家和近代哲学家，神学、伦理学和理性，都结合起来了。它似乎从一切方面采取了最好的东西，然后又走得更远，达到前人所未及的地步。

这段话既说明了莱布尼茨也认为自己的体系并不完全是他独创的，是其来有自的，也说明了他这个体系是有独创之处的，他甚至自认为达到了一种前无古人的高度。

不但莱布尼茨自己认为他的思想是一个系统，其他哲学史家们也大多这么认为，例如黑格尔，他就说："我们可以把他的作品看成他的哲学的完备体系。"[①] 只是莱布尼茨自己并没有以一部著作来完整地表达这个体系，唯此之故，陈修斋教授才编写了《新系统及其说明》。

除了陈修斋教授翻译的三部莱布尼茨的主要作品外，国内还翻译出版了两部莱布尼茨的作品，一部是《神义论》，另一部是《莱布尼茨自然哲学著作选》。此外，在《神义论》后面还附加了《单子论》的译本。据我看都是相当优秀的译作。也就是说，不但莱布尼茨的重要作品在国内都有译本，还都是很好的译本，这是莱布尼茨哲学爱好者的福音。

在这些作品之中，最重要、最有名的应该说是两部大部头，即《人

---

① 《哲学史讲演录》（第四卷），（德）黑格尔著，贺麟、王太庆译，商务印书馆，1978年，第166页。

类理智新论》和《神义论》。

《神义论》是莱布尼茨生前出版的唯一一部大部头作品。《神义论》中的"神义"这个词来源于希腊文,是"上帝"和"正义"的组合,其意义为:上帝之正义,即面对世界上存在着的种种邪恶和苦难去证明上帝之正义。所以,神义问题就是恶与全知、全能、至善的上帝的关系问题,因此《神义论》也可译为《神正论》。

神义问题是莱布尼茨十分关心的一个问题,早在1670年时他就第一次撰文讨论了有关神义的问题,到1710年《神义论》才出版,中间经历了四十年之久,也就是说,《神义论》是莱布尼茨四十年功力浸润之结果。所以,对黑格尔的说法,我是不大认同的,黑格尔说:

> (莱布尼茨)他的《神正论》在读者中间最著名,看起来好像是完整的系统著作,其实是一部通俗著作,是他为索菲·夏洛特王后写的,目的在于反对贝尔,他在这部书里是竭力不用思辨的方式论述问题的。①

当然我不知道黑格尔为什么有这样的观点,即莱布尼茨在《神义论》里不思辨,只用通俗的方式写作。事实上,虽然《神义论》字句在莱布尼茨那里是比较通畅的,然而其引证之丰富、表达的思想之丰富与深刻是不亚于莱布尼茨任何一部著作的。

第二部《人类理智新论》,可以说是莱布尼茨最有名的作品。它以对话体的形式写成,两个对话者分别是斐拉莱特和德奥斐勒,前者代表的是洛克的思想,后者则代表了莱布尼茨的思想。德奥斐勒原文为"Theophile",由希腊文的 theos 即("神""上帝")和

---

① 《哲学史讲演录》(第四卷),(德)黑格尔著,贺麟、王太庆译,商务印书馆,1978年,第166页。

pbilos（即"爱""朋友"）两个词合成，意即"爱上帝者"。说明莱布尼茨虽然不上教堂，但却是一个真正的爱上帝者，只是其爱上帝的方式乃基于理性的信仰而不是宗教的仪式，这是莱布尼茨信仰上帝一个显著的特点。

要说明这部《人类理智新论》的起源，就必须先说明洛克的《人类理解论》。它也可以译成《人类理智论》，从书名就可以看出来，莱布尼茨这部书是源自于洛克的成名巨作的。

原来，1690年洛克出版《人类理解论》后，在欧洲产生了广泛的反响，莱布尼茨当然也读到了它，并且深有感触，于是他随手就书中的某些观点写了一些评论。他还将评论中的一部分通过一位朋友之手转给了洛克，但洛克并没有直接给莱布尼茨任何回音，只是在给另一位朋友的信中对莱布尼茨的意见表示了明显的轻蔑，他这样说：

> 我必须承认，莱布尼茨的英名在我心中燃起了一种期望，而这种期望在他的书中并未找到答案；他引用过的发表在《教师学报》上的文章，我本人也看过，但也没能给出答案；我读那篇文章时，也有相同的看法，正如我发现你也有相同的想法一样。自此，我只能得出这个推论，没有深入的思考，即使是伟大的人物也精通不了任何主题，即使最伟大的学者也只能细嚼慢咽。①

洛克之所以如此，当然是有原因的，一方面，虽然莱布尼茨在对洛克的评价之中不乏肯定，但洛克依然清楚地看到了莱布尼茨与他观点之间有着极大的差异，他当然坚持自己的观点，不同意莱布尼茨的主张。另一方面也可能是因为莱布尼茨和洛克的朋友牛顿之

---

① 《莱布尼茨》，尼古拉斯·乔里著，杜娟译，华夏出版社，2013年，185—186页。

间那场著名的大争论的缘故，洛克当然是坚定不移地站在他的同胞兼好友牛顿一边的。因此才对莱布尼茨采取了一种不满甚至略带嘲讽与轻视的态度。

但莱布尼茨并没有因为洛克的冷淡而停止对《人类理解论》的阅读、思考与批判，终于写成了大部头的著作《人类理智新论》。莱布尼茨生前并没有出版它，直到莱布尼茨逝世后约五十年，即1765年，拉斯普在编纂出版莱布尼茨的拉丁文和法文哲学著作集时，才首次把这部书公开出版了。

在书的开篇，莱布尼茨就指出了这部著作的起源：

> 一位有名的英国人所著的《人类理智论》，是当代最美好、最受人推崇的作品之一，我决心对它作一些评论，因为很久以来，我就对同一个主题以及这书所涉及的大部分问题作过充分的思考。

不过，对于这部著作，像对莱布尼茨的其他著作一样，历代以来都有人说它不好，例如尼古拉斯·乔里在《莱布尼茨》中就这样说：

> 《人类理智新论》这部著作非常费解也很让人失望。它布局凌乱，语无伦次，生硬潦草地转成对话形式的痕迹也展露无遗。对令人敬重的哲学文学体裁而言，这篇文章肯定属于技法最拙劣的典范。

我不知道他为何会有这样的评价，在我看来这是不合理的，莱布尼茨的文笔，包括这部《人类理智新论》，纵使不属于优美一类，但总还是通顺可读，他论述起问题来思路清晰，逻辑缜密，无论如何不会差到如此的程度。

关于莱布尼茨的著作，我们最后要的说的是，无论罗素还是黑格尔,都有一个共同的观点,就是认为莱布尼茨的作品有两类,一类是比较通俗的,是为了用通畅的语言向哲学的外行介绍他的思想;另一类是比较专业的哲学著作。黑格尔认为《神义论》是前面一类,罗素则更是如此说:

> (莱布尼茨)他的最精湛的思想并不是会给他博来声望的一种思想,那么他就把这类思想的记载束置高阁不发表。他所发表的都是蓄意要讨王公后妃们嘉赏的东西。结果,便有了两个可以认为代表莱布尼茨的哲学体系:一个体系讲乐观、守正统、玄虚离奇而又浅薄;另一个体系是相当晚近的编订者们从他的手稿中慢慢发掘出来的,这个体系内容深奥、条理一贯、富于斯宾诺莎风格,并且有惊人的逻辑性。杜撰所谓现世界即一切可能有的世界当中最善的世界这一说的,是流俗的莱布尼茨(F·H·布莱德雷给这说法加上一句讥诮的案语:"因此这世界中的一切事情都是注定的恶事。");伏尔泰勾画成邦格乐思博士的嘴脸来嘲弄的,也是这个莱布尼茨。忽略这个莱布尼茨,可说不合历史事实,但是另一个莱布尼茨在哲学上重要得多。①

不过,对于罗素这样的观点我是不敢苟同的,确实,莱布尼茨因为其前定和谐理论受到过数不清的讥诮甚至谩骂,其中就包括罗素这样的哲学名家,然而,在我看来,这实际上是没有充分地理解这一理论的缘故,甚至是一种断章取义。我们后面会看到,莱布尼茨的这个理解是深刻的,是在笛卡尔与马勒伯朗士关于身心关系理论上一种自然而然的发展的结果,所导致的结论似乎有些荒唐,而

---

① 《西方哲学史》(下卷),(英)罗素著,何兆武、李约瑟译,商务印书馆,1976年,第106—107页。

其背后的思想却是深邃的、经得起仔细推敲的，是对世界一种别开生面的、极其深刻的认识。

另外，有关莱布尼茨"通俗"的思想，罗素还有这样的话：

> 莱布尼茨的流俗哲学在《单子论》和《自然与圣宠的原理》中见得到。①

对于罗素的这种观点，黑格尔一定是不大赞成的，因为黑格尔承认《神义论》有些通俗，但其他两本可不是如此，它们都体现了莱布尼茨"真正的哲学思想"，他说：

> 他的真正的哲学思想的大部分集中讲述在一篇关于神恩的原理的论文中，即 PNG（《自然的原理和神恩的原理》），特别是讲述在那篇给萨伏依亲王欧根写的论文里。②

罗素与黑格尔所说的是同样的两本书，莱布尼茨的《单子论》就是应萨伏依亲王欧根之请而写的。

对这两本的内容，黑格尔和罗素的见解是相反的，也许各有其理。对于莱布尼茨的思想，历来的理解是各有不同的，这对于莱布尼茨极为丰富而复杂的思想而言，也许是一种常态吧！

---

① 《西方哲学史》（下卷），（英）罗素著，何兆武、李约瑟译，商务印书馆，1976 年，第 109 页。

② 《哲学史讲演录》（第四卷），（德）黑格尔著，贺麟、王太庆译，商务印书馆，1978 年，第 167 页。

第六章　莱布尼茨哲学的基础理论

讲完莱布尼茨的生平与著作之后，我们来讲他的哲学思想。

莱布尼茨的哲学思想是极为丰富的，亦如他的博学那样，要是比较全面地写起来，至少得像段德智教授那样写一部厚厚的《莱布尼茨哲学研究》，我们在这里当然不能，只能精中选优，选择莱布尼茨那些比较核心的与重要的思想来分析。

我们首先要讲的就是莱布尼茨哲学的几个基本原理，正是在这些基本的原则之上，莱布尼茨发展出了他规模庞大且相当复杂的哲学体系。

第一节　万物源于充足理由

充足理由律可以说是莱布尼茨最重要的一条哲学原理，莱布尼茨认为它是他的哲学最核心与最好的部分，也是他自己最了不起的、最有核心的思想创造。

为什么呢？原因是很多的，简而言之有两个：

一是世界万物都是符合这条原则的，即万物之存在都要符合充足理由律，都要有一个充足的理由才会存在。这是莱布尼茨坚持充足理由律最根本的原因。而且，莱布尼茨坚持这条原则可不是凭空说的，是他对整个世界包括上帝在内进行深入观察、研究与思索的结果。据说他曾经向那些反对这条原则的人提出挑战，看他们是否能够找到反例，即找出任何事物，其存在没有充足的理由，是无充足理由而存在的。在他看来，没有一个人找出这样的例子来，因此他在与克拉克的论战中信心百倍地说道：

> 我曾常常向人们提出挑战，要他们给我举出一个反对这条大原则的例证，举出一个这条原则用不成的无可争辩的实例；但人们从来没有办到，也将永远办不到。但却有无数事例是用成功了的，甚至用了这原则的已知的一切事例都成功了。①

事实上是不是如此恐怕难说，但在莱布尼茨，这一原则是其哲学最根本的原则却是毋庸置疑的。这就像牛顿的万有引力原理一样，之所以伟大，在于它能够很好地解释自然界一切的物体，表明它是万物皆有的一种力。

第二个原因是在莱布尼茨看来，它是他的哲学之基础与最重要的部分。他甚至坦率地说，"推翻这条原则就会推翻整个哲学的最好部分"②，这里的整个哲学指的就是莱布尼茨的哲学了。

既然充足理由律这么重要，那什么是充足理由律呢？

从其名字就看得出来，就是说万物之存在都要有一个"充足的理由"，这是万物存在的规律！故名"充足理由律"。

实际上，充足理由律并非莱布尼茨的发明，古希腊哲学家留基伯留下唯一的一句哲学箴言：

> 没有任何事情是随便发生的。每一件事都有理由，并

---

① 《莱布尼茨与克拉克论战书信集》，（德）莱布尼茨、（英）克拉克著，陈修斋译，商务印书馆，1999年，第99页。
② 《莱布尼茨与克拉克论战书信集》，（德）莱布尼茨、（英）克拉克著，陈修斋译，商务印书馆，1999年，第62页。

且是遵循必然性的。①

这显然与莱布尼茨的充足理由律相关，可以说是其先行者。

举例来说，任何一个人如张三的存在是要有一个理由的，这个理由也是很复杂的，最简单者也许是，张三是由父母生下来的，因此他的存在首先就是因为他的父母有了婚姻、有了性生活，他母亲顺利受孕，于是十月怀胎，生下了他，这就是张三存在最直接的理由。

这个道理很明白，少有人会反对，在莱布尼茨看来，这是一个最伟大的真理，就像他在《神义论》里所言的：

> 一句德国谚语说，死亡总要有一个原因。没有比这更伟大的真理了。

现在的问题是，什么是"充足理由"呢？为什么万物之存在需要充足理由呢？就是说，理由要足够、充足，倘若只有理由而无充足的理由，那事物也就不会存在。例如，张三存在，他是有理由的，但还要有充足之理由。张三是独生子，没有弟弟，但理论上说，他的弟弟也有存在的理由啊！张三父母结婚几十年，性生活有多次，按理说可以为张三生几个弟弟妹妹，但为什么只生了他一个呢？所以，倘若只就理由说，张三的弟弟妹妹之存在也是有理由的，但他们事实上不存在，是因为他们没有充分之理由。这充分之理由是，张三要有弟弟妹妹不仅决定于他的父母有生育的能力，还决定于其他理由，如政府的政策，张三的父母都是公务员，根据国家政策只能生一个，因此张三不能有弟弟妹妹。反过来也就是说，张三的弟弟妹妹虽然有存在的理由，但没有充足的理由，因此不存在。

推广言之，任何事物之存在都是这样，其之所以事实上存在，

---

① 《希腊哲学史》（第一卷），汪子嵩等著，人民出版社，1997年，第1006页。

不但要有理由，还要有充分之理由。反言之，倘若没有充足之理由，则任何一个事物都不能够存在，就像莱布尼茨所言：

> 要是没有一个为什么事情是这样而不是那样的充足理由，则什么事也不能发生。①

这里的"什么事也不能发生"既可以指事件，也可以指事物，因为一个事物之存在，这个过程本来就是一件"事"，二者是统一的。

莱布尼茨认为，不但事物与事件如此，真理亦是如此。也就是说，任何一条真理倘若要成立，同样需要有一个充足的理由，就像事物之存在、事件之发生需要一个充足的理由一样，他说：

> 这原则就是一个东西要存在，一件事情要发生，一条真理要成立，总需要一个充足理由这样一条原则。……我敢说，要是没有这条伟大原则，就不能达到对上帝的存在的证明，也不能为其他许多重要的真理提供理由。（同上，98页）

在这段引文的后一部分，莱布尼茨强调了充足理由律的重要性还有必要性，因为没有这一原则，那么就连上帝的存在也是不能证明的。为什么呢？这原因其实很明白：上帝之存在当然亦如万物之存在一样，是需要充足理由的，从这个角度上说，在莱布尼茨看来，上帝也是"万物"之一，因此其存在也需要充足的理由。

总而言之，一切的一切——事物、事件、真理与上帝——的存在都需要充足理由，而其一旦事实上存在，就说明其满足了充足理由律，这是莱布尼茨对万物之存在最基础性的认识。

---

① 《莱布尼茨与克拉克论战书信集》，（德）莱布尼茨、（英）克拉克著，陈修斋译，商务印书馆，1999年，第17页。

也许有人会好奇：要是没有这个充足理由呢？那会怎样？对这个问题，莱布尼茨会这样回答："要是没有一个充足理由说明为什么是这样而不是别样，则什么也没有。"（同上，19页）

也就是说，倘若不存在充足的理由，那也不存在一切的事物。

用一种更逻辑化的语言说就是：充足理由是一切存在的必要条件，没有这个条件就没有一切的存在。

倘若我们深入一步理解莱布尼茨这个原理的话，就会发现这里其实相关着对事物的存在是偶然还是必然的问题，莱布尼茨的这个充足理由实际上蕴含着对万物存在的必然性的理解，因为既然任何事物的存在都有充足的理由，那么也就是说它的存在是必然的了！反言之，倘若认为事物之存在没有充足的理由，那么事物的存在就会只是偶然的了。

还是拿张三为例，难道我们能说他一定得存在吗？不！我们可以设想，如果他的父母怀他的那天不是行了房事，而是一个左手一只鸡、右手一只鸭回娘家去了，另一个整天打骨牌，那么张三自然就不会来到这世界了。并且大家也应当相信，张三的老爸老妈完全可能也可以这样做的。那天之所以他们没有回娘家和搓骨牌，只是因为鸡和鸭刚好遭了瘟、打骨牌三缺一，两口子只好都待在家里，于是张三的老妈珠胎暗结，十月之后他便来到了人间。

张三如此，世间万物皆如此，大家只要想想就明白了。这也是伟大的托马斯·阿奎那的观点，他就认为，世间万物虽然存在着，然而它们的存在并非必然的，而只是一种可能性，一种偶然。

所以万物之存在究竟是必然还是偶然，究竟有还是没有充足的理由，都是可以说得通的，关键是从哪个角度看。

还有，在莱布尼茨看来，万事万物之存在之所以要有、会有充足的理由，是与万物的起源分不开的。

万物的起源不用说就是上帝了，即万物都是由上帝创造的。

这就涉及莱布尼茨对上帝的理解了，在他看来，上帝既然是智慧的、万能的，那么他做任何事情之时，包括创造万物以及万物之中的任何一物之时，都是会有理由的，而不会是盲目的。

这里面包括了双重的含义：一是上帝既然是智慧的，那么做任何事情都会凭借其智慧去行事，也就是说，不会毫无理由地行事。对此他这样说：

> 上帝的圆满性要求他的一切行动都符合他的智慧，要人不能责备他曾毫无理由地行动或甚至责备他宁可要一条较弱的而不要较强的理由。[①]

这段话导引出了莱布尼茨的充足理由律之根。在他看来，由于上帝是智慧的、圆满的，因此，上帝做事时，也必然会按照他所具有德行与能力去行事，这是上帝之为上帝的一种合理的甚至必然的推断。打个类比说，图拉真是有名的贤君，尼禄是有名的昏君，那么他们做事时，自然会根据各自的品性行事，图拉真做的自然是贤明之善事，尼禄做的就是残暴之坏事了。

这样一来，进一步地，上帝具体会怎样行事呢？当然就是合理地行事了，就像图拉真也会如此一样。所谓合理，就是说上帝行事之时，首先是会有理由的，其次是会在几个理由之间找出更好的且最好的理由，并根据这最好的理由去行事。因为他是上帝，是最智慧的、最圆满的上帝，因此没有理由相信他会没有理由而行事，或者会在两个合理性不一样的理由之间不选择那个更好的与最好的。在莱布尼茨看来，倘若这样，就不能说上帝是最智慧的与圆满的了。

这样一来就引出了莱布尼茨对上帝之创造万物另一种基本的观

[①] 《莱布尼茨与克拉克论战书信集》，（德）莱布尼茨、（英）克拉克著，陈修斋译，商务印书馆，1999年，第62页。

点，就是在他看来，当上帝创造万物之时，并不是随意而为的，而是有意为之的、有所选择的，这也就是说，上帝是遵循着某些法则去创造万物的，并且，这些规则也不是上帝随意为之的，而是要符合他上帝的智慧、万能、至善等种种特征的。这些，就是上帝在创造万物之时所遵循的规则：

> 上帝既然具有至高智慧，便不得不注意某些法则，他的行动必须符合形体的和道德的规定，这些规定正是他的智慧促使他选择的。①

这也是莱布尼茨对上帝一种基本的理解，不用说这种理解似乎"束缚"了上帝，因为莱布尼茨明确地说了，上帝是受到"法则"的束缚的，他必须遵循这些法则，要遵守种种道德的规定，而这些道德似乎是人的道德呢！这还是上帝吗？这岂不是限制了上帝吗？在这样的束缚之下，上帝还有自由吗？对于这个问题的分析我们后面会有。

回到我们这个世界，在莱布尼茨看来，上帝既然创造了我们这个世界，那么他一定是有着充分的理由要创造我们这个世界而不是其他的世界，这也就是说，当上帝创造世界之时，在他的心中是可能不只有一个世界的，而是有多个世界，但他却只创造了一个世界、我们存在的这个世界。而这也就表明上帝是有着充足的理由只创造我们这个世界的，对此莱布尼茨说：

> 由于上帝的理念包含着无限多可能的世界，而其中却只能有唯一一个存在，所以，就必然有一条限定着上帝更

---

① 《神义论》，（德）莱布尼茨著，朱雁冰译，生活·读书·新知三联书店，2007年，第125页。

倾向选择此一而非彼一世界的充足理由。①

这段话是好理解的,但这种观点却不是不可以反驳的,其可反驳的核心点就是:一是为什么我们这个世界是最好的世界?这理由莱布尼茨已经说了,因为上帝创造了它,智慧的圆满的上帝是不会创造一个不是最好的世界的,所以我们这个世界是最好的世界。二是为什么不能有两个同样好的世界?或者说两个甚至多个都是最好的世界?

关于这个问题,文艺复兴时期的布鲁诺一个有名的哲学观点就是认为既然上帝是万能的,那么就不能有任何的限制,包括创造多个世界。他说:

> 因此,太一是天,是广阔无垠的空间,是胸怀,是宇宙包容物,是以太区域,在此区域中一切都在运动。在那儿,存在无数的星球、太阳和地球,可以明确地被发现,我们的理性可以论证这种无限性。广阔、无限的宇宙是由无限空间和众多被包容其中的天体构成的。②

这无数的地球就可以说是无数的世界了,对于上帝是创造了一个世界还是多个世界,这一直是基督教神学中的论题之一,其实早在古希腊时代,德谟克里特就提出了这样的思想,他认为除了我们这个世界外,原子还构成了许许多多的其他世界。③

---

① 《单子论》,见《神义论》,(德)莱布尼茨著,朱雁冰译,生活·读书·新知三联书店,2007年,第492页。

② 《论无限、宇宙和诸世界》,(意)布鲁诺著,田时纲译,人民出版社,2010年,第111页。

③ 参《希腊哲学史》(第一卷),汪子嵩等著,人民出版社,1997年,第1069页。

伟大的奥古斯丁早年也提出过这样的想法：究竟有一个还是有多个世界？要么一个要么多个，但不能同时成立，因为这违反了矛盾律。一般而论，神学家们都只承认上帝创造了一个世界，但布鲁诺却直言存在着多个世界，而且他的理由也是十分充足的，那就是上帝的绝对自由与万能，在他看来，既然神是万能的，我们就没有理由要限制他的万能，或者说，既然我们说上帝是万能的，就不能说他不能创造多个世界而只能创造一个世界，这是自相矛盾的，也是对上帝万能的亵渎。①

布鲁诺的话是有一定道理的，一方面说上帝是万能的，另一方面说上帝不能创造多个世界或者只创造了一个世界甚至只创造了一个有限的世界，这的确有矛盾，所以布鲁诺说上帝可以创造多个世界逻辑上是成立的。

显然，布鲁诺与莱布尼茨的观点是相互对立的，对立的原因在于莱布尼茨强调上帝的智慧与道德，布鲁诺则强调上帝的万能，但智慧、道德与万能都是基督教哲学中上帝必然具有的属性，这样一来，他们的观点虽然对立，但却都是说得通的。

或许我们可以从这一句话中引出他们两种对立的观点来：

>当两件互不相容的事物一样好，并且不论就它们自身或就它们和其他事物的结合来说都是这样时，其中之一就没有什么胜于其他的地方；上帝就任何一件都不会产生。②

对于这段话中的前一段，布鲁诺与莱布尼茨都会认为是可能的，

---

① 参《论无限、宇宙和诸世界》，（意）布鲁诺著，田时纲译，人民出版社，2010年，第66页。
② 《莱布尼茨与克拉克论战书信集》，（德）莱布尼茨、（英）克拉克著，陈修斋译，商务印书馆，1999年，第35页。

但到了最后一句，双方的答案就会不一样了，莱布尼茨的是"上帝就任何一件都不会产生"，布鲁诺的则会是"上帝就两件都会产生"。期间玄妙之处，值得好好玩味。

以上我们讲了对充足理由律的分析，其实，除了充足理由律之外，莱布尼茨还提出了其他的三个重要原则，对于莱布尼茨的哲学体系也是比较重要的，在这里也要说上一说。

第一个是矛盾的原则或同一性的原则，对此莱布尼茨说：

> 数学的伟大基础是矛盾原则或同一原则，这就是说，一个陈述不能同时是真的又是假的，因此 A 是 A 而不能是非 A。只要这一条原则，就足够证明全部算术和全部几何学，即全部数学原理了。但要从数学过渡到物理学，则还须另一条原则，如我在我的《神正论》中所已指出的，这就是需要一个充足理由的原则；就是说，若不是有一个为什么事情得是这样而不是那样的理由，则任何事情都不会发生。①

所谓矛盾的原则或同一性的原则，指的就是我们前面说过的矛盾律了，即相互矛盾的陈述不能同时真同时假，换言之就是说，若两个陈述是相互矛盾的，则必有一个为真，这就是排中律，这是两个基本的逻辑定律，很好理解。在莱布尼茨看来，正是在这个基本的逻辑规则之上构建了整个的数学基础。

莱布尼茨在这里也同样强调了充足理由律，在他看来，这是他伟大的创造呢！因为它的提出，使得我们可以根据矛盾律理解几何学一样，根据充足理由律去理解万物了！不仅如此，在他看来，这

---

① 《莱布尼茨与克拉克论战书信集》，（德）莱布尼茨、（英）克拉克著，陈修斋译，商务印书馆，1999年，第7页。

不但可以理解万物，而且可以彻底地改变整个哲学的面貌：

> 充足理由和无法分辨者的同一性这两条伟大的原则，改变了形而上学的状况，形而上学利用了它们已变成实在的和推理证明的了，反之，在过去它几乎只是由一些空洞的词语构成的。（同上，32页）

这里的形而上学实际上指的是整个的哲学，因为在莱布尼茨的时代，形而上学就是哲学的另一种说法，由此足见莱布尼茨对于他的充足理由律的重视程度，是堪与传统的基本逻辑定律如矛盾律并驾齐驱的。

除了充足理由律外，这里莱布尼茨还提出来了"无法分辨者的同一性"。它是莱布尼茨提出来的另一条基本原则，具体而言就是说，倘若两个事物是毫无区分的，那么它就是同一个事物，而不是两个事物。言下之意当然是，根本不存在两个完全一样的事物。因为只要存在两个事物，那么就说明它们是互不相同的。又为什么呢？因为倘若是两个完全相同的事物，它们就是同一个事物，这就是"无法分辨者的同一性"！

以之用于上帝的创造万物，在莱布尼茨看来，之所以会有无法分辨者的同一性，也就是说没有两个完全相同以至于无法分辨的事物，在于倘若存在这样的事物，那将是毫无选择的，即上帝无从选择究竟要创造哪一个，而这也就导致上帝在这两个存在者之间没有意志，即没有要选择这个还是那个的意志，因为要有意志、要有选择就必须有不同，这样才有选择的理由。对此他说：

> 在绝对无区别的事物之间，是毫无选择的，并因此既无挑选也无意志，因为选择总得有某种理由或原则。（同上，31页）

这样一来，也就是说，当上帝创造万物之时是不会创造两个完全相同的事物的，因为他不会有这样的意志。这就涉及莱布尼茨对万物或者说实体具体的认知了，我们后面还要分析。

莱布尼茨的第三个原则也是很有名的，那就是"自然界没有飞跃"，他说：

> 任何事物都不是一下完成的，这是我的一条大的准则，而且是一条最最得到证实了的准则，自然决不作飞跃。①

理解这个原则不难，就是我们可以将任何事物的生成与发展都看作是一根完整的链条，一旦断掉，就会全然崩溃。就像一个人，生下来后，是从一岁至两岁三岁四岁直到七十八十岁，中间是没有断裂的，是一年一年地长大的，不用说一年，就是一天一分一秒也不能中断，倘若中断，也就意味着后面的一切不会发生了，即这个人整个就没了！

我们还可以从量变与质变的角度去理解，一切的发展变化，一开始都是量变，量变慢慢地递增，然后才有质变。就像达尔文在进化论中所表达出来的物种的进化过程一样，这也是一个"不作飞跃"的过程。

上面我们讲了莱布尼茨所说的四大基本规则，即充足理由律、矛盾律、无法分辨者的同一性以及自然不作飞跃，这四大规则之中以充足理由律最为重要，也最为莱布尼茨所倚重，是他整个哲学之核心。还有，当他做这个分析之时，是以上帝之创造万物为基础的。

因此，我们还可以从上帝创造万物这个角度对充足理由律进行分析，这时候我们还可以导出莱布尼茨的另一个也很重要的原则，

---

① 《人类理智新论》，（德）莱布尼茨著，陈修斋译，商务印书馆，1982年，第12页。

即上帝创造万物的完美性原则。不过,由于这个原则与充足理由律是联为一体的,因此我们不单独拿出来说,但说说它却是有必要的。

在莱布尼茨看来,上帝之所以要创造这个世界,是因为他认为这个世界是最完美的,这就是他的充足理由,否则,若是上帝认为这个世界不是最完美的而另一个世界是最完美的,那么一定会创造另一个世界而不是这个世界了,因为倘若上帝一方面认为另一个世界更好但却依然创造了这个世界,那么岂不是说上帝不理性吗?不智慧吗?

例如历史上恺撒曾经不顾罗马古老的禁令,率军渡过卢比孔河。恺撒为何要如此?那是因为他认为渡过卢比孔河对他是最好的,他可以打败罗马城内的敌人,夺取罗马政权。进言之,他还可能认为这对于罗马人民也是最好的,因为他对罗马人民最好。这对我们任何人的选择都是一样的,我们之所以选择 A 而不是 B,是因为在当时的情形之下,我们认为这种选择对我们是最好的。例如中午时分我选择吃饭而不是干活,是因为我认为这个时候吃饭最好,晚上十一点我之所以睡觉而不是吃饭,是因为我认为这个时候睡觉最好,而吃饭不好,如此等等。这就是莱布尼茨的"完美律",他如此说:

> 等到你们更熟悉这个世界,尤其仔细观察到那构成一个完美整体的各个部分(犹如有机躯体)时,你们便会从中发现一种超过一切想象的精巧和美。[1]

当然,这个道理也有似乎不成立的地方,人也有明知不对而做的时候,例如吸毒上瘾者,他们明知错而为,身不由己,但那就是另外的分析了。

还有,这完美律显然蕴含着对目的的理解,因为完美是一种目

---

[1] 《神义论》,(德)莱布尼茨著,朱雁冰译,生活·读书·新知三联书店,2007年,第 270 页。

的，当上帝创造世界之时，他之所以要将这个世界创造成这个样子或者之所以要创造这个世界，是因为他认为这个世界是最好的，这也就是说，上帝在创造世界之时，是秉承着一个"完美"的目的的，完美就是他的目的，他是根据完美这个目的去创造世界的。因此，莱布尼茨的完美律也是一种目的论。就如莱布尼茨所言：

> 自然是如此依赖于一位工匠，他是太完美了，不至于做出一个作品竟需要修理。诚然自然中每一特殊的机器是以某种方式会被弄坏的，但整个宇宙则不是这样，它是不会减少圆满性的。①

对于恺撒也是一样，"恺撒决定渡过卢比孔河"，他为什么如此？因为他认为渡过卢比孔河对他而言是最好的，可以达到他的目的——掌控罗马，这也是一种目的论的结果。

这其实也可以从万物的实际情形看出来，我们难道看不出来吗？这个世界的一切都是何等的巧妙！例如天体的形状是大体的球形而不是方形或者扁形或者长条形，是因为这种形状是最适宜于运动的形状，从某种程度上说，也是最美的形状。还有，如男女生殖器之结构是何等的适宜于性交啊！而之所以如此，不但是因为这样性交是最方便的、最容易获得快感的，而且因为这样的形状之下，卵子最容易与精子结合，最有利于下一代的繁殖，如此等等。还有蜂，虽然蜜蜂是没有智慧的，但它的蜂巢是何等的结构巧妙！总之自然万物之美妙是处处存在的，这一切都说明了什么呢？说明了上帝创造这个世界并不是任意而为的，而是有原因的，这个原因就像我们所看到的，因为这个世界、这样的创造是最美的。

---

① 《莱布尼茨与克拉克论战书信集》，（德）莱布尼茨、（英）克拉克著，陈修斋译，商务印书馆，1999年，第37—38页。

反之，这个世界之美也凸显了它是由上帝所创造的，是上帝以他的大能创造的，否则就不能如此之美了，这就像奥古斯丁所言：

> 在一切可见事物中，这个世界是最伟大的；在一切不可见事物中，上帝是最伟大的。我们看见这个世界存在，而我们相信上帝存在。
> ……
> 即使撇开先知们的声音，这个世界本身，依据它的变化运动的完善秩序，依据它的一切可见事物的宏大瑰丽，也已经无声地宣告了它是被造的，也宣告了它只能由一位在宏大瑰丽方面不可言说、不可见的上帝来创造。①

圣奥古斯丁的意思是说，这个我们生活于其中的世界，它是何等的伟大、丰富而复杂，可以说是超越了我们人类的任何想象，远远不是我们的感觉所能够理解的，这个如此伟大、丰富而复杂的世界是怎样来的呢？是自己产生的吗？这显然是难以理解的，甚至是不可能的，一个更为合理的设想应该是，它有一个创造者，一个无比伟大的、万能的创造者，用另一个词来表达，那就是神。也就是说，我们不必亲眼看到神，仅仅从这个世界的伟大、丰富而复杂就可以知晓神的存在，就像我并不知道梵·高的存在，仅仅看到他的作品就可以知道创造这幅作品的人一定是个伟大的艺术家一样。

当然，这并不意味着奥古斯丁认为上帝必需创造这个世界或者说一定要将这个世界创造成这个样子，不是这样的，在奥古斯丁看来，上帝在创造世界这个问题上是有着绝对的权威的，可以这样说：

---

① 《上帝之城》（上卷），（古罗马）奥古斯丁著，王晓朝译，人民出版社，2006年，第446—447页。

上帝创造或者不创造这个世界，如何创造这个世界，以及将世界万物创造成什么样子，都完全地、绝对地取决于上帝，上帝没有任何的限制，也没有任何的规定。

这是奥古斯丁对上帝与创世的一种基本理解，这个理解的核心就是强调上帝的绝对地位，按斯宾诺莎的说法，上帝是"绝对自由"的，而这种观点莱布尼茨也是认同的，这就涉及对上帝的自由意志以及对自由与必然的认识了，是我们后面要讨论的问题。

在莱布尼茨看来，上帝在创造世界之时，也并不是任意创造的，而是遵循着不止一个规则的，例如充足理由律以及与之相关的完美原则等。而原因就在于上帝是最智慧的与圆满的，作为这样的上帝，当他创造世界之时，当然要创造一个和他的身份与能力相符合的世界。这就像一个大画家绘画时，既然是大画家，画的画就要符合他的身份，不能够像小孩子一样胡乱涂鸦。作为最智慧的上帝是不会这样干的，以莱布尼茨自己一个简明的说法就是："上帝是不做毫无理由的事的。"[1]

这样解释当然是行得通的，但它有一个很大的问题，就是这样一来就有损于上帝的自由意志了，遵守规则就有害于自由意志，这是一个很自然的逻辑。因此，当莱布尼茨提出他的充足理由律时，就必然地会遇到这个问题，或者说在这个方面受到抨击。

正因为如此，在1806年的天主教科伦会议中，宣布了关于"天主有创造一个世界或另一个世界的自由"的"确定意见"，并在此公开否定了马勒伯朗士与莱布尼茨认为上帝"必须创造一切可能世界中最佳的一个世界"这种"绝对乐观主义"，认为"现有世界并未具有最高的完美。然而天主不因他自己的缘故而必须创造最佳世

---

[1] 《莱布尼茨与克拉克论战书信集》，（德）莱布尼茨、（英）克拉克著，陈修斋译，商务印书馆，1999年，第33页。

界，因为他的美善与幸福不再随最佳世界而增加。若有人不承认天主有创造这一切世界或另一世界的自由（类别自由），那么他便限制了天主的全能。天主全能的范围除去内在不可能的事以外，包括一切。"①

这里的观点是鲜明的，就是在上帝那里，他的自由是绝对的，因此可以创造一切的世界，而不能是我们这样一个世界，我们这个世界也不可能是最完美的世界，而是上帝以他无上的自由意志所创造的一个世界。他也可以创造别的世界，甚至于不止创造了一个世界，因为上帝拥有无限的自由、绝对的权力。这就公然地批驳了莱布尼茨的观点，尤其是他的充足理由律以及与之相关的完美律。

我们要想理解莱布尼茨的充足理由律，以及理解后面同样重要的理念如单子论以及前定和谐，就必须要了解他对于自由意志以及与之相关的自由与必然的思想，在这个基础之上才能很好地理解他的这些重要理论，这些理论我们都会在后面一一述说。

第二节　论自由意志

莱布尼茨哲学的第二个基础性的理论是关于自由意志的。

何谓自由意志？那解释是很明显的，就是自由的意志呗！但对莱布尼茨，这个自由的意志却有一个最大的特点，就是自由意志不是任意而为、没有规则。

也就是在这一点上，他对自由意志的理解引起了很大的争论。

要理解莱布尼茨的这个自由意志，我们首先要明白，这里的自由意志实际上包含两者：上帝的与人的，要分别予以解释。

---

① 《天主教信理神学》（上册），奥脱著，王维贤译，光启出版社，1991年，第144页。

对于上帝而言，我们说过，依据莱布尼茨的理论，上帝从理论上或者形而上学角度而言是可以创造多个世界、与我们不同的另一个世界，或者说可以创造一个不完美的世界。但由于他同时受到充足理由律与道德律之类的约束，必须创造完美的东西而不是不完美的东西，结果就是上帝必须要创造一个完美的世界，同时必须得承认我们这个已经被上帝实际创造出来的世界是完美的世界。但这样一来，上帝的自由意志就必然地打了折扣。

当然，莱布尼茨是不可能认识不到这一点的，那么莱布尼茨如何解释这一点呢？他的解释的关键在于，在莱布尼茨看来，自由意志并不意味着没有任何目的的随机的行为，以及由之而来的不可预测，他将这种意志称之为"单纯意志"而非自由意志：

> 一种毫无动机的单纯意志是一种虚构，不仅违反上帝的圆满性，而且也是怪诞和矛盾的，和意志的定义不相容。①

这里的后一个意志就是自由意志了，在莱布尼茨看来，这才是真正的意志。也就是说，即使是自由意志，也意味着有某种规则，因而也会有某种可预测性，例如完美就是，而上帝也是这样做的。即虽然上帝是有自由意志的，这是绝对的，但这并不意味着上帝的行为是完全随机、无规则的，而是相反，是有一定规则的，例如要创造一个完美世界就是一个规则，即道德的规则。这样一来，上帝的创造也就有某种可预测性了，即我们由此可以预测上帝所创造的世界一定是完美的。至于原因，那当然就是因为上帝是圆满的，因此他的创造物也必须如此。

相反言之，倘若上帝不这样干，就是没有理由地随机行事、不

---

① 《莱布尼茨与克拉克论战书信集》，（德）莱布尼茨、（英）克拉克著，陈修斋译，商务印书馆，1999年，第31页。

遵守任何规则，那就不能称之为上帝了，至少不是一个真正的上帝了！因为这样做事的上帝是不具备上帝所具有的智慧与圆满性之类的品质的：

> 无理由的意志就会是伊壁鸠鲁派的那种偶然性。一位凭这样的意志行事的上帝就只会是名义上的上帝。这些错误的根源就在于没有留心避免那有损于上帝的神圣圆满性的事。（同上，35页）

对于这样的观点，当然可以进行反驳，莱布尼茨事实上也遭到了许多人的反驳，但有一点我们应该是承认的，就是我们且不论上帝，至少对于人是如此。

对于我们人，有自由意志的人也并不意味着人的行为是随机的、不可预测的，而是相反。举个例子吧，我此刻是有自由意志的，我可以去做我想做的任何事情，例如我可以继续写作，但也可以不写，去看电视或者打球，甚至于把电脑砸了，说极端点，马上去厨房拿把刀抹脖子，当然也可以拿把刀去大街上砍人，我是可以这样做的，只要我想！也就是说，我完全可以有这样的自由意志，但问题在于，我事实上会吗？当然不会！完全可以预测我的行为，就是我会继续写作下去。请问这是为什么呢？还有，我不去干那些事，是不是说明我就没有自由意志呢？当然不能！我依然是有自由意志的，因为我之所以不去干那些坏事，是因为我没有那样的自由意志，那不是我的意志，我此刻的意志恰恰就是要写作！因此，我继续写作当然标明了我是有自由意志的。相反，若是干了别的事，例如出门见朋友，那一定是被迫的，不是我的自由意志，那样做了才说明我没有自由意志。

这实际上是被一种于我们有害的、错误的想法所奴役，这种奴役来自于我们自身之内，其作用与危害亦如来自于外界力量的奴役一样。而我们人只有同时破除了这两种奴役，才可能得到真正的甚至完美的自由。对此莱布尼茨在《神义论》中说：

> 如果人们能够以最好的方式使用其自由意志，并随时运用这种能力而又不为外在的强制力量或内在的激情——前者造成对躯体的奴役，后者造成对灵魂的奴役——所阻挠，这便是真正的自由，同时又是最完美的自由。

所以，对于何谓自由意志，我们一定要注意避免认为自由意志就是非得做那些与平常不同的事，似乎这样才显示了自由意志。其实，无论做什么，只要是我自己的决定，这就说明我有自由意志，如同也有人去抹脖子或者杀人，倘若他是想这样干的话，那就说明他有那样的自由意志，但并不意味着人人都必须那样才有自由意志。

因为自由意志，意味着其是自由的，并没有统一的规定。

但与此同时，在这种没有统一规定的前提之下，又有着一些规则与可预测性，这至少在多数情形之下是成立的。例如，大多数人不会抹自己的脖子，但也有人会那样干，也就是，至少对于大多数人而言，其不但有自由意志，而且其行为也是可预测的，有规则的。我们可以想到，对于莱布尼茨而言，他的上帝正是一个这样的神，一个像大多数的人一样行事的神。这些人都是善的，都追求好的东西，想做好的事情，因而他们的行为是可预测的，不是随机的。上帝也是如此！倘若我们深思之，就会发现莱布尼茨的上帝正是如此！上帝的自由意志也正是如此！

也许您要问，为什么如此呢？为什么在人有自由意志的情形之下，还会是可预测的、有规则的、善的呢？这也许可以用古老的本性说，人的本性就是善的，这是西方与中国的许多哲人一再提过的，例如西方的沙夫茨伯里与哈奇逊，中国的孟子等。

弗洛伊德对这个问题则讲得更深，这种本性，这种善，其实更为根本之处就是其总是希冀着个体及其种族的保存或者说存在，因为存在，是一切之根！犹如上帝的存在是神学之根一样。

进一步地，我们可以这样想，在当初恺撒决定渡过卢比孔河的例子里，恺撒是不是可以不过河呢？他当然是可以的，他有这样的能力作出这个决定，一点问题也没有，他之所以选择渡过卢比孔河，是因为他认为这样对他最好。那么是不是我们由此就可以说，因为恺撒选择了渡过卢比孔河，就说他没有自由意志呢？诚然是不对的！事实上相反，倘若恺撒不作决定，在河边守死两端，这才说明他不是自由的，而他作出了这个决定，并且可以选择，就说明他是自由的，他有自由意志。这就像监狱里的人是没有自由意志的，为什么没有呢？那是因为倘若要他选择，他一定会选择离开监狱，但他没有这样选择的权力，因此他是没有自由的。这就像莱布尼茨所言："在自然的无数活动中，容或有偶然性；但是行动者自己若不下判断，则没有自由可言。"①

当然，我们同时也不能否认，倘若深究，在这里面是存在着某种矛盾的。因此，也有许多人否定这种观点，认为没有理由认为这个世界是那么完美的，甚至于认为，上帝在创造这个世界的同时还创造了无数个其他的世界，例如布鲁诺就是这么认为的。

还有，倘若说上帝一定要根据完美的原则去创造世界，那么岂不是说上帝没有绝对自由了吗？例如说，我知道中午吃饭而不是休息比较好，晚上十一点睡觉而不是喝酒比较好，但这不等于说我非得这样干不可，我非得干对我最好的事不可，倘若这样的话，即倘若我中午只能吃饭而不能不吃饭，我晚上十一点非得上床睡觉而

---

① 转引自《西洋哲学史》（第四卷），（英）柯普斯登著，邝锦伦、陈明福译，黎明文化事业股份有限公司，1990年，第366页。

不能喝点酒，这肯定说明我是没有自由意志的，就像一个小孩子一样，他能够中午不吃饭而去玩吗？晚上十一点了还不睡觉而去看电视吗？当然不行！父母会强迫他这样做，这当然也意味着他是没有自由意志的。相对言之，他父母却没有这样的限制，他们完全可以中午不吃饭或者晚上十一点还不休息，因为他们有这样的自由意志。所以说，另一方面，我们也不能否认一点：就是上帝完全可以创造另一个世界、一个不完美的世界，或者由此也可以说：上帝所创造的这个世界并不一定是完美的，因为他有这样的自由意志，例如父母为什么一定要晚上十一点睡觉？他们完全可以不这样！这样的分析显然同样是行得通的。所以说，在上帝的自由意志与理性和智慧之间是存在着矛盾的可能性的。我们人倘若只断言一者而忽略或者否定了另一者，是很容易受到攻击的。就如同我们非得说这个世界是完美的，上帝一定会创造这个世界，那是一定会受到许多有力的质疑的——哲学史上的确如此。

但是，在莱布尼茨这里，我们还是要看到，上帝一方面是绝对自由的，这是肯定的，但另一方面，绝对自由并不意味着任意的没有原则的选择，而是相反，具体在选择之时，是有一定的原则的，这就是善的原则、完美的原则，或者说，道德的原则，这同样是一种必然，上帝是根据这一原则去行事的、去创造这个世界的。至于其原因我们在前面已经说过了，那就是上帝是智慧的与圆满的，他当然会依其智慧去行圆满之事。在莱布尼茨看来，这根本不会损害上帝的自由意志，只是显现了上帝的智慧，而上帝的自由意志是基于他的智慧的，这是一个很明白的道理，是大大的真理：

> 上帝的意志并非不依赖智慧的规则，虽然人们还感到奇怪，因为人们现在竟然不得不对此进行思考并为一个如

此伟大的和公认的真理而斗争。①

莱布尼茨在这里之所以说斗争，就是因为有人认为上帝的自由意志就意味着他可以任意而为，没有规则，可以创造不完美的世界甚至多个世界，就如布鲁诺所言的那样，在莱布尼茨看来，应该坚决地与这些错误的见解作斗争。

对于我们这些人，除了上面说过的遵守规则的自由之外，在莱布尼茨看来还有一点，就是我们的一切都是上帝安排好的——这就是后面要讲的前定和谐了，上帝也在创造万物之先就预知并且决定了将要发生的一切，但这一切都不会损害人，同样也具备自由意志。对此他说：

> 但不论这种预知或这种预先安排都无损于自由。因为上帝受最高理性所使，在许多事物的序列或可能的世界中选择了这样的一个，其中那些自由的创造物，虽然不是没有他的协助，却将会采取这样或那样的决定；他借此已一劳永逸地使一切事物都确定了，而并不因此损害这些创造物的自由：这一单纯的选择命令，并不改变而只是实现了上帝在他的观念中所看到的这些创造物的自由。②

这段话简单地说就是上帝已经安排好了我们的一切，但这并没有妨害我们的自由意志，而恰恰是实现了我们的自由意志。

这话何解呢？上帝安排、决定了我们的一切，竟然还说我们是自由的！这样一来，那监狱的犯人也可以说是自由的了，因为监狱

---

① 《神义论》，（德）莱布尼茨著，朱雁冰译，生活·读书·新知三联书店，2007年，第269页。

② 《莱布尼茨与克拉克论战书信集》，（德）莱布尼茨、（英）克拉克著，陈修斋译，商务印书馆，1999年，第58页。

不也就是安排了他们的行为吗!

对于这个问题,我们要从这个角度理解:

> 自由与限制或者限度本来就是有关的,自由不是无限度而是有限度,这柏拉图在《菲利布》篇中讲得很清楚。在那里,柏拉图认为理念、理智或者说智慧与心灵则是有限度的,即它是有内在的规定性的。于是,由这个内在的规定便引出了它们的另一个特点——自由,即正因为理念、理智或者说智慧与心灵有了限度、即有了内在规定,于是它们就有了自由:

有了限度并且在限度之中也就有了自由,同时自由也就得到了存在。①

为什么呢?我们还是举例说明吧,例如我们上面讲过的小孩子,他们不是无限制的,例如他想不吃饭只吃糖,那是不行的,想一天到晚玩耍打闹,那也是不行的,他无限制,大人就会限制他,因此他是不自由的。小孩子如此,大人更是如此,倘若他不限制地追求快乐,想干啥就干啥,想要钱就去抢银行,想要美女就去非礼,那结果也一定是没自由的——因为他要坐班房去了。

那么我们要怎样才能自由呢? 当然就是不能无限制,而要有限制了。即知不可以为才能自由,不知不可以为则不自由。简而言之就是:只有有了限制才会有了自由。

这就是说,我们要首先给自己规定了一个限度,然后依据这个限度去规范自己的行为,自觉地不超越这个限度,这时候,我们当然就有了自由:我们想干啥就干啥,因为我们所想的都在这个限度

---

① 《哲学史讲演录》(第二卷),(德)黑格尔著,贺麟、王太庆译,商务印书馆,1960年,第215页。

之内，自然想啥就可以干啥，这就是自由。还有，我们也不会因为想干啥就干啥而失去自由、去坐班房。而这个自由的最高境界就是我们将这些规定置入我们的心灵深处，让它们成为我们的本能，这样一来，我们就自然而然地按照规定而行事了，这时候我们连想都不会想到这些规定，而是本能地去遵守这个位于我们心灵深处的规定，做任何事情都不知不觉地遵守规定，这样一来，我们就达到了自由的最高境界：心灵的自由。这个境界也是孔夫子所追求的最高的、最后的境界：

子曰："吾十有五而志于学，三十而立，四十而不惑，五十而知天命，六十而耳顺，七十而从心所欲，不踰矩。"

"从心所欲，不踰矩。"怎样？一个人能够做什么事情都随心所欲，却不会逾越规矩，这个规矩就是限定、限度。这也就是说，一个人可以随心所欲地做任何他想做的事，这难道不是自由的最高境界吗？

显然，在莱布尼茨这里，上帝的预先安排就是对人的一种限制，就像学校预先安排了作息时间，那就是限制了同学们的作息行为一样：他们什么时候吃饭上课睡觉都被预先安排了具体的时间，例如早晨六点起床，晚上九点睡觉，这就是他们必须接受的限制。

所不同的是，在柏拉图这里，人是后天自觉地接受这种限制，在莱布尼茨这里，这种限制是早就为上帝所安排好了的，是先天的。

但他们两人都认为：这种安排与限制并无损于人的自由，这才是关键之所在。

进一步地，我们还可以看到，在莱布尼茨这里，上帝先天的安排对于人而言应该是更加自由的，因为先天的安排就意味着这种安排已经在先天之中就进入了我们的大脑，成为我们的本能，我们会自觉地接受这种安排与规则,这样一来,就先天地不会觉得遵守这种安排与规则是对我们自由的妨害了,所以人也当然更会觉得自由。

这就是莱布尼茨对自由的基本理解。

当然除了这些,莱布尼茨对自由意志还有许多其他的理解,如他区分了自由意志的后续与先行,即分为后续性意志与先行性意志,二者分别是:

> 先行性意志针对某些自身为善者的东西,即与善的某种程度相适应,因此,它只符合善的某一程度。而后续性意志要考虑到整体并包含着最终的决断,因此,它是绝对的和决定性的,如果这是神性的意志,那么,它始终具有全部的影响力。
>
> 后续性意志产生于一切先行性意志的共同作用,以便在一切意志的作用不可能同时存在时,达到其中最大可能的作用。[①]

在这里,后续与先行的意志都是与善相关的,简而言之,先行性意志是人在行动之前就有的一种善的意志,这时候人只是怀着一种善之目的,或者说是一种初步的善,因此它只符合"善的某一程度";后续性意志就不一样了,可以这样理解:这时候,人已经开始行动了,知道自己要做什么了,了解了自己整个的行为将是什么,于是,自然而然地,他要决定其整个的行为是善的,尽可能地符合于善之要求。因此之故,它才具有"全部的影响力"。

---

① 《附录四:为上帝的事业辩护——通过上帝的正义与他的其他完美品格和他的一切行为之和解维护上帝的事业》,见《神义论》,(德)莱布尼茨著,朱雁冰译,生活·读书·新知三联书店,2007年,第452—453页。

关于自由意志我们最后要提的一点是，在莱布尼茨看来，自由意志与罪是有关系的，他说过这样的话：

> 我已经肯定自由意志是罪过之恶的原因，因而也是惩罚之恶的原因，虽然惩罚之第一个和最深远的原因是表现于永恒观念中的创造物之原初的不完美性。①

这里就是说，人之所以有罪，就在于人有自由意志，人也因此而将遭受惩罚，但这只是事情的一面，至于人之罪最深层的原因在于作为上帝的创造物的人先天就是不完美的，就是有罪的——例如原罪，这也是莱布尼茨一个十分重要的理论，是其《神义论》主要内容之一，我们后面再谈。

第三节　自由与必然

在自由意志的基础上，我们还要讲讲莱布尼茨对自由与必然的理解。

为什么呢？这是因为自由与必然的关系问题是莱布尼茨哲学中一个很核心的问题，可以说涉及莱布尼茨哲学的方方面面，例如前面我们讲充足理由律、完美律、自由意志等时就都与自由与必然有关，后面的前定和谐、单子等也与之有关。所以很有必要比较系统地分析这个问题。

自由与必然，这里实际上包括三个问题：自由、必然、自由与必然之间的关系。

这里的自由大致就是自由意志，我们在上面刚刚讲过了，这里

---

① 《神义论》，（德）莱布尼茨著，朱雁冰译，生活·读书·新知三联书店，2007年，第343页。

不再多说，因此在这里讲自由与必然主要讲两个问题，即必然、自由与必然之间的关系。

必然的基本含义是很清楚的，就是一定会如此，这就是必然，而事物在发展之时一定会如此的性质就是必然性了。

关于对必然性的认识，莱布尼茨首先就是承认必然性的存在，这是他哲学一个很明显而重要的特点，他的许多重要理论之中实际上都明显地蕴含着必然性的存在，例如充足理由律、完美律、自由意志、前定和谐、单子等无不显示着必然性的存在，这些都是非常明显的，我们首先要弄清楚这一点。

其次，在莱布尼茨那里，他对必然性的特色性分析也许是区分了多种必然性，他说过这样一段话：

> 有些必然性是必须承认的。因为必须在一种绝对的必然性和一种假设的必然性之间做出区别，也必须区别这样两种必然性：一种必然性之所以成为必然性，是因为其对立面蕴涵着矛盾，它被叫作逻辑的、形而上学的或数学的必然性；另一种是道德的必然性，它使贤明者选择那最好的，并使一切心灵遵循那最大的倾向。
>
> 假设的必然性是这样的必然性，即关于上帝的预见和预先安排的假定或假设；把它强加在未来的偶然事物上的必然性。而这是必须承认的，除非照索其诺派那样否认上帝能预知未来的偶然事物，和能有规范及支配事物细节的天道。①

在这段话里，莱布尼茨首先承认了必然性的存在，同时区分了

---

① 《莱布尼茨与克拉克论战书信集》，（德）莱布尼茨、（英）克拉克著，陈修斋译，商务印书馆，1999年，第57—58页。

四种必然性,即绝对的必然性、假设的必然性,还有逻辑的、形而上学的或数学的必然性与道德的必然性。这四种必然性都是有所区分的,我们来逐一简单分析之。

首先,绝对的必然性是与上帝分不开的,这是属于上帝的必然性,与上帝的万能有关。

我们知道,上帝是万能的,他有能力决定一切,也能够产生一切。这是他绝对的权力,在这种绝对和权力之下也彰显着绝对的必然性:即万物绝对地必然地为上帝所决定。

当然,这里要注意的是,上帝这种绝对的必然性并不意味着上帝可以任意而为,不受任何规则的约束。我们前面就说过,不是这样的,在莱布尼茨看来,上帝也是受着某种规则之束缚的,例如他要根据充足理由来创造世界,并且要使得他所创造的世界是完美的,如此等等。但在莱布尼茨看来,这不是削弱而是正显示了上帝的智慧与万能,同样也显示了上帝的自由意志。至于为什么,就像我们举过的例子一样,上帝就像一个伟大的艺术家,当他要创作一幅作品之时,自然不会随意乱画,画出拙劣的东西,这样就有损于他伟大艺术家的名声了。而是要努力画出好作品来,以与他的身份相称。我们不妨将上帝理解为最伟大的艺术家,当他创造世界之时,怎么会不想要努力将之创造成一个完美的世界呢?而且,由于上帝是万能的,他一定可以做到这一点。当然,这也不能说明上帝不能创造一个不完美的世界,他当然有这样的能力,但他不会这样做。这就像一个伟大的艺术家当然也有能力创作出一幅拙劣的作品,但他会这样做吗?当然不会,其中的逻辑是一样的。

其次,道德的必然性则是说上帝在有绝对的能力与权力创造世界的同时,他并不会任意地创造,而是要创造一个最好的世界、完美的事物,即上帝是受着完美律与充足理由律束缚的,这我们上面已经多次说过了,在这个地方就是莱布尼茨所说的道德的必然性了。

对于这个必然性我们可以这样简单地理解：因为上帝是至善的、是有道德的，因此他虽然可以产生一切，但道德使他只产生最好的东西。这就像雷锋，当他看到一个老大娘过马路，他当然可以不理她，走自己的路，但他不会，他是有道德的人，因此他必然会选择去扶老大娘过马路。这可以说是一种必然，即由道德所致之必然。对此，莱布尼茨有一段话说得很清楚：

> 大家把来自对最好者的选择的那种道德的必然性，和绝对的必然性搅混了；也把上帝的意志和上帝的能力搅混了。他能够产生一切可能的东西，或不蕴涵矛盾的东西，但他只愿意产生在可能之中那最好的东西。（同上，84页）

这段话的内容很丰富，既说明了什么是绝对的必然性，又说明了什么是道德的必然性，以及上帝为什么要选择创造一个最完美的、最好的世界。就像莱布尼茨在另一段话中所言："这种道德的必然性是可喜的，符合上帝的圆满性，符合关于存在的大原则，这就是需要一个充足理由的原则。"（同上，59页）

至于第三种假设的必然性在上面的引文中已经说得比较清楚了，它就是"上帝的预见和预先安排的假定或假设，把它强加在未来的偶然事物上的必然性"。这里的意思就是说，在创造世界之时，上帝早就对他所创造的世界万物做了安排，使万物从一开始就按照上帝所规定的秩序去存在与运行，这说白点就是莱布尼茨的前定和谐了。莱布尼茨认为，这种假设的必然性是必须承认的，否则的话，就是说上帝不能对他所创造的万物有所预见与决定，这显然与上帝的全知与全能是违背的。这不难理解，上帝既然全知全能，当然必然对他所创造的万物全知并且全支——即上帝了解且能够支配一切万物。至于为什么说是假设的，在这里应当理解为"设定的"，即这种必然性是上帝早就设定好了的,不但对上帝初创的万物如此,对于此后将要产生的一切事物皆是如此,例如我们自己和我们可能有的后代,无不如此。

最后一种"逻辑的、形而上学的或数学的必然性"更好理解,就是我们在数学与逻辑学中见到的必然性,这些必然性之所以真,是因为"其对立面蕴涵着矛盾",例如我们熟悉的矛盾律之所以真,是因为倘若不如此,那么就是矛盾的、不可能成立的。还有数学的,例如欧氏几何中,"给定两点,可连接一线段""线段可无限延长""与同一个东西相等东西,彼此相等""等量加等量,总量仍相等""整体大于部分",这些基本的数学公设公理,当然是必然成立的,其反面则蕴含着矛盾,是不成立的,这是显而易见的。

以上是莱布尼茨对必然性的分类,现在我们来分析莱布尼茨必然性的另一个含义,即必然性就是必然的,即否定偶然,或者至少否定纯粹的偶然,他说:

> 我只是在偶然性或者非必然性的意义上承认冷漠性。然而,正如我曾多次声明的那样,我否认一种对两个方面不偏不倚的冷漠性;我认为,倘若人们采取全然的冷漠态度,他们就绝对不再做选择。即便做出选择,这在某种程度上只会是纯粹的偶然而没有或明显或隐蔽的确定理由。这样一种纯粹的偶然,这样一种现实的和绝对的偶然性是一种在自然中并不存在的妄念。①

这里莱布尼茨提出来了一个新词"冷漠性",所谓"冷漠性",指的就是一种对于两种或多种可能性采取一种完全冷漠的态度,即

---

① 《神义论》,(德)莱布尼茨著,朱雁冰译,生活·读书·新知三联书店,2007年,第353页。

不对二者做任何的思考，倘若选择的话，也纯粹是一种偶然的与随机的选择，无论选择何者，都没有任何的具体理由。打个比方说，我现在对中午吃饭还是吃面完全无所谓，保持一种纯粹的"冷漠性"，但我终究只能吃一种，怎么办呢？于是我就随便指定了一种——吃饭。

在莱布尼茨看来，这样说是不对的，即我这样选择并非真正意义上的"冷漠性"，即真的完全不在意吃什么，不是这样的，我之所以选择了吃饭，一定有其理由，也许这是一种我自己比较不大理解的隐秘的理由，但一定有某种理由。因此之故，我所作出的吃饭的决定也就不是偶然的，而是有其必然性的。

这个意思虽然好懂，但却是很深刻的，它直接地面对着我们生活中的许多事情，特别是那些似乎不重要的、我们随意决定的小事，在我们平常看来，也许这纯出偶然，但在莱布尼茨看来，这些偶然是不成立的，我们之所以做出这样的选择，一定有我们的理由，这些理由甚至不是偶然地，而是必然地决定了我们的选择，用莱布尼茨的话来说：

> 虽然人们永远不会处在一种完全不偏不倚的漠然状态，虽然总会偏向于做出决断，但这绝不会使人们做出的决定带有绝对必然性。①

大家都知道布里丹的驴子，一头驴面对看上去完全一样的干草，无法选择，最后只好活活饿死。这种情形当然是不会客观存在的，不会存在这样的驴子。对于这个的解释，在莱布尼茨看来，这是因为一切都是有区分的，不可能完全一样的，因此驴子一定会基于某

---

① 《附录一：争论问题的形式论证——本书争论要点概述》，见《神义论》，（德）莱布尼茨著，朱雁冰译，生活·读书·新知三联书店，2007年，第440页。

种原因而做出吃哪堆干草的选择。——否则的话,就一定存在着布里丹的驴子了!

至于最后一句,莱布尼茨也指明了,这并不是一种绝对的必然性,因为这毕竟不同于上帝之绝对,是人之决定,是不可能带有绝对必然性的。

上面我们分析了几种必然性,也已经分析了自由意志,这时候一个重要的问题就显示出来了,那就是自由与必然之间的关系问题。

在莱布尼茨看来,自由与必然之间的基本关系就是它们并不互相冲突。

我们知道,自由意志的主要表现就是它是一种选择的自由,而要选择,就必须在不止一种可能性之间进行选择,倘若只有一种可能性,或者虽然有几种可能性,但却绝对地只能选择其中的某一种,那就都不是自由的。这就像此刻我可以继续写作,也可以出门走走,甚至于心血来潮地进行一次远游,对于我这些可能性都是有的,我可以选择其中的任何一种,这便是显现了我的自由意志。倘若我只能坐在这里写作,不能出门玩或者不准进行一次心血来潮似的放行,那就都可能说明我没有自由意志,我被一种"绝对的必然性"所控制,即我一定要做什么,没有选择可言。

对于上帝而言,则是说,当上帝行事的时候,他的自由意志体现在他不受到任何的绝对必然性所控制。我们上面解释过上帝的绝对必然性,由于上帝是万能的,他有能力决定一切,也能够产生一切。这是他绝对的权力,在这种绝对和权力之下也彰显着上帝绝对的必然性。在这种情形之下,上帝是有多种可能性的,例如他可以选择创造一个什么样的世界,甚至于创造还是不创造一个世界,这就是上帝的自由意志。

但是,这里要注意的是,虽然上帝有着自由意志,有着绝对的权力,但如同我们前面所说过的,这并不说明上帝事实上是任意而为的，不是这样，事实上，上帝在行事之时，是受着某些规则的制约的，当然这不能说是一种外在的制约，而是上帝由于他是至善的、智慧的上帝，因此他在行事之时会依据其至善与智慧去行事，这样一来，上帝行事之时，就会在事实上遵循某些规则，例如我们上面讲过的充足理由律与完美律之类。但在莱布尼茨看来，这绝不是对上帝自由意志的限制，相反，这只能凸显上帝的自由：

> 在这里被排除在外者是那种其对立面不可能成立或者包含有矛盾的形而上的必然性，而不是其对立面不适当的道德上的必然性。虽然上帝在进行选择时不致出差错，因而始终会选择最适当者，但这并不违背他的自由，而且使他的自由更加完美。①

这里的前面一句指的是上帝要受到一种形而上学的必然性的制约，上帝当然不会受到这样的制约，这些制约是要排除出去的，但对于那种道德的必然性，也就是基于上帝的智慧与完满等而使上帝在行事时会遵循的一些规则如充足理由律与完美律之类，这些就是上帝道德上的必然性，上帝是会事实上遵循这些规则的，这就是上帝道德上的必然性了。在莱布尼茨看来，这样的遵循只是凸显了上帝的自由，使之更加完美。

关于这个问题我们上面讲自由意志时实际上已经讲过了，举我们自己为例，我们人有自由意志，但并不意味着其行为是随机的、不可预测的，而是我们依然会遵循某些规则，例如我此刻有自由意志，可以继续写作，也可以出门走走，甚至于心血来潮地进行一次远游，

---

① 《附录四：为上帝的事业辩护——通过上帝的正义与他的其他完美品格和他的一切行为之和解维护上帝的事业》，见《神义论》，（德）莱布尼茨著，朱雁冰译，生活·读书·新知三联书店，2007年，第451页。

这些都是可能的，因为我有自由意志，但我会不会去厨房拿把刀抹脖子或者去大街上砍人呢？当然不会！甚至于是不可能的。当然若我有神经病，病突然发作是可能的，但那是另外一码事，是一种特例，但那种人恰恰是没有自由的，正如他们是没有理智的。这就说明，我在一方面有自由意志之时，另一方面也是受着某种制约的，这种制约实际上也是连上帝都受之制约的道德律。但我请问，这种制约有害于我的自由吗？当然不会！而是相反，它对于我的自由是有好处的，倘若没有这样的制约，我不受道德律的制约，去偷东西、去杀人放火之类，那我一定会因此遭受惩罚，失去自由甚至生命。因此，这种必然性当然是于我有益的，是使得我的自由更加完美的，如莱布尼茨所言，这才是真正的、最完美的自由。①

其实，对于上帝亦是如此，倘若上帝不在事实上遵循任何的必然性，包括道德律，而是任意而为，那上帝只会像那些得了精神病，没有任何自控力的疯子一样。结果会怎样呢？对上帝好吗？例如他胡乱地创造一个世界，又立即把这个世界毁掉，或者把这个世界的人创造得邪恶无比，不敬上帝，这样对他好吗？能够凸显他的自由吗？当然不会！就像我现在不继续写作，而是去外面玩或者去拿刀砍人，这不会凸显我的自由，而只会凸显我是一个疯子一样。总之，无论是上帝还是人，依据道德的必然性去行事并不会妨害而只会是凸显自由，这正如莱布尼茨所言：

> 至于道德的必然性，它也同样无损于自由。因为那贤明者，尤其是上帝（至高无上的贤明者），在选择那最好的时，并不因此而较少自由；相反地，不受妨碍去做那最好的事，这是最完全的自由。当另一个人照着最明显和最向往的善

---

① 参《附录一：争论问题的形式论证——本书争论要点概述》，见《神义论》，（德）莱布尼茨著，朱雁冰译，生活·读书·新知三联书店，2007年，第445页。

来做选择时,他在这一点上就是按其禀赋的比例仿效贤明者的自由;如果没有这一点,那选择就将是盲目的碰运气。[1]

莱布尼茨在这里用了"碰运气",意思是说一个人不是根据道德的原则去行事,而是没有任何的原则,当然也没有不道德的原则,而是随机行事,没有任何规则,这样做事当然就是去"碰运气"了。打个比方吧,我现在究竟做什么呢?我不知道该继续写作还是出去玩甚至拿刀抹脖子,于是我就拿了三个小纸团,上面分别写着"继续写作""出去玩""抹脖子",然后闭着眼睛随便拿了一个,打开一看,看到哪个就依上面的指示去行事,这样一来我当然就是要靠碰运气了,运气好呢就继续写作,不好的话就得出去玩,最不好呢,就自己抹脖子。只是倘若这样的话,会显得我有自由吗?

当然不会!而是相反,因此,莱布尼茨的上述说话是相当有道理的。

这时候也许有人还会说:倘若上帝必然、一定必须遵循道德律,他不得不如此、必然要如此,那怎么不说明上帝是受到束缚的呢?例如,倘若你现在只能写作,不准出去玩,也不准抹脖子,旁边有几个人看着你、盯着你,能够说明你是有自由的吗?

这样的问题其实是很好的,也有力量,对于这个问题,莱布尼茨也想到了,他是这样说的:

> 但那善,不论是真的或表面显得如此的,一句话就是那动机,是只引起倾向而并不迫使必然的,换句话说,并不强加一种绝对必然性。因为当上帝(举例言之)选择那最好的时,那他未选中的,和在圆满性上较次的,仍然不

---

[1] 《莱布尼茨与克拉克论战书信集》,(德)莱布尼茨、(英)克拉克著,陈修斋译,商务印书馆,1999年,第58页。

失为可能的。但如果上帝所选择的是必然的，则所有其他的办法就将是不可能的，是与假设相反的；因为上帝是在可能之中进行选择，换句话说，是在这样许多办法之中做选择，其中没有一种是蕴涵着矛盾的。（同上，58—59 页）

在这里说得很明白，就是说，当上帝进行选择之时，他依然是有选择的自由的，即那道德律并没有强迫他必须选择这个或者那个，例如选择创造一个最好的世界、选择遵循道德律，不是这样的，上帝并没有被强加这样的必然性，倘若强加了，其他的选择都是不可能的了，那上帝就不能够说是绝对自由的甚至是拥有自由意志的了。不是这样的！事实上，当上帝选择之时，那些不同的选择——如不遵循道德律或者创造一个不完美的甚至很坏的世界——都是存在的，也都是可能的，而不是不可能的。上帝依然是在多种可能性之间进行选择，因此上帝是拥有自由意志的，是绝对自由的。也因此之故，一方面说上帝选择了创造一个完满的世界以及上帝选择遵循道德律与上帝拥有自由意志之间并不是矛盾的，其间并不蕴含矛盾。

还是举个例子吧，例如我现在虽然事实上选择了继续写作，而不是出去玩甚至抹脖子，但并不是说我没有这样的能力甚至于没有这样的自由，我当然有这个能力与自由出去玩甚至抹脖子，我有这样的能力，从逻辑上而言，也的确有这样的可能性。并没有人在旁边看着我，禁止我做这样的事。因此我是自由的，但同时，我又事实上不会选择出去玩，更不会选择去楼下厨房里拿把菜刀抹脖子，这是不可能的。但这能够说明我没有那样的能力或者自由吗？当然不能！

所以，这两者之间并不是矛盾的：即一方面我必然会选择继续写作，另一方面我同时又是自由的。

我如此，上帝当然更是如此。个中道理相当微妙，值得仔细品味。

此外，莱布尼茨在这里还分析了一个"运动的自然法则"。在他看来，这个实际上的自然之法则采取的是一种折中的办法，即在三种情形之间进行折中，一是绝对的必然性，这也是一种形而上学的或者说逻辑的必然性，这是一种抽象的、盲目的必然性，即必然会如此，没有任何的选择；二是道德的必然性，即基于道德律必须得如此，也没有选择，但事实上它同时又是一种自由选择，即它不再遵循盲目的必然性，而是遵循着道德的要求进行一种必然如此的选择；最后一种情形是一种任意性，即完全不受任何的规则制约，想怎样选择就怎样选择，就像阿Q所言，"我喜欢谁就是谁"。并且它还有一种我们前面提过的"绝对的冷漠性"，即当选择是没有受到任何东西的影响的一种绝对主观任意的选择。在莱布尼茨看来，事实上的选择或者说实际上的自然法则是这三种之折中。

不用说，折中的含义就是三者之中不可偏废其中的任何一者，而是三者兼顾，在莱布尼茨看来，倘若弃绝其中的任何一者，都会"铸成大错"："人们如果将绝对必然的东西与为最好者理由所确定的东西，或者将为理性所确定的自由与某种不确定的冷漠态度相混淆，便会铸成大错。"[1] 相对言之，将这三者都结合起来就是，走一条折中之路就是"最完美的智慧的选择"了！

从前面的分析之中可以看出来，莱布尼茨的这种分析是十分深刻的。

我们在此还可以结合另外两位哲学大家霍布斯与斯宾诺莎的思想进行分析，例如他们都强调了上帝的绝对自由，就像霍布斯曾经打个的一个比喻：

---

[1] 《神义论》，（德）莱布尼茨著，朱雁冰译，生活·读书·新知三联书店，2007年，第383页。

一个木质的陀螺被男孩们鞭打着，有时候冲向这一堵墙，有时候冲向另一堵墙，有时候旋转着，有时候去中人的小腿，如果陀螺也有意识，也能感觉到自己的运动，那么它会以为自己是在按照自己的意志运动的，除非它能感觉到有什么东西在鞭打它。一个人为了一份俸禄而去了一个地方，为了一份合同而去了另一个地方……他认为他做这件事情仅仅是出于他自己的意志，却看不到让他产生意志的鞭子，这种人能算聪明人吗？①

在这里，霍布斯认为我们每个人都只是一只陀螺，我们所有的行动都是由"上帝之鞭"操控的，都是遵循着一种绝对必然性的，即我们人是没有任何自由意志的，只有上帝才有绝对的自由，斯宾诺莎也持着这样的观点，不难看出来，莱布尼茨关于自由与必然的思想以及自由意志的思想既是对霍布斯与斯宾诺莎有关思想的继承，同时也是一种发展，或者说是一种"扬弃"。

不过，当莱布尼茨提出他关于自由与必然的思想之时，也有人说他的思想如同霍布斯与斯宾诺莎的一样，是一种命定论，说他只讲必然性，讲上帝决定了一切，人的一切都只能遵循上帝所决定的必然性而行事，人的一切都是命定的——从有生命之始就被决定了！与此同时，也有人只看到他相反的一面，说他太讲究自由了、太重视偶然性了，对于种种这些批评，莱布尼茨在与克拉克的论战书信里不由愤愤不平地说：

> 人家往往把必然性和定命强行归咎于我，虽然也许没有人比我在《神正论》中更好、更深入地解释过自由、偶然性、

---

① 转引自《霍布斯传》，(美)马蒂尼奇著，陈玉明译，上海人民出版社，2007年，第317页。

自发性作为一方,和绝对必然性、命运机遇、强制作为另一方,两者间的真正区别的了。①

莱布尼茨这样说当然是符合事实的,我们上面的分析就是事实。

当然,莱布尼茨从某种程度上说也是相信命运的,但这并不会引起如同霍布斯与斯宾诺莎面对上帝的决定的命运时所有的悲观与无奈的态度,而是以一种积极的、乐观的态度面对之。原因很简单:因为他相信上帝的至善与智慧,因此相信上帝是不会随意安排的,正如他不会随意地创造万物,更不会把万物创造得很坏;相反,绝对自由的上帝在具体行事时是遵循道德律与完美律的,他的创造的世界注定是完美的,他为这个世界所做的一切安排也注定是最好的。唯此之故,我们必须爱上帝,爱上帝为我们所安排的一切,倘若这安排对于我们有时候是一种苦难,也应该以一种"很满意的"态度接受上帝的一切安排:

> 但人们承认也有基督教的定命,一切事物的一种确定的命运,是由上帝的预知和天道神意所支配的。定命(fatum)一词是由命(fari)引申出来的,原意即宣布、宣告,在常识里它就意指出于天道神意的命令。而那些由于对神圣圆满性的认识而服从这种定命的人,对上帝之爱是这种认识的后果(因为它就在于这种认识所给予的愉快),他们不仅仅是像异教哲学家们那样采取忍耐的态度,而且甚至对上帝所安排的很满意,知道他所做的一切都是最好的;并且不只是为一般的最大的善,而且是为爱他的人们的特殊的最大的善来做这一切的。(同上,60页)

---

① 《莱布尼茨与克拉克论战书信集》,(德)莱布尼茨、(英)克拉克著,陈修斋译,商务印书馆,1999年,第56—57页。

从这样的说法中同样可以看出来，莱布尼茨对于命定的看法，倘若换一个角度看待之，则同样也是一种命定论，只是一种比较乐观的命定论罢了——只是一种比较乐观的命定论而已，打个比方说，霍布斯与莱布尼茨都是两个相信命运的人，但霍布斯相信自己命不好，命中决定没有自由、也不会过上好的日子，但莱布尼茨却相信自己命好，会有自由，也会有好日子过。

实际上，我们从上面的几乎所有分析都可以看出来，在莱布尼茨那里，上帝是一切的最终决定者，上帝决定了必然、也决定了自由与必然之间的关系，就如同上帝先天地决定了我们每个人的命运一样。当然，这一切并无损于我们的自由，上帝是将自由与必然、自由与命定以他无限的智慧完美地结合在一起，达到了一种奇妙的现实性——这也就是我们所处的这个世界的现实性，这种现实性就是我们后面要讲的前定和谐，即一切都注定了是和谐的，即使我们在现实的生活之中看到有些地方似乎不和谐、不善甚至有恶的存在，但在莱布尼茨看来，这一切都无损于上帝的至善与这个世界的和谐，因为上帝所要追求的是一种最为广泛的善，因此是决不会为世界之中有不和谐与恶而改变他为世界所制订的必然规则的。因此，在《神义论》里，他如此说：

> 上帝在将自由的原因和必然的原因创造成一种无限适合于公开表现他的无限智慧之奇迹的混合体之后，难道还要让他提出符合自由原因之本性但却容易变化的律法吗？由于律法的这种易变性，一个人的哪怕最微小的不悦也会完全推倒这些律法并毁灭人的自由。倘若一个头脑简单的城防司令官一发现有人突然对他表示不满就更改他的规定和命令，他只会成为遭人嘲笑的目标；而上帝的律法涉及广泛的善，我们所能见到的一切只是此一善的微不足道的

部分，难道上帝也应由于今天此一些人对彼一些人的不满而不断地修改他的律法吗？①

这段话的内容十分丰富，涉及我们后面要讲的许多内容，如前定和谐以及对善与恶的理解，我们在这里要注意的是前面一段，就是我们这个世界——按莱布尼茨在这里的说法是"一种无限适合于公开表现他的无限智慧之奇迹的混合体"——是上帝将自由与必然结合在一起而创造出来的，理解这种结合是我们理解后面的许多内容，如前定和谐以及善与恶的关键，同时，这句话也可以看作是莱布尼茨对自由与必然之结合与结果的分析的整体性结论。

这样的说法也许不会让有些人满意，但不能否认，莱布尼茨的这些说法在道理上是讲得通的，是他的整个思想一种自然而然的逻辑结果。而且，倘若我们能够深入思索，也会发现其中深刻的合理性。对此我们将在后面的前定和谐与单子论中有更加深入的分析。

最后，对于上面的所有论述，从充足理由律到自由意志再到自由与必然的分析，由于它们实际上也是一个整体，或许我们可以作如下的整体性、综合性的再分析：

> 上帝是这个世界的创造者，另外的世界是可能的，因此这个世界只是一种可能，世界之中的万物也只是一种可能，但是不是说，上帝创造这个世界只是一种偶然呢？即他完全没有理由地、出于一种纯粹主观的意志就创造了这个世界？这是一个大问题，是以前的神哲学家们包括布鲁诺等都提出过的问题，对于这个问题，莱布尼茨说，我们不能认为上帝是完全出于一种主观的意志就随随便便地创

---

① 《神义论》，（德）莱布尼茨著，朱雁冰译，生活·读书·新知三联书店，2007年，第279页。

造了这个世界,这等于说是上帝在创造之时是不动脑子的,从而也不是智慧的。而是,上帝在创造万物之时,他之所以创造这个世界,是有"充足理由"的,也因此之故,这个基于充足理由的世界及其万物的存在也是有充足理由的。

由上帝以至于人,例如伟大的恺撒,他在人生的一个转折点决定渡过卢比孔河。在这"恺撒决定渡过卢比孔河"史实之中,虽然恺撒有自由意志,他可以选择不渡过河,但他毕竟渡过了,即做出了这样的选择,这也说明,之所以"恺撒决定渡过卢比孔河"是有其充分理由的,并非恺撒随意做出的决定。难道恺撒是没有理由地随意决定渡过卢比孔河吗?显然不是这样的!

总之,人的行为也如上帝之创造世界一样,都是有着充足理由的,这个理由就是行为要有目的,并且要有一种善的、道德上完美的目的。

于是,在这里莱布尼茨就提出来了另一种必然,即道德的必然,即上帝应该这样做,应该做最好的事,即创造一种最完美的世界,这是一种道德的要求,而这并不意味着上帝就不能(即在能力上不能)创造另外的世界,那也是可能的,但那种可能性是一种逻辑上的或者形而上学的可能。也就是说,根据逻辑与形而上学,上帝是不一定要创造这个世界的,或者说将世界创造成这个样子的,他完全有能力不如此,因为上帝有着绝对的自由意志,没有任何规定可以规定他。也就是,上帝之所以要创造这个世界或者将世界创造成这个样子,不是基于形而上学的或者逻辑的必然,而是基于道德的必然。

但这样一来,上帝就受到另外一种束缚了,那就是道德,即上帝要根据某种道德原则甚至是我们人类的道德原则——例如完美的原则——去行事,这样一来,上帝将会受到更多的质疑,当然不是上帝，而是这样的观点，要上帝服从于人的道德，这是神哲学史上另一个大问题。

这个问题也就是上帝的善的问题。诚然，上帝是至善的，不是"善的"而是善本身，这是神学中的共识，但倘若将这个善从一种抽象的含义进入到具体的行为，即与人类的善的行为联系起来，那就会产生问题了。典型的例子就是当我们阅读《圣经》时，会发现里面上帝似乎干了许多从人的观念来看不是善的甚至是恶的事。例如中世纪时海尔斯的亚历山大与邓·司格脱时都说过，在《圣经》里我们经常会读到一些似乎对上帝不利的事情，例如上帝叫人杀了这个杀了那个，甚至灭了这国灭了那国。特别是上帝把流着奶与蜜的迦南地赐予以色列人时，迦南地本来是有了别人的，上帝把那地上的人赶走，而把地赐予了以色列人。典型者就是上帝迫使埃及人同意以色列人离开埃及时的情形，在这里，上帝对埃及人大开杀戒：

"在埃及遍地，雹击打了田间所有的人和牲畜，并一切的菜蔬，又打坏田间一切的树木。"

"耶和华这样说，约到半夜，我必出去巡行埃及遍地。

凡在埃及地，从坐宝座的法老直到磨子后的婢女所有的长子，以及一切头生的牲畜，都必死。

埃及遍地必有大哀号，从前没有这样的，后来也必没有。"

"你们就说，这是献给耶和华逾越节的祭。当以色列人在埃及的时候，他击杀埃及人，越过以色列人的房屋，救了我们各家。于是百姓低头下拜。"

"到了半夜，耶和华把埃及地所有的长子，就是从坐宝座的法老，直到被掳囚在监里之人的长子，以及一切头生的牲畜，尽都杀了。

>法老和一切臣仆,并埃及众人,夜间都起来了。在埃及有大哀号,无一家不死一个人的。"

不止于此,上帝还叫以色列人夺去了埃及人的财物:

>"以色列人照着摩西的话行,向埃及人要金器,银器,和衣裳。"

>"耶和华叫百姓在埃及人眼前蒙恩,以致埃及人给他们所要的。他们就把埃及人的财物夺去了。"

而这些埃及人有什么罪过呢?包括法老,他一开始想为难以色列人,但很快就慑服于上帝的神威,情愿遵循上帝的意志,让这些以色列人离去,而之所以他一次又一次地拒绝他们的离去,却是上帝使得他这样做的,正如经中所言,上帝说:

>"我使他和他臣仆的心刚硬,为要在他们中间显我这些神迹。"①

这就是说,是上帝使得法老的心刚硬,然后又以这个为借口屠杀埃及人,掠夺他们的财物,这从常识的观点来看简直是太恶劣了,绝对是一种大大的恶行。对于这些明显违反道德规则的事,应当如何为上帝辩护、还认为他是至善的呢?

对于这个问题,海尔斯的亚历山大认为我们不能说是上帝下令以色列人去窃夺埃及人的财产的,这样的话,上帝就不义了!但这是不可能的,因为上帝不会做不义之事。那是因为上帝是绝对自由的,因此他可以夺走埃及人的财产,再让以色列人拿走,或者他也可以命令以色列人拿走埃及人的财产,这里是拿走,而不是窃取!同样地,上帝也可以命令以色列人杀掉这个那个人、甚至千千万万人,灭掉这个那个国,这些都是上帝的自由意志的体现,与义或者不义无关!

---

① 以上均引自《圣经·旧约·出埃及记》。

对于上帝而言，这只是改变了财产或者国土的秩序而已，其间并没有任何贪心邪念之类。而这些贪心与邪念才是恶，上帝没有这些，所以没有恶。

邓·司格脱对这个问题的解释则是这样的：上帝的律令，例如《摩西十诫》，其中的内容是有等级的，即有根本的也有次级的，那些最根本的是必须遵守的，这是绝对的命令，就是上帝也会依此而行——当然不是上帝必须遵守这样的律令，而是他自然而然会这样做！但次要的就不一样了，上帝可以废除之，这正是上帝的绝对自由与权力的展现。

以此去考察《摩西十诫》，在他看来，十诫中的前面三条如第一条："我是耶和华——你的上帝，曾将你从埃及地为奴之家领出来，除了我之外，你不可有别的神。"是绝对的命令，是必须绝对遵守的，它们是《摩西十诫》中的根本三条。

但其他就不一样了，对于神就不一样了，他可以自由地废除这些次要的诫命。如第六条："不可杀人。"这一条对于人是有效的，但对于神就不一样了，因为在《圣经》里，耶和华是下令杀人的，例如他命令亚伯拉罕杀他的儿子去向他献祭。还要以色列人杀了很多人，当以色列人得罪他的时候，也叫别国的人杀了许多的以色列人。还有第十条也是如此。

更早地，海尔斯的亚历山大也是如邓·司格脱一样对上帝所行的看上去是"恶事"的事进行辩护的，都强调上帝的权力与绝对自由，将上帝排除出人的道德标准之外。总而言之："上帝所做的与可以做的，都是正当且公义的。"[1]

但在这个问题上，莱布尼茨似乎走了回头路，用一个"道德的

---

[1] 转引自《西洋哲学史》（第二卷），（英）柯普斯登著，庄雅棠译，黎明文化事业有限公司，1988年，第751页。

必然"将上帝束缚了起来，要求上帝必须做完美之事、创造完美之物，就像要求恺撒，既然他是伟大的恺撒，就必须要渡过卢比孔河，去完成他的大业一样：

> 证明恺撒的谓词（即决定渡过卢比孔河）并不像数学或几何学那样的绝对，而需要预设事物的序列，这样的序列是上帝自由地选择的，而且是基于上帝的第一个自由裁决，也就是永远都要做最完美的事情，由是接着第一个，再基于上帝视乎人性所给予的指令，要人虽是自由的，也要永远选择显然是最好的事物。①

在这里，莱布尼茨认为恺撒与上帝一样，都受着一种道德的必然的束缚，这使得他们必然也必须这样那样做，这从神学上而言似乎是有问题的，因为它违反了上帝一个比道德更基本的原则：上帝的万能与绝对自由。

当然，对这个问题，可以有不同的解释，究竟如何解释，像基督教中大量其他的命题与理论一样，像莱布尼茨的几乎所有其他理论一样，是没有定论的，也是一方面逻辑上成立，另一方面又会受到并非不合理或者不合逻辑的批判的。

---

① 转引自《西洋哲学史》（第四卷），（英）柯普斯登著，邝锦伦、陈明福译，黎明文化事业股份有限公司，1990年，第368页。

第七章　单子论

前面讲过了莱布尼茨哲学中的一些基本原则之后，我们现在要来讲莱布尼茨哲学中最有名的内容，即他的单子论。

第一节　单子与原子

在讲单子之前，我们先要讲一个更加古老的概念：原子。因为莱布尼茨就是从对原子论的接受、反思与批判的基础之上才提出自己的单子论的，这是他自己也曾经说过的：

> 起初，我一摆脱亚里士多德的羁绊，就相信了虚空和原子，因为这能最好地满足想象。但自从经过深思熟虑而回过头来之后，我感到要仅仅在物质的或纯粹被动的东西里面找到真正统一的原则是不可能的，因为物质中的一切都不过是可以无限分割的许多部分的聚集或堆积。要有实在的复多，只有由许多真正的单元构成才行，这种单元必须有别的来源，而且和数学上的点完全不同。数学上的点无非是广延的极限和一些情状，连续体决不能由这样的点组合而成。因此，为了找到这种实在的单元，我不得不求助于一种可以说是实在的和有生命的点，或求助于一种实体的原子，它应当包含某种形式或能动的成分，以便成为

一种完全的存在。①

这一段话描述了莱布尼茨产生单子论思想的缘由。他一开始也是接受古老的原子论的,像德谟克利特一样认为世界由原子与虚空构成,但后来他放弃了这样的观点,主要原因有两个:一是他认为现实中的物质是可以无限分割的,因此不可能存在像德谟克利特那种不可能分割的物质性的点。二是他认为构成万物的那个点——他也认为有这样的点——不应该是物质性的,而应该是精神性的。

这两点可以说是莱布尼茨对传统原子论的抛弃以及产生自己的单子论的根本之点,其中第二点我们将在后面分析,这里分析一下更为根本的第一点。

首先,我们可以看到,莱布尼茨与传统的原子论有一个共同之点,就是认为一切的物质或者个体之物都是一种复合体,即是由许多部分组成的实体,这可以说是原子论以及单子论共同的出发之点。要是没有这个出发之点就会既无原子论亦无单子论了。

对于这个基础之点,我想一般而论是不会有人反对的,因为无论从常识、哲学还是科学都可以鲜明地看到这一点:从常识而言,一切个体之物都是由部分组成的,如我们人体就是由头部、躯干与四肢几部分组成的,每个部分又可以再分成不同的部分,这是很清楚明白的。从科学看,科学家们已经发现物质是由细胞以及分子、原子等组成的,往下还可以再到质子、中子、电子以至于其他基本粒子和更小的夸克等。从哲学而言,无论古今中外,基本上都看到了这一点,即物质是由某种微小的粒子组成的,这是相当容易从常识得出来的哲学观点。

但现在的问题是,莱布尼茨在这个基础之上看到了传统的原子

---

① 《新系统及其说明》,(德)莱布尼茨著,陈修斋译,商务印书馆,1999年,第2—3页。

论有一个很大的缺憾，就是它假定了一种物质性的微粒，说它是最小的、不可分割的，并且都是一样的。在莱布尼茨看来，这是不对的。原因就在于他认为既然是物质性的微粒，那么即使再小，也可以再分，即应该是无限可分的，不存在不可分割的微粒即原子，他这样说：

> 在我看来，自然中并不存在物质的原子，因为物质的最小的微粒其实还是包含有一些部分的。（同上，116页）

莱布尼茨这种观点也是不难理解的，因为我们的确无法想象存在着某种微粒，它是物质性的东西，就像一块石头或者砖头一样，却是不可能被分割的，这似乎是不可能的，就像庄子说过的："一尺之棰，日取其半，万世不竭。""万世不竭"的意思就是可以无限地分割下去的。科学家们现在也似乎持着同样的观点，因此他们也在从科学的角度无限地分割物质，由原子之后到了质子、中子、电子，后来又到了各种的基本粒子，但基本粒子也不基本，因为它们又是由夸克组成的，而且他们还在不断地往下探索，因为他们也认同一种几乎是常识性的意见，即物质之为物质，至少理论上而言是可以无限地分割的。所以说，古老的原子论从科学上而言已经被否定了，莱布尼茨的反对是有道理的。

在此，莱布尼茨还提出来了一个很有意思的观点，就是认为个体之物不但是可以无限地分割的，而且那被分割出来的极小的部分也可能是像这些我们所感知到的个体之物一样，也是个体之物，甚至是有生命的个体之物，例如植物甚至动物。他说：

> 如果撇开灵魂或其他这类统一原则，我们就永远不能发现一堆形体的质料或物质的部分会是真正的实体。这将永远是一个集合体，因为物质实际上是无限地分割开的，

以致其最小的部分都包含着无数的创造物，甚至可能包含着动物。（同上，26页）

这个思想看上去有些匪夷所思，莱布尼茨是从一个比较特殊的角度思考问题的，即是从作为物质性的东西的无限性这个角度去思考问题的，并且是其来有自的，这个"自"可能是斯宾诺莎的相关理论。

我们知道，斯宾诺莎认为宇宙是一个整体，要想把握宇宙就必须首先把握这个整体，而不是其各个部分。为此他打过一个有趣的与血液相关的比喻。

大家知道我们的血液里有各种各样的寄生虫，比起咱们人来它们有如泰山上的一只鸟儿。斯宾诺莎说，假如有这么一个小寄生虫，它想看看世界是怎么样的。于是它便开始看了，他看到了什么呢？他看到周围有许多红色的一块块的东西，就像我们看到的岩石或山峰一样，这些东西其实就是血粒。由于这个寄生虫并不知道世界上除了血液还有什么别的东西，所以在它看来，每一滴血都是一个独立的整体，而世界就是由这些血粒构成的。它根本没有想到这些血粒其实只是整个血液的组成部分，它的特性也是由血液的整体特性所决定的。斯宾诺莎还进一步说，不但血粒只是血液整体的组成部分，就是整个血液也只是整体人体的组成部分，它们的特性也是由整个人体的特性来决定的，我们要理解血液的特性也须根据整个人体的特性来理解。

进而言之，我们人之居于整个宇宙，就像那个小寄生虫居于血液中一样，只是整个莫大宇宙的一个微小之极的组成部分而已。因此，我们如果想要理解我们自己、理解周围事物，决不能像那个小寄生虫一样认为世界只是血粒，而要把我们所看到的一切，包括我们自己当作一个更大的整体的部分，并且依据这个整个来理解事物。

正如他在致友人的一封信中所说：

> 对自然界中的所有物体，我们可以而且应该用像我们这里考察血液同样的方式来加以考虑。因为自然中的所有物体都被其他物体所围绕，它们相互间都被规定以一种确定的方式存在和动作，而在它们的全部总和中，也就是在整个宇宙中，却保持同一种动和静的比例。因此可以推知：每一个事物，就它们以一定方式存在而言，必定被认为是整个宇宙之一部分，与宇宙的整体相一致，并且与其他部分相联系。①

当初，我读到这里时，脑海里忽然升起了一个遥远的回忆，同斯宾诺莎的这个观点有点儿相关。刚入大学时，我像所有爱幻想的年轻人一样，是个文学爱好者，有诸多抽屉文学作品。其中之一就是一部科幻小说，这篇小说的大体内容是这样的：

公元 50000 年时，经过数万载全心全意的太空探索，人类已经能够用超光速飞行了，还能利用折叠空间的妙法，让几千光年的距离变成几光年。因此终于能够到达非常非常遥远的星系了，这时人类的目的是越过总星系。因为，人类通过那时最先进的天文望远镜发现，到达现在天文学家们称之为总星系的边界之后，无论再往外望几十几百亿光年，再也看不到任何天体，即使在公元 50000 年也是如此，他们就把拥有天体的这个庞大无比的区域称作总星系，意思是所有星系的总体。

人类实际上一直把这个总星系当作整个宇宙，认为在它之外再也没有任何东西，是一片无边无际的虚空。

---

① 见《斯宾诺莎书信集》，（荷）斯宾诺莎著，洪汉鼎译，商务印书馆，1993年，第三十二封致奥尔登堡的信。

公元 50000 年的某天，一个伟大探险者终于驾驭着当时最迅捷先进的飞船到达总星系边缘的最后一个天体了，那时是再往前飞呢还是回转航程？这时，飞船上使用的是一种神奇的"宇宙能"，用这种能量可以让飞船以光速的若干倍几乎永远地飞下去。（这时候爱因斯坦认为速度不可能超过光速的观点早被人类的科学实践证明是错的了，实际上，人类不但可以超越速度，而且可以让速度无限地增大，就像人类这时的生命一样，可以通过基因更新等办法让生命几乎无限地延长。）这个宇航员是一个勇敢的人，他决定越过总星系的边沿，飞入那还被人们认为是无边无际的宇宙。

整整又过了 50000 年，到了公元 100000 年，大家不要奇怪，人类在地球上至少还可以生存几百万年呢，十万年算得了什么！要知道地球的年龄是以"亿"来计算的。公元 100000 年的某一天，这时经过 5 万年的飞行，这个勇敢的宇航员已经飞出不知多少光年了，终于在前面又看到了某些天体，十分古怪的天体。他兴奋得叫起来，这时，他不由回首他 5 万年前超越的总星系，他极其惊异地发现，这个所谓的总星系竟然是一个生物体的模样，它正在运动哩！

……

又经过一系列艰苦的探索，他终于明白，那个被地球人当成整个宇宙，以为在此之外便一无所有的总星系实际上只不过是一个生物体而已，当他越出这个生物体之后，发现在这个宇宙里，这样的生物体数量种类之多就像地球上的生物们一样呢，此外还有无数其他的东西，就像地球上的飞沙走石、高山流水，只是它们每一个对于人类而言，都是一个个的"总星系"！

我们人类生活的地球不过是那个生物体中的一个细胞或者分子、原子、电子甚至夸克而已！人类自身呢？

对于这个生物体而言，即便他是一个有极高智慧的生物，有高倍的显微镜，也根本不可能观察到人。

因为，人实在是太小太小了。这个宇宙中的他之不能观察到人类，就像现在我们用肉眼看不见电子一样！

怎么样？您看我这是不是有点儿想象力发挥得过头了？也许！我的意思只是要提醒您，宇宙是无限的，这个"无限"的意思是什么？希望您能好好想想，等到您真正地感觉我这个想象并不过分，甚至还可以更进一步地想象，例如那个作为我们的总星系的生物体与我们其实没什么两样，也许当他同样经过若干万年的宇宙飞行之后，会有相同的发现。

这就是宇宙无限性的意义！

我这个比喻可不是空穴来风，既同斯宾诺莎有关，也与莱布尼茨有关，因为斯宾诺莎正认为宇宙是无边无际、无始无终的，一句话，宇宙是"无限的"。莱布尼茨则认为也许那些在我们看来最微小的东西其实也是一种集合体，是像我们人甚至地球一样的集合体，只是对于我们而言太小，无法知觉罢了，就像在上面的科幻小说里，对于那个巨大的生物体而言，我们也是不可感知的，甚至是不存在的，因为对于它而言，我们是太小太小了。道理是一样的。

在我看来，这就是"无限性"的意义，倘若我们能深切地理解这个无限性，就会因此理解很多东西。

莱布尼茨还举过一个和我有点类似的例子，就是一只羊，他说，这只羊是"许多看不见的动物和植物的总和"。[①]

我们可以将这只羊看成是上面小说中的总星系。

除了认为既然是物质的微粒就应该无限可分外，莱布尼茨之所以反对原子论，还有一个原因，就是原子论和他前面的基本理论即充足理由律以及与之相关的"无法分辨者的同一性"相违背。

---

① 参《新系统及其说明》，（德）莱布尼茨著，陈修斋译，商务印书馆，1999年，第39—40页。

我们说过，在莱布尼茨看来，当两件互不相容的事物是一样的，其中之一没有什么胜于其他的地方，上帝就任何一件都不会创造。① 这就是"无法分辨者的同一性"，就是说，倘若两个事物是毫无区分的，那么它就是同一个事物，而不是两个事物。以之用于上帝创造万物，在莱布尼茨看来，之所以会有无法分辨者的同一性，也就是说没有两个完全相同以至于无法分辨的事物，在于倘若存在这样的事物，那将是毫无选择的，即上帝无从选择究竟要创造哪一个，而这也就导致上帝在这两个存在者之间没有意志，即没有要选择这个还是那个的意志，因为要有意志、要有选择就必须有不同，这样才有选择的理由。（同上，31页）

而传统的原子论恰恰就是认为各个原子之间彼此是同样的，即只在大小形状上有区分，而在性质上是相同的，因而只有一种原子，如亚里士多德所言：

> （原子）它们在形状上彼此不同，但它们的性质是相同的，就像从一块金子剥离的许多金屑。②

这样的观点显然是莱布尼茨所不能接受的，莱布尼茨也似乎特别反感这一点，所以他在《人类理智新论》中说：

> 如果两个个体是完全相似和相等的，并且（总之一句话）是凭本身不能区别的，那就不会有什么个体性原则；我甚至敢说在这种条件下就不会有什么个体的区别或不同的个体。就是因为这样，那原子的概念是怪诞的，只是由

---

① 参《莱布尼茨与克拉克论战书信集》，（德）莱布尼茨、（英）克拉克著，陈修斋译，商务印书馆，1999年，第35页。
② 《希腊哲学史》（第一卷），汪子嵩等著，人民出版社，1997年，第1026页。

于人们不完全的想法才产生的。因为如果有原子，也就是说有一些完全坚硬的物体，并且是完全不变的或不能有内部变化的，和彼此只有大小和形状的区别的，则很显然，它们既然可能有同样的形状和大小，那么它们本身就会不能区别，而只能以毫无内在根据的外在的名称加以辨别，这是和理性的最重大原则相违背的。①

我们前面说过，莱布尼茨和牛顿学派的代表克拉克展开过一场大论战，之所以论战，当然是因为观点不一样，其中之一就是原子论，牛顿是基本上接受传统的原子论的，他承认物质是由一种不可分的物质性微粒组成的，他说：

> 考虑了所有这些事物之后，对我说来，似乎可能上帝在开始造物时，就把物质做成实心的、有质量的、坚硬的、不可入的、可运动的粒子，其大小，形状和诸如此类的其他一些性质以及空间上成这样的比例等都最有助于达到他创造它们的目的，这些原始粒子是些固体，比任何由它们组成的多孔的物体都要坚硬得无可比拟；甚至坚硬得永远不会磨损或破裂成碎块，没有任何普通的力最能把上帝自己在最初创世时造出来的那种物体分割。②

不难看出来，莱布尼茨与牛顿之间的观点是截然不同甚至对立的，所以他们之间有论战也是自然而然的。

以上我们讨论的是莱布尼茨单子论的起源以及他对于宇宙物质

---

① 《人类理智新论》，（德）莱布尼茨著，陈修斋译，商务印书馆，1982年，第234—235页。

② 《光学——关于光的反射、折射、拐折和颜色的论文》，周岳明译，科学普及出版社，1988年，第223页。

根本的看法，理解这些对理解莱布尼茨的基本宇宙观是很重要的，而他的单子论实际上也是奠基于这一基本的宇宙观的。

第二节　单子的八大属性

单子论是莱布尼茨最著名的理论，也是他整个理论的一个缩影或者总结，那么什么是单子呢？怎样给它一个定义？这实际上是相当困难的，我们后面会看到，莱布尼茨的单子是相当复杂的，很难简单地定义，当然，要给也不是不可以，那就是单子最原始与基本的身份了，即单子像原子一样，是组成万物最微小的单元，这是他在著作《单子论》里一开始就提出来的：

> 本文讨论的单子并非别的什么东西，而只是包含于复合体中的单一实体。单一实体，即不含多个部分的东西。

这里表明了在莱布尼茨看来，单子是构成复合体——它指的就是一切万物包括上帝——的一种"单一实体"，所谓单一实体，就是说它是不可分割、没有部分的。

倘若只这样地解释，那单子与原子有些相似，这也是我们前面说过的，单子与原子的出发点其实是一样的，即它们都是组成一切万物的某种单元，原子与单子的不同之处在于其具体的性质是不一样的。

对于单子的性质，在莱布尼茨的著作里，我们找到了这样一段话，在此莱布尼茨对单子有一个总的概括：

> 事实上只有实体的原子，也就是实在而绝对没有部分的单元，才是行动的根源，才是构成事物的绝对的最初本原，而且可以说是把实体性的东西分析到最后所得到的元素。

我们可以把它们叫作形而上学的点。[①]

而在另外的著作里,也有一段话,同样整体地解释了单子的性质:

> 没有部分的单子,既不能被制造,也不能被消灭。它们不能以自然的方式产生和结束,因而它们像宇宙一样永恒,作为宇宙,它会变,但不会被毁灭。它们没有形状,否则它们会有部分。因而每个单子自身,在一个特定的时刻,除非通过其内在的特质和活动,就不能把它和其他单子区分开来,这些内在的特质和活动,除了是它的知觉(即复合物,或外在事物在单纯实体中的表象)和欲望(即它的从一个知觉过渡到另一个知觉的倾向)外,不能是别的,这二者是变化的本原。由于实体的单一决非和样态的多样性不一致,这些样态在同样单纯实体中也能同时发现,这些样态必须存在于对外部事物的诸关系的多样性中。它正像就一个中心或点来说,虽然它是完全单纯的,但有一个由线构成的无限数目的角在其中交集。[②]

这两段话都不难懂,我们只要明白了它也就明白了莱布尼茨单子总的特点了。下面我们将结合上面这两段话,结合莱布尼茨对单子的其他论述,来分析一下单子的特点。

我们将分两大部分来分析,一部分是单子的同,即所有单子都具有的共同特点;二是分析单子的异,即不同的单子之间的差异。

首先我们来看第一部分,即所有单子都具有的共性,这些共性

---

① 《新系统及其说明》,(德)莱布尼茨著,陈修斋译,商务印书馆,1999年,第7页。

② 《莱布尼茨自然哲学著作选》,(德)莱布尼茨著,祖庆年译,中国社会科学出版社,1985年,第128页。

也可以说是所有单子都有的特点,总结起来有八个。

在莱布尼茨看来,单子的第一个共性或第一个特点是单子是一种精神实体。

将组成万物的基本单元认为是一种精神性的而非物质性的东西,这也许让人听起来有些不可思议,是相当古怪的。精神性的东西怎么能够组成物质呢?难道世界万物如日月星辰花草树木甚至我们人的身体之类都是由精神的东西组成的不成?这实在太奇怪了,与我们一种最基本的常识都是违背的,也与哲学史与科学史上的传统——从德谟克利特到牛顿——相违背,也难怪这种观点会遭到克拉克等人的大量抨击。

要理解莱布尼茨的这种古怪的观点,我们当超越常识,而从一种逻辑的角度去理解。

前面我们讲过莱布尼茨对传统原子论的批评,其中主要的一点是,在传统的原子论里,原子是一种物质性的东西,莱布尼茨对此是大不以为然的,认为倘若是物质性的东西,则不可能作为组成物质的基本单元,道理很简单——因为物质是无限可分的。所以,这样一来,自然而然地莱布尼茨会认为组成万物的基本单元就必须是精神性的而非物质性的。因此,莱布尼茨认为单子是一种精神实体是一种逻辑的必然,我们从这个角度上理解就对了。

对这种观点之奇异莱布尼茨自己也是承认的,他也曾谈到过它的奇怪性与不可避免性:

> 灵魂或任何别的真正实体,除非由于上帝的全能,否则要从外部接受某种东西是不可能的,我就不知不觉地被引到了一种使我惊讶而又似乎不可避免的见解,而这种见解其实有很大的好处,而且非常地美。这就是,我们应当说,上帝首先创造了灵魂或其他和灵魂同类的实在单元,而一

切都应当从它（灵魂或单元）里面产生出来，就其本身而言完全是自发的，但又与外界事物完全符合。①

看到了吧！当莱布尼茨得到这个结论即一种精神性的"单元"之时——不用说这种单元就是单子了，他自己也是很惊奇的，但觉得这是不可避免的，因为这是一种逻辑的必然，在它看来，这也是很美的，将可以很好地解释"外界事物"。

这时候也许有人还会觉得奇怪，单子既然不是原子那样的物质，只是一种精神性的东西，也就是说，它不具有如我们的身体与头脑一样的物质的形体，那么它自身怎么能够思想，怎么有精神呢？这太荒唐了吧！其实这一点也不荒唐，在我们的心中也许认为形体是思维的器官，没有形体就不能够有思维，因为形体是思维的基础与根源，没有形体思维也就成了无源之水、无本之木了，这是一种典型的唯物主义的看法。但是，我们要知道，在神学或者唯心主义们看来——他们也包括西方哲学家们当中的大部分，没有形体的思维是理所当然的，事实上，思维与形体是截然不同甚至对立的，就像新柏拉图主义者们认为的一样，物质是一种罪恶，无论太一还是理智或者灵魂，都是没有形体的，但都是思维，都能够思维。事实上，对于基督教神学而言，一个最基本的认识之一就是上帝是没有形体的，与物质是无关的，他只是一种纯粹之思，上帝如此，天使亦如此。我们在《圣经》中看到过的显形的天使只是一种比喻性的说明而已，就像斐洛所说的一样。所以莱布尼茨说过这样的话：

> 若干世纪以来，大部分哲学家，凡是认为灵魂和天使（他们认为天使是没有任何形体的）是有思想的，更不必

---

① 《新系统及其说明》，（德）莱布尼茨著，陈修斋译，商务印书馆，1999年，第9页。

说亚里士多德所说的"精灵"了，都承认在一个单纯的东西里面会有一种自发的变化。（同上，66 页）

这个"单纯的东西"在这里就是指单子了，它也是如天使和灵魂一样，是没有形体的，但却可以思想，即一种自发的变化。

与单子的精神性同样基本的是，单子是没有广延性的。

这实际上是一种很自然的观点，单子既然是精神性的东西，当然是没有广延性的，要知道物质与精神之根本区别就在于前者有广延性而后者没有。所以莱布尼茨说：

> 照我看，没有什么东西是单纯的，只有那些真正的单子除外，它们是既没有部分也没有广延的。①

没有广延与没有部分是相关的，我们前面说过，莱布尼茨之所以反对原子论，就在于原子是有广延的物质实体，既然如此就一定可分，也就是说可以分成不同的部分。所以，从莱布尼茨之反对原子可以自然而然地推出来，他的单子一定是不可分的。

正由于不是物质，没有广延、没有部分，不可分，这样一来，就可以推出单子也是没有固定的形状的，他说：

> 在没有部分的所在就不可能有广延，既无形状，也不可分解。我所说的单子是自然界之真正的原子，一言以蔽之：是事物之要素。②

---

① 《莱布尼茨与克拉克论战书信集》，（德）莱布尼茨、（英）克拉克著，陈修斋译，商务印书馆，1999 年，第 64 页。
② 《单子论》，见《神义论》，（德）莱布尼茨著，朱雁冰译，生活·读书·新知三联书店，2007 年，第 481 页。

这句话内容相当丰富，也可以看作是莱布尼茨对原子的简单定义。

单子没有广延是不难理解的，但由此却可以导致一个新问题，就是没有广延的单子是如何可能形成有广延的物质的？这是一个很重要的问题，也可以说是单子论将要面临的一个主要问题：既然单子是精神，精神是无广延的，而物质却是有广延的，这是两者之间最基本的区分，单子以何种方式能够抹平这种区分、由无广延的精神走向有广延的物质呢？

对于这个问题，莱布尼茨是这样说的。他认为，单子虽然是精神性的，但同时也是一种"阻力"，这是一种被动性，正是这一特质才使它成为物质的基础。

单子的这个特点是极为重要的。我们知道，笛卡尔与斯宾诺莎都将广延性看成是物质最根本的特性，所谓广延，简而言之就是物质有体积并且有一种"不可入性"，即不可穿透性，这是其最大的特点。例如我们看到的这些物体，从花草树木到日月星辰，都是如此，当然有人可以说，水可以穿透啊！太阳光更是这样，它们不是物质吗？这是诚然的，但我们在这里先考虑的只是物质那种最普遍的形态，说简单点就是物体，像我们人体这样的"物体"，这才是我们首先要分析的，至于气态与液态的物质，那也可以解释，但是另外的问题。

对于这个问题，莱布尼茨的回答是这样的：所谓广延并非如我们所认为的那样根本，它实际上只是一种我们的感觉，是我们感觉或者说理解物质的方式而不是其本身具有的某种性质，例如我们看到一个红苹果，认为它具有广延性，实际上这只是我们对这个红苹果的理解而已，并非说红苹果自己是广延的。

这种解释是非常深刻的，它涉及我们对于物质本质性的理解，我们也许想当然地认为物体就是我们所看到的那个样子，是一种外在于我们的客观存在，它具有广延性。但实际上，从另一个角度上说，物质也许并不是那样子的，并没有我们所想象的外在客观性，即物质并非一种外在于我们的客观存在，它只是我们心灵的一种印象而已，就像贝克莱所言"存在就是被感知"，或者如叔本华所言"世界是我的表象"，他们的观点有些极端，都不认为物质是一种客观的存在，或者说我们所感觉到的万物并非是一种外在于我们的客观存在，就像我们所理解那样的"物质"那样。这是许多哲学家的共论，从洛克、马勒伯朗士、莱布尼茨到康德都是这么认为的，例如康德，他认为所谓物质实际上是一种神秘而不可知的自在之物与我们的感官相接触而产生出来的结果，在其中我们的主观感官起着基本性的作用，而自在之物也并非一种物质性的东西，我们唯知其存在而已。换言之，物质是一种并非物质性东西的自在之物与我们主观的感觉结合的结果，请问是否可能是我们所认为的外在于我们的客观对象呢？当然不是的。当然，这样的思想并不好理解，但在我看来，能够理解这一点，理解洛克、马勒伯朗士、莱布尼茨与康德为什么如此理解物质决定了一个人哲学悟性可以达到什么样的程度。

回过头来说莱布尼茨，在莱布尼茨看来，广延性不是物质的"客观实在性"，只是我们认识或者感知它们的方式。

于是进一步可以问：这种广延性又是如何形成的呢？不管怎样，我们必须承认物质是具有广延性的，并且有不可入性，这是物质区别于意识的一个主要方面。

对于这个问题，莱布尼茨的回答是这样的：单子之中既有活力，也有阻力，这是单子一种被动的性质，但也是一种重要的性质，他又称之为"质料"，有了这个质料，单子就具有一种"阻抗性"，他又称之为惰性，我们可以将这种惰性理解为懒惰、不想运动。

我们知道，单子是很爱运动的，但并不总是如此，它同时也有惰性，正是这种惰性使之具有了成为物质的基础。还有，在莱布尼茨看来，这种惰性如果以科学的角度看，就是物质的质量，物质都是有质量的,这是物质一个最根本的特性,与广延性一样重要。在莱布尼茨看来,质量就是惰性的表现。他还引用了伟大的开普勒的观点,说这就是物质的"自然惰性":

> 这种由开普勒提出并命名的惰性,笛卡尔在其书信中也曾加以重复,我在《神正论》中也曾用来给人被创造物的自然不圆满性的一种影像,同时也是一种样品,这种惰性只是使得物质增加时速度就减小,但这并没有任何力的减小。①

惰性之外就是不可入性了,当然,这两种又是相互结合的,共同构成了质料另外一类性质,正是这些性质使单子成了物质。

莱布尼茨的这种观点是相当晦涩的,不好理解,主要也许是因为我们似乎很难理解单子的这种双重性:它既是精神性的,但同时却又有质料,具有惰性与不可入性,这二者统一于单子之内。这是一种什么样的情形呢?它显然是不同于古希腊罗马的原子的,如德谟克利特与伊壁鸠鲁的原子论,在他们那里,原子都是物质性的,是构成万物的"原料",但到了莱布尼茨这里,单子主要的已经不是物质性的了,而是精神性的了,物质性甚至都不是次要的,只是一种"附质"——附属的性质,似乎正是这种性质构成了物质。但问题是这种情形似乎是难以想象的。也许我们可以简单地理解成:单子是一种精神与物质的综合体,具有物质的基本特性,例如惰性与不可入性,所以它能构成物质,就这么简单。

在其中精神当然是主导的,在构成物质之中它也是主动的,物质性或者说质料是次级的,它在构成物质之中也是被动的。但我们

---

① 《莱布尼茨与克拉克论战书信集》,(德)莱布尼茨、(英)克拉克著,陈修斋译,商务印书馆,1999年,第91页。

又知道，物质或者说物体是由单子构成的，于是乎自然而然地，物质或者说物体就既有主动性又有被动性，是主动与被动的统一。

这种观点看上去有些玄虚，但实际上很有意思，因为由它可以自然而然地导出对实际万物的分析。我们知道，万物是分等级的，有无生命的石头、有生命但无感觉的植物、有生命有感觉的但无理性的动物，三者皆有的就是人类了。正由于单子既有精神性又有物质性，既有主动性又有被动性，当然就可以方便地构成万物了，例如可以说石头等是普通的被动性的单子构成的，而动物是由比较主动的单子构成的，人类则是最主动的单子所构成的，如此等等。①

那么单子之间有区别吗？当然是有的，我们要知道，在莱布尼茨看来，世界上是没有两个完全相同的事物的，单子也是如此，所有的单子都是不相同的——当然从另外的角度看它们又都是一样的，都是单子。不同的单子当然会构成不同的事物，这是好理解的。我们后面也要说到。

由于单子是没有广延的，而万物是有广延的，这样一来，我们就可以推导出一个简单的结论：任何个体之物——哪怕是最小的物例如一个不到一微米的病毒或者比病毒还要小得多的夸克——都是由无数个单子组成的。可以打个数学的类比，我们知道，任何正数都是零的 N 倍，例如 0.00000000000000001，后面还可以有无数个零，只要它不是 0，那么它必然是 0 的 N 倍，即无数倍。单子的情形也是这样，由于单子是精神实体，没有广延，也就等于说它的广延是 0，体积是 0，这样一来，相对言之，任何个体之物都必定是有体积的，无论这体积是何等之小。因此，任何有体积的个体之物都必然由无数个单子组成。

---

① 参《西洋哲学史》（第四卷），（英）柯普斯登著，邝锦伦、陈明福译，黎明文化事业股份有限公司，1990 年，第 391—392 页。

在这里会产生一个问题，既然都是无限，那么岂不万物都是一样的了？都是由同样数目的单子组成的了？对于这样的说法，莱布尼茨是很反对的，他指出：当我们说一个物体是由无数单子组成的时候，并不是说它真的是由无限个，即现实的无限、真正的无限、无穷无尽的那个无限，对这种无限莱布尼茨是否定的，我们也可以将这种无限看作是绝对的无限，只有上帝才具有这样的无限性。单子组成万物的无限是一种相对的无限，我们可以将把这个无限简单地理解成无法知道限止，即它实际上是有限的，有一个限止或者说数量，但我们不可能知道那个数目究竟为何。这样说吧，我们可以指定任何一个数目，但构成物体的单子的数目一定要大过这个数。——因为它大于任何具体的数，于是我们只能称之为无限。这就是莱布尼茨所说的无限的含义。

根据对无限的这种理解，莱布尼茨进一步说，我们说万物都是由单子构成的，并且任何一物都包含着无限个的单子，但这里的无限本质上而言只是有限，只是我们不知道那个限而已，因此，我们就不能说组成两个物体的单子数目是一样的，那是错误的，因为并不一样，即虽然都是无限，但依旧是不一样的。举个例子吧，我们说某一个红苹果是由无限个单子构成，我们将这个无限说成是 a，那么它的一半呢？半个红苹果的单子数又是多少？当然就是 a 的一半了，它同样是无限。这就是说，我们并不知道一个红苹果究竟是由多少个单子组成的，但它一定是一个数目而不是那种绝对的无限，半个红苹果则是这个数目的一半。尽管我们不知道这个数目，但我们可以知道它是那 a 的一半。

理解这种有限与无限是很重要的，尤其对于我们理解个体之物，因为这样的无限几乎无处不在，不理解它很容易使我们陷入困境，这也是大多数悖论的起源，芝诺的悖论就大都是这样的情形。例如飞矢为何不动？阿基里斯为何追不上乌龟，都是缘于对无限的理解。

一尺之棰,日取共半,万世不竭。因为一尺也是无限,半尺同样是无限,我们迈出去一步就有两尺了,同样是无限,一个身高一米六的人与一个身高两米的人一样,身高都是无限,就像他们都是由无限个单子组成的一样,如何理解这其中的有限与无限,实在是一个深邃无比的问题,甚至是无法理解的。即便莱布尼茨这样说了,其实也并没有解决问题,因为这个问题实际上是不可能解决的,就像康德的物自体一样,处于我们人类的理解能力之外。

在莱布尼茨看来,单子不但是精神性的与无广延的,还是永恒的,他说:

> 也无须担心它的解体,无法想象一个单一实体会以任何一种自然方式沦亡。①

单子的这个特点很好理解,由于单子是精神,它不同于肉体,倒有似于灵魂,怎么会死亡呢? 因此它是永恒的,如同灵魂是永恒的一样。

无论古希腊还是中世纪,一般而论,在哲学家们看来灵魂都是不灭的,特别对于神学家们,灵魂不灭是必不可少的,因为这是上帝进行最后的审判的前提,也是对来世人们敬畏上帝的条件。试想,倘若人死如灯灭,没有灵魂,那谁还怕死后的惩罚呢? 那么人都只要讲究此生的快乐就可以了,我死后,哪管它天诛地灭、洪水滔天! 这样的后果是可想而知的。所以,一般而论,一个基督徒是比较善良的,有时候并不是因为他本性有多善良,而是因为他害怕行了不善良之事,违了《圣经》中上帝的教义,死后他的灵魂将会下到地狱,遭受可怕的永恒之罚。实际上,对于此生的人们与世界,宗教最大的意义往往就在于此:它使此生的人们为善去恶,否则他那不死的

---

① 《单子论》,见《神义论》,(德)莱布尼茨著,朱雁冰译,生活·读书·新知三联书店,2007年,第481页。

灵魂就会在他死后受到天罚。

再来说单子,莱布尼茨关于单子提出的第五个特点是,单子是无窗口的。这是单子一个特别有意思的特点,对此他说:

> 单子没有使某种东西能够借以进出的窗口。偶然的东西不可能脱离实体而游荡于其外,如以往的经院学者们的"感觉心象"做的那样。可见,不论实体还是偶然的东西都不可能从外部进入一个单子之内。(同上,48页)

莱布尼茨在这里的意思是说,无论什么东西都不能够进入单子之内,这些东西都是一种莱布尼茨所说的"创造物"——物体也罢,精神也罢,实体也罢,都是由上帝所创造的东西。在莱布尼茨看来,任何其他的创造物都无法进入单子之内,从而影响单子的运动或者使它发生任何的内部的改变,就像他还说过的:"人们不可能在它的内部移动某种东西;人们也无法理解在它内部会有某种运动被促成、制导、增多或减少。"

这样的结果就是,既然无窗,那么单子之间是不能互相影响的,一切影响来自于上帝:

> 在单一实体中,只发生此一单子对彼一单子之理念上的影响,而这种影响只有经由上帝的干预才可能完成,这就是说,在上帝的理念中每个单子都有理由要求上帝,在他安排其他单子的秩序时从一开始便顾及到它。因为既然一个被创造的单子不可能对另一单子的内部有物理性的影响,所以,此一也只能通过这种手段依附于彼一了。[1]

---

[1] 《单子论》,见《神义论》,(德)莱布尼茨著,朱雁冰译,生活·读书·新知三联书店,2007年,第491页。

不难看出，在这里，莱布尼茨的单子有类于马勒伯朗士的身心，单子之间不能相互作用，犹如身心之间不能相互作用一样。但它们在现实之中似乎存在着的相互作用是怎么来的呢？当然是通过上帝而来的。每当单子之间要相互影响的时候，它们就都会求助于上帝，而上帝也会很好地顾及每个单子，使这种相互的影响在上帝的决定之下完成。

当然，这并不是说，单子随时会向上帝提要求，在莱布尼茨看来，上帝在创造单子之时，也就是创造世界之际，就决定了每个单子在任何时候的任何的要求，因此，当单子向上帝提出什么要求的时候，其实上帝早就做好了安排，满足了它的要求。同时连这个单子所提的这个要求也是上帝早就安排好了的。打个比方说，张三是一个单子，中午他想吃牛排，于是他打电话给妻子，叫她中午给他煎牛排，她就煎了。张三妻子也是单子。看起来好像这两个单子是互相影响的，莱布尼茨说：NO！不是这样的，事实上是，上帝早就决定了在这个时候张三会想吃牛排，会打电话给他妻子。他妻子也早就决定了会在这个时候接张三的电话，会煎牛排。一切都是上帝决定的。实际上张三和他妻子这两个单子之间并无什么相互的影响。——这其实就是我们后面要说的前定和谐。

单子的第六个特点是，每个单子都是宇宙的缩影。

这又是莱布尼茨单子论一个独特之点，所谓单子是宇宙的缩影，即在他看来，每个单子都反映着每个事物的全部，甚至于说，表现着整个的世界，他说：

> 每个单子以自己的方式而成为世界的一面镜子。[1]

---

[1] 《单子论》，见《神义论》，（德）莱布尼茨著，朱雁冰译，生活·读书·新知三联书店，2007年，第494页。

他还说：

> 我发现所有事物都是以在迄今人们所设想的一切之外的方式被决定着和被装饰着的；物质到处都是有机的，丝毫没有虚空的、多余无用的或被忽视的东西，没有什么过于齐一的东西，一切都是千变万化的，但又秩序井然，据有超乎想象之外的是，整个宇宙，都作为缩影，但以不同的光景，在它的每一个部分，甚至在它的每一个实体的单元之中。①

这两段话中显示了三个相关的主题：一是每个单子都反映了整个世界，二是单子充满了世界，且每个单子都是必要的，三是整个世界处于一种有机与有序的结构之中。这三点都是很好理解的，因为整个世界包括单子都是上帝所创造的，并且是前定和谐的，这也就是说它是有机有序的，同时上帝也不会创造一个多余的单子，就像他不会创造多余的无用之物一样，其原因我们上面也说过，即上帝创造任何东西都是有充足理由的，同时任何事物的存在也是有充足理由的，这样一来，就决定了其必不是多余的、可有可无的了。

至于为什么每个单子都是宇宙的缩影、世界的镜子，那也是有原因的。因为单子没有窗口，即它不接受任何别的单子的影响，但同时，原则上，每个单子之间都是可能"看上去"相互影响的，其具体影响到的情形如我们上面所言，有一种"此一单子对彼一单子之理念上的影响"。这就是说，每个单子都是有其理念的，当它想影响一个单子之时，必须先有这样的理念，然后将这种理念"告知"上帝，而上帝会满足这一理念，即根据此一理念去影响别的单子。

---

① 《人类理智新论》，（德）莱布尼茨著，陈修斋译，商务印书馆，1982年，第33—34页。

在这样的情形之下，我们应当想一下：这些单子如何会有那些理念的呢？当然是上帝赋予的。并且，由于原则上每个单子都可以影响任何别的单子，这样一来，一个自然而然的或者说逻辑的必然结论就是，每个单子必须拥有所有的理念，这样它才能产生影响别的单子的理念，并且将此一理念传导给上帝，好通过上帝影响别的单子。

但这时候我们可不要以为莱布尼茨认为每个单子都清楚地了解了一切，知道过去未来的一切，这种表现只对那个最大的、唯一的单子——上帝——是完全意义上的，在一般的单子那里则不是这样的。这样说吧，虽然每个单子确实是整个宇宙的缩影，反映了整个世界，但是，这种反映并不是清楚的——否则的话每个单子就都是上帝了，而是模糊的，对此莱布尼茨说：

> 没有什么东西能够限制一个单子，使它只表现事物的一个部分。当然，它的这种表现不可能清晰地展示出世界之全部多样性，除了事物的一小部分，它始终还是紊乱不清的。这就是说，它只有在那些涉及某一单子时最接近或者最伟大的事物中才是清晰的，不然，每个单子都会成为一个神灵了。①

这就是说，在莱布尼茨看来，每个单子都是一个小宇宙，在它里面囊括了一切：它过去、现在与未来的一切发展都早已经预定在其内，就像上帝所创造的整个宇宙一样。单子的这种内在拥有一切的特性，莱布尼茨称之为是一种原初力。不用说，这种原初力是单子内在与固有的。这种力也独立地决定了单子一切的发展。但这并不意味着单子不受到其他外力的作用，这依然是有的，就像一片树叶，

---

① 《单子论》，见《神义论》，（德）莱布尼茨著，朱雁冰译，生活·读书·新知三联书店，2007年，第493页。

风儿会吹得它摇曳生姿，足球也会被人踢得到处乱滚，这是显然的，但这些都是外力，它也能够作用于单子，但不是决定性的，是派生的。

这时候，我们或许会产生这样的疑问：既然单子是一个小宇宙，其一切发展都已经内在地决定，单子之间本质上也是没有任何交流的，以莱布尼茨的说法，即单子如我们前面所言是"无窗的"，而任何个体之物都是由无数个单子构成的，我们也知道，任何个体之物都是有其结构的，这些结构是有机的、有规则的，这些相互分立、每一个都是独立的宇宙的单子如何能够构成——有机地构成——这些个体之物呢？

至于这样细致而具体的情形，恐怕就是莱布尼茨所不能回答的了，毕竟他不是科学家，而是哲学家，哲学家一般来说只能从宏观与大致的方式解释世界，而深入且细致具体地解释世界则是科学家的事。

若一定要回答的话，可以这样说：因为每个单子都是世界的镜子，而世界万物都是由单子构成的，这也就是说，每个单子早就预定地知道它应当如何构成每一个事物，于是它就这样构成了，这也是上帝早就安排好了的，这就是前定和谐。

与这个单子的无窗以及作为宇宙缩影相应的是，在莱布尼茨看来，所有单子有一种"自我满足性"，这可以说是单子的第七个特点了。莱布尼茨有这样一段话：

> 人们或许可以将一切单一实体或者被创造的单子命名为"隐泰莱希"；因为它们自身含有某种程度的完成。在它们之中有一种使它们成为它们内在活动源泉和成为所谓非形体性的自动装置的自我满足性。（同上，484 页）

这段话的含义看上去有些朦胧，只要我们与单子的无窗以及作为宇宙的缩影结合起来就容易了解了。因为单子是无窗的,并且是宇宙的缩影,因此它在创造之初就已经聚集了整个世界的一切变化,这当然也可以说是一种"完成",也因为它是无窗的,所以它的一切活动都是在内部进行的。也就是说,它的一切活动的根源在于它自身而非外力,这当然也是一种"自我的满足性",又由于单子只是精神的实体,因此它是不具形体的,即具"非形体性",同时这样自我满足、自我运动的单子同样也可以说是一种"自动装置"。就像一架机器倘若自己能够运动,那么它当然是一架自动机器,是一种"自动装置"了。

至于引文中的那个"隐泰莱希",其实就是亚里士多德所称的形式,莱布尼茨还这样说过:

> 亚里士多德称这些形式为第一隐德莱希,我则称之为原始的力,或者更可以理解,它不但包含着实现或可能性的完成,而且还包含着一种原始的活动。[①]

因此,所谓"隐泰莱希"指的就是一种运动之力,并且是一种原始的固有的力,在莱布尼茨看来,甚至可以说单子就是这种力,因为单子是一种不停地运动的精神实体,这种固有的运动是单子一切活动的基础,也是单子自我满足性的源泉。

由此我们就可以得到单子的第八个也是最后一个特点了,即每个单子随时都在运动变化的,对此莱布尼茨说:

> 我认为确定无疑的是,每个被创造的本质,因而也包括被创造的单子都经受着变化,甚至可以说这种变化一直

[①] 《新系统及其说明》,(德)莱布尼茨著,陈修斋译,商务印书馆,1999年,第3页。

在每一个单子中进行着。（同上，482 页）

这个意思很清楚，就是说在每个单子里，随时都有变化在进行着，在莱布尼茨看来，这是单子的一种本质。换言之就是，没有静止的单子。

理解这一点就更加容易了，我们既可以从上面的每个单子都是"隐泰莱希"去理解，甚至可以从现实的物质世界去理解。对于这个世界，是不是一切都是在运动着的？当然是的。对于我们每个人，是不是随时都在运动着的？当然是的，即使我们晚上在睡觉，似乎是静止的，但是地球带着我们每时每刻都在运动，所谓"坐地日行八万里，巡天遥看一千河"。还有，在我们的体内，我们的每个细胞、组成细胞的每个分子又怎么会有休息的时候呢？它们也随时都在变化着、运动着。

此外，对于我们，实际上还有一种随时随地都在的运动、一种不可能以任何一种方式停止的运动，那就是我们的生命运动。因为自从我们诞生之时起，我们的生命就每一分钟都在运动，这既是一种生命运动，也是一种死亡运动——朝向死亡的运动，就如海德格尔所言，我们生命是"先行到死中去"，或者更加通畅地称为"向死存在""向死而在"。

有生命的人如此，无生命的东西亦是如此，因为任何东西都不是永恒的，当其诞生之日，便是走向毁灭之时，这是必然的，这就是其生命的运动。这种变化是一切事物最根本的变化。

当然，这时候也许有人说：单子是永恒的啊！从这个角度上说，它应该没有死的生命运动才是。

倘若要从这个角度理解的话，我们就要从单子上面所说的每个单子都是世界的一面镜子看了。既然每个单子都是世界的一面镜子，在它里面缩影着整个世界的一切事物，请问有没有一个时候，整个世界的所有事物都静止呢？显然没有！这样一来，就是说每个单子内部是随时都在运动变化的，并且这种运动变化的力量来自单子的内部。

以上就是所有单子都有的八大共性了，还可能有其他的，要知道单子是非常复杂的。

不过，这并不说明所有单子都是一样的，我们前面就说过，莱布尼茨认为世界上并无两个完全相同之物，这就决定了每个单子都是不一样的，正如每个事物都是不一样的。就像莱布尼茨所言：

> 每一个单子甚至必然有别于其他任何一个单子，因为在自然界中绝没有两个完全一样的本质。（同上）

绝没有两个完全一样的本质，意思就是，自然界中绝没有两个东西的本质是完全一样的，事物如此，单子亦如此。

那么，单子之间究竟有什么样的差异呢？

对于单子的差异，最简单的答案就是质的不同。在莱布尼茨看来，单子是没有量的，也不能够用量去描述单子，例如它有几克几公斤，或者多长多重之类，要知道单子是精神实体，是不可能用这样的量去计量的。这样一来，单子之间的差异当然就只剩下质了，就如上面所言，每个单子的质都是不一样的，所以莱布尼茨如此说：

> 假若诸单子没有质，它们就不能相互区别开来；因为它们原本就不存在量的差别。（同上）

除了抽象的质的不同外，莱布尼茨还说过单子之间有某种具体的不同，即圆满性不同：

> 我在这体系所提出的诸实体的单一性中，以及由"原

始实体"所确定的诸实体的前定和谐中，找到了事物的真正原则。我在其中发现了一种惊人的单纯性和齐一性，以致我们可以说这种实体到处和永远是一样的，只是在圆满性的程度上有所差别。①

莱布尼茨在这里所指的"这种实体"当然就是单子了，所有单子都是一样的，即具有我们前面所说的各种共性，但它们也有一个质的区分，那就是圆满性的区别，这个圆满性指的就是单子的质，更具体地应当是我们在前面说单子是整个宇宙的缩影时所说的，每个单子虽然反映了整个宇宙，但这种反映是模糊的，而且模糊的程度在不同的单子之间是不同的，这也就是它们之间质的不同，也是圆满性的不同。这实际上我们前面已经说过了，我们前面说过，在莱布尼茨看来，构成人的灵魂与肉体是不同的单子，其中构成灵魂的单子是主导性的单子，相对而言，构成肉体的单子就比较次要了。因此，人的灵魂是高于肉体的。换言之，构成灵魂的单子的圆满性显然是要高于构成肉体的单子的。②

以上就是单子之间的差异了，这差异简言之就是所有单子都没有量的差异，因为它们是没有量的，但却有着质的不同，至于哪些质的不同，具体而言大致就只有一个了，就是圆满性不一样。显然单子之间的差异远小于它们之间的共性，不过，从另外一个角度来说，那差异是更为根本而广泛的，因为如我们前面说过的一样，每一个单子都是不一样的，这就是它们之间最大的差异了。

通过以上这些分析，我们可以将单子的各种性质统一起来，也

---

① 《人类理智新论》，（德）莱布尼茨著，陈修斋译，商务印书馆，1982年，第31—32页。

② 参《新系统及其说明》，（德）莱布尼茨著，陈修斋译，商务印书馆，1999年，第4页。

可以看到莱布尼茨的理论是一种相当圆满、有着内在坚强逻辑的理论，只是这种内在的逻辑性并不好理解，理解之要很费一番精神，而且要有一定的哲学天赋才成。

还有，在前面的引文中还有一个"原始实体"，根据文中的分析，由于它确定了诸实体的"前定和谐"，所以指的应该就是上帝了。他也是最圆满的单子，最清晰地反映着整个世界，也是万物不二的创造者。

我们下面就要来讲这个前定和谐，这是莱布尼茨最引人注目的思想之一。

第八章　前定和谐

单子论之后,我们来讲莱布尼茨很有名的另一个理念:前定和谐。

前定和谐不但可能是莱布尼茨最有名的理论,也是引起争议最多、或者说遭到批评最多的理论,许多批判都是很尖刻的,其中最有名的来自伟大的伏尔泰。

伏尔泰在1759年发表了长篇哲理小说《老实人或乐观主义》,一般就译为《老实人》,被认为是对莱布尼茨前定和谐思想的尖刻嘲讽,小说第一章中就有这样一段话:

> 邦葛罗斯教的是一种包罗玄学、神学、宇宙学的学问。他很巧妙的证明天下有果必有因,又证明在此最完美的世界上男爵的宫堡是最美的宫堡,男爵夫人是天底下好到不能再好的男爵夫人。
>
> 他说:"显而易见,事无大小,皆系定数,万物既皆有归宿,此归宿自必为最美满的归宿。岂不见鼻子是长来戴眼镜的吗?所以我们有眼镜。身上安放两条腿是为穿长袜的,所以我们有长袜。石头是要人开凿,盖造宫堡的,所以男爵大人有一座美轮美奂的宫堡,本省最有地位的男爵不是应当住得最好吗?猪是生来给人吃的,所以我们终年吃猪肉,谁要说一切皆善简直是胡扯,应当说尽善尽美才对。"

老实人一心一意地听着，好不天真地相信着，因为他觉得居内贡小姐美丽无比，虽则从来没胆子敢对她这么说。他认定第一等福气是生为男爵；第二等福气是生为居内贡小姐；第三等福气是天天看到小姐；第四等福气是听到邦葛罗斯大师的高论。①

伏尔泰这番话就是用来讽刺莱布尼茨的前定和谐说的，而且不是瞎说，他所针对的莱布尼茨的前定和谐确实有着这样的观念：我们这个世界是一切世界中最好的世界，即使有人遭受不幸，有好人也有坏人，有人地位高有人地位低，都是如此，都表明着世界的美好，莱布尼茨曾这样说：

> 有恶存在的世界可能比一个没有恶存在的世界更好。不过，我在书中走得更远，我甚至指出，这个宇宙事实上必然比其他任何一个可能的宇宙更好。②

第一节　究竟什么是前定和谐

何谓前定和谐？顾名思义，前定和谐首先是一种和谐，然后这种和谐是前定的，前定，就是注定，即这种和谐是早就注定的，这就是前定和谐的基本含义。

所以我们要理解前定和谐就要从这两个角度去理解，首先理解和谐，其次要理解前定，理解这两者之后，将之综合起来就可以理

---

① 《伏尔泰小说选》，（法）伏尔泰著，傅雷译，人民文学出版社，1980年，第78—79页。

② 《附录一：争论问题的形式论证——本书争论要点概述》，见《神义论》，（德）莱布尼茨著，朱雁冰译，生活·读书·新知三联书店，2007年，第436页。

解前定和谐了。其中前定是好理解的,所谓前定简言之就是注定,即这种和谐是早就注定好了的。这样一来我们就主要从和谐来理解这个前定和谐了。

要理解和谐,我们首先当从美或者说好这个角度去理解。

我们前面说过,莱布尼茨有一个基本观点,认为上帝所创造的这个世界是最好的世界。这可以说是他对于这个世界的一种基本的理解,他说:

> 等到你们更熟悉这个世界,尤其仔细观察到那构成一个完美整体的各个部分(犹如有机的躯体)时,你们便会从中发现一种超过一切想象的精巧和美。①

这种理解与奥古斯丁对世界的理解颇为相似,我们前面已经多次提及了,这里不再赘述。

为什么这个世界是美的呢?原因当然很简单,因为这个世界是上帝创造的,作为万能、智慧且至善的上帝,他当然会创造一个美好的世界,关于这一点前面我们在讲充足理由律时已经说过了。莱布尼茨对此还打了一个比喻,就是将上帝比作一位能工巧匠:

> 自然是如此依赖于一位工匠,他是太完美了,不至于做出一个作品竟需要修理。诚然自然中每一特殊的机器是以某种方式会被弄坏的,但整个宇宙则不是这样,它是不会减少圆满性的。②

---

① 《神义论》,(德)莱布尼茨著,朱雁冰译,生活·读书·新知三联书店,2007年,第270页。

② 《莱布尼茨与克拉克论战书信集》,(德)莱布尼茨、(英)克拉克著,陈修斋译,商务印书馆,1999年,第37—38页。

上帝既然是一个"完美的"工匠,当然会打造一个完美的世界,倘若不如此,如何能够说明他是完美的呢?或者说如何能够说明他是万能的至善的上帝呢?这道理是很明显的。因此,这个由上帝所创造的世界必定是美的,甚至完美的。

世界是美的,换言之就是说,这个世界是和谐的,因为美之本质实际上就是和谐,和谐就是美,美就是和谐。

这是从对世界之美与和谐一种本质意义上的分析。

从更加具体的含义上说,和谐就是协调了,即如我们后面马上要讲的"所有这些实体之间就会有一种完全的协调"。

此外,我们还可以从发展的角度去理解前定和谐。就是说,整个宇宙及其万物在被创造之始就决定了其是和谐的,这样一来,上帝创造万物之后,万物整个的发展,哪怕是最细小的变化,都已经在上帝的预先设定之中,上帝明察秋毫,掌控着一切。这是前定和谐一种更加深刻,也更具莱布尼茨特色的观念。

这个观念可以从前面讲过的单子论中得出来。

我们说过,在莱布尼茨看来,每个单子都是不一样的,是一个小宇宙,在它里面囊括了一切:它过去现在与未来的一切发展都早已经预定在其内,就像上帝所创造的整个宇宙一样。单子的这种内在拥有一切的特性,莱布尼茨称之为是一种原初力。[1] 不用说,这种原初力是单子内在与固有的,甚至单子本身就是这样的力。这种力也独立地决定了单子一切的发展。当然,这并不意味着单子不受到其他外力的作用,这依然是有的,就像一片树叶,风儿会吹得它摇曳生姿,足球也会被人踢得到处乱滚,这是显然的,但这些都是外力,它也能够作用于单子,但不是决定性的,是派生的。

---

[1] 参《新系统及其说明》,(德)莱布尼茨著,陈修斋译,商务印书馆,1999年,第3页。

这时候，我们或许会产生这样的疑问：既然单子是一个小宇宙，其一切发展都已经内在地决定，单子之间本质上也是没有任何交流的，如我们前面说过的，单子是"无窗的"，而任何个体之物都是由无数个单子构成的，我们也知道，任何个体之物都是有其结构的，这些结构是有机的、有规则的，这些相互分立、每一个都是独立的宇宙的单子如何能够有机地构成这些个体之物呢？

对于这个问题，莱布尼茨回答道，那是上帝的"前定"，即上帝在创造世界之初，就决定了这些单子要这样地构造万物，上帝不但创造和决定了单子本身，同样决定了单子如何构造万物。而上帝，由于他必是以完美的方式去创造世界的，因此，他决定单子如何构造万物的时候，当然会使单子以一种和谐的与完美的方式构造万物。即每个个体之物的结构都是和谐的，同样地，整个世界也同样是和谐的与完美的，是井井有条、井然有序的。

进一步地，这个完美与井井有条不但是针对创造之时的，也是针对任何时候的，即在整个宇宙的发展过程之中，当无数的新事物诞生之后，也是遵循着上帝早就决定了的那个发展程序的。

因此，要理解莱布尼茨的前定和谐思想，就要把握其中的一个核心，就是要从发展的角度去理解。在莱布尼茨看来，整个宇宙由于是前定和谐的，因此之故，整个宇宙和一切万物都已经被上帝在创造世界之初就决定了，这样说吧，即使是一片落叶，它何时落地，也是由上帝决定了的，当然，它何时生长也同样如此，树叶如此，一切皆如此，这就是前定和谐的核心含义。

这样一来，就导致了另一个结果，我们这里也要说上一说，这就是莱布尼茨对因果关系的认识。

在莱布尼茨看来，我们所说的因果关系，即由因决定果，是不存在的，因为一切都是上帝决定的，所以，一般的因当然不能决定果——因为上帝是唯一的因。例如吧，在太阳照与石头热之间似乎是有因果关系的,即石头热是太阳晒的结果,但在莱布尼茨看来并非如此,之所以太阳晒之后出现了石头热,那只是上帝决定了这两种现象的前后相随,如此而已,并不说明二者之间有因果关系。就像单子一样,单子是没有窗口的,但自创造之初,单子之内就蕴含了一切未来的变化,因此,使得单子似乎可以相互影响,甚至有因果关系。单子如此,事物之间亦是如此。

一个更特别的例子就是我们的灵魂与身体。一般而论的观点是,灵魂决定了身体,或者说心决定了身,至少是身体的运动,当我的心有什么想法,例如想要移动一下胳膊肘时,我的胳膊肘就动了,这似乎显然说明了心是可以控制身体的。这二者之间的因果关系似乎很明显吧!但在莱布尼茨看来并非如此,心的想要胳膊肘动与胳膊肘的动之间同样并无因果关系,它们只是存在着一种相互协调的关系,即当心有了移动胳膊肘这个想法时,胳膊肘就移动了,在二者之间有一种相互协调的关系,例如有了前者就有了后者,只有这种协调关系而已,并无因果的关系,即心之要胳膊肘动并没有导致胳膊肘的动。如莱布尼茨所言:

> 灵魂既对身体并无直接的影响,身体对灵魂也无直接影响。它们的彼此符合呼应是不能用在场来解释的。[①]

这种思想显然是受到了我们前面分析过的马勒伯朗士对身心关系的理解之影响而来的,关于莱布尼茨对于身心关系的理解我们后面还会有专门的分析。

以上我们解释了什么是前定和谐,并且说明了理解前定和谐的核心就是要从发展的角度去理解,现在来进一步从这个角度分析事

---

① 《莱布尼茨与克拉克论战书信集》,(德)莱布尼茨、(英)克拉克著,陈修斋译,商务印书馆,1999年,第8—9页。

物与世界为什么会是前定和谐的。

我们前面说过,莱布尼茨认为,每一个单子都是宇宙的缩影,像一面镜子一样反映着整个的世界,这样就导致了两个结论:

一是单子之中蕴含着事物的发展。

我们上面说过,单子是无窗的。当上帝创造单子之后,就在每一个单子之中置入了整个宇宙的一切发展,这样就使得单子虽然没有窗子,也能够相互影响,就像我前面举过的张三叫他妻子煎牛排的例子一样,实际上,上帝创造万物之后,已经创造了单子以及万物此后整个的发展变化。莱布尼茨的说法是:

> 一个单一实体的每一种当前的状态自然地是它先前的状态的结果,同样,在它之内当前也孕育着未来。①

二是这种变化是和谐的。

由于上帝早就将单子的一切变化都创造于每个单子之内,当别的单子在发展之时,在产生貌似的单子之间的相互影响时,实际上这并不是真的相互影响,而是上帝早就将那影响的结果创造于所有单子之内了。这样就使得单子之间的一切活动与影响都显得是自然而和谐的。还是举上面用过的张三妻子为他煎牛排的例子吧,当张三叫他妻子煎牛排后,他妻子就把牛排煎好了。他们之间的关系是不是很和谐呢?当然是的。如果把张三夫妻比作两个单子的话,他们之间的和谐就有如单子之间的和谐。就像莱布尼茨在《新系统及其说明》所言:

> 正是由于那使得每一实体都以它自己的方式并依照着

---

① 《单子论》,见《神义论》,(德)莱布尼茨著,朱雁冰译,生活·读书·新知三联书店,2007年,第485页。

一定的观点准确地表象着全宇宙这一情况，并由于对外物的知觉或表现，在某一特定的点并因灵魂本身的法则而到达灵魂之中，就像在一个分离独立的世界之中，并且好像除了上帝和它自己之外就没有别的东西存在似的（姑且用一位心灵高尚并以虔敬圣洁著名的人的说法），因而在所有这些实体之间就会有一种完全的协调。

这里莱布尼茨所指的"心灵高尚并以虔敬圣洁著名的人"可能是一个叫傅歇的法国哲学家，莱布尼茨曾经和他通信。（同上，22页）不过这不重要，重要的是引文中的内容，它所说的正是我们上面所描述的单子之间的那种协调，这种协调来自于"每一实体都以它自己的方式并依照着一定的观点准确地表象着全宇宙这一情况"。

这时候，有人也许会说：若是张三妻子不肯为他煎牛排呢？——这在生活中是完全可能的，对这样的疑问可以如此回答：无论煎或者不煎都是一种和谐，例如张三叫妻子帮他煎牛排，妻子说："不行！"这也是一种和谐，这就是他们之间行动的一致性，一个叫煎，另一个拒绝煎。是不是有着时间与行动节奏的协调性呢？当然是有的。这种协调同样是上帝决定的、前定的。是上帝在创造万物之先就决定了将来会有一个张三，他在某时会叫他妻子帮他煎牛排，而他妻子会拒绝。这同样是一种协调，是一种前定的和谐。

我这样说可能还是会有人不服，怎么张三妻子拒绝为他煎牛排也是一种和谐呢？这明明不是和谐嘛！

这样的质问是很有力量的，我们且来看莱布尼茨是怎样回答的。

第二节 这是最好的世界

为什么这个世界是和谐的,或者说为什么这是一个最好的世界,可以从两个角度进行回答。

首先是在莱布尼茨看来,这个世界注定是最好的世界:

> 既然上帝创造了宇宙,便不可能使它变得更好。这种行事方法绝不违背慈善,相反,恰恰正是至高的慈善规定他如此行事。①

也就是说,这个世界是一个完美的、最好的世界,这是由我们一开始就说过的充足理由律、完美律以及道德律等决定的,简而言之就是因为上帝是智慧的、至善的,因此他必定会创造一个最完美的世界。这样一来,就可以自然而然地得到这个结论:即使张三妻子拒绝为他煎牛排,这同样是一种和谐,因为上帝决定了一切的前定和谐,决定了这个世界必然是最美好的。这就像一个简单的描述性句子,我指着一筐梨说:"这里面的梨都是好梨。"而我这句话是正确的,于是由此可以得出:这筐子里的每个梨都是好梨。这是一个简单而正确的逻辑结论。

第二个角度就涉及对"和谐"的另一种理解,一种有类于善与恶的理解了,即在莱布尼茨看来,恶是一种必须,也是和谐的组成部分,就像我们上面引用过的文字所说的一样:"有恶存在的世界可能比一个没有恶存在的世界更好。"因此之故,我们可以将张三妻子拒绝为他煎牛排看成是一种"恶",而将张三妻子愿意为他煎牛排看成是一种"善",这两种情形其实都是和谐的一部分,从这

---

① 《附录一:争论问题的形式论证——本书争论要点概述》,见《神义论》,(德)莱布尼茨著,朱雁冰译,生活·读书·新知三联书店,2007年,第445页。

个角度上说,它们也就都是一种和谐了。因为它们是宇宙整体的和谐的组成部分。这样就回到了前面一节中那个简单的逻辑结论了。

至于为什么恶是必要的,是和谐的必要之组成,我们在后面专门分析善与恶时也会说到。

还有,我在这里将张三夫妻两口子用来和两个单子相比,好像有些不对劲。但实际上没有什么不对劲的,在莱布尼茨看来,由于所有物体包括人都是由单子组成的,因此单子的许多属性也完全可以用之于人,特别是单子之间的关系亦如人与人之间的关系,甚至于所有事物之间的关系,无不如此,它们之间的关系就如单子一样,是相互适应、前定和谐的,同样地每一个事物都反映着其他的事物,并且每一个都像单子一样,是整个世界的一面镜子:

> 所有创造物与其他每一个创造物、每一个创造物与其他所有创造物的这种联系或者相互适应,使每一个单一实体拥有所有其余实体借以得到表达的关系,使它因此而成为世界的一面恒久的、生动的镜子。①

我们只要从这个角度去理解万物,即像理解单子一样理解万物,就不但能够理解单子,还能够理解万物、理解世界、理解莱布尼茨的整个哲学之核心,理解前定和谐就更不在话下了。

除了上面的方式之外,我们还可以从另一个角度理解为什么会有前定和谐或者理解前定和谐有什么好处,那就是在莱布尼茨看来,前定和谐是上帝创造世界时最"省力"的法子。

我们说过,莱布尼茨曾将上帝比作一位能工巧匠,更具体地还可以比作一个泥瓦匠或者建筑师,当他们在设计建筑一座房子时,

---

① 《单子论》,见《神义论》,(德)莱布尼茨著,朱雁冰译,生活·读书·新知三联书店,2007年,第492页。

会怎样做呢？当然会用最简单便捷的方法去做，即不但要美，而且要简单，这都是不可缺少的，倘若只讲美的话，那么上帝就应该创造一个与我们存在着许多丑与恶的现实世界完全不同的世界了，创造一个完美无比的世界了，莱布尼茨认为，这样一来就不是最省力的、最简单便捷的方式了。因此，上帝的实际创造活动必定是在最完美与最省力、最简单便捷之间的一个折中，以这样的方式创造我们所在的真实的、实际上并不完美的世界。

但从另一个角度上说，这个不完美的世界又是一个完美的世界，因为它是上帝以最简捷有效的方式创造的世界，因此，可以说它是上帝所创造的一个尽可能完美的世界：

> 必须认定，上帝从并非绝对必然的普遍规则之中所选出者那些最自然的、最容易得到解释而又最适于用来解释其他事物的规则。这显然是最美和最令人满意者，即便前定和谐体系由于它消除多余的奇迹而在其他方面并不具有必然性，但上帝却会由于它是最和谐的体系而必定选择它。上帝的方法是最便捷的和最稳妥的，因为他所选择的规则相互之间最少限制。同样，这些规则在涉及到方法是否简便时也是最有成效的；这正如人们在谈到一幢房子的时候所说的，这是以同样的成本所能够建造的最好的房子。人们甚至可以将这两个条件，即简便和富有成效归结为唯一一个优点，即造成最大可能的完美，因而在这一点上，尊敬的马勒伯朗士神甫的体系可以归结到我的体系之上。①

这段话比较长，内容简而言之就是我上面的分析了。至于后一

---

① 《神义论》，（德）莱布尼茨著，朱雁冰译，生活·读书·新知三联书店，2007年，第281页。

句,说"尊敬的马勒伯朗士神甫的体系可以归结到我的体系之上",这有两层意思,一是莱布尼茨是接受马勒伯朗士的基本观念的,这我们上面说过了,莱布尼茨敌人众多,但却是非常尊敬马勒伯朗士的,也基本上认同他的哲学。二是莱布尼茨认为他的体系要高于马勒伯朗士,因为他的体系可以包含马勒伯朗士的。

莱布尼茨这样说可不是吹牛,事实上,莱布尼茨的许多理性的确是奠基于马勒伯朗士的相关理论并且可将之概括于内。

例如我们前面说过,在马勒伯朗士看来,万物并不是在创造之后就不需要神了,而是每时每刻都需要神的,宇宙万物持续性地存在是因为神持续地有着这样的意愿,倘若神有片刻不需要万物,那么万物也将灭亡。从这个角度上说,神是随时都在不停地创造万物的,而万物也因此而得以持续地保存。① 这就和莱布尼茨的思想特别是他的前定和谐思想是一致的,只是莱布尼茨的思想比马勒伯朗士的听上去要更加有道理,也更显可信并具系统性。

还有,在马勒伯朗士看来,上帝同样必须受到某些规则的约束。因为这些规则就如上帝本身一样,也是永恒而不变的、必然的,且是源自于上帝的。上帝就像个最讲信用的人一样,言出如山,所谓"季布无二诺,侯嬴重一言"。既然他制订了这些规则,那么他自己就会以身作则,也遵守这些规则。这样一来,上帝就会不得不遵守这些规则了②。这些思想,都和莱布尼茨的思想是一致的,并且是早于莱布尼茨提出的,后来莱布尼茨深化了它们,将这些观点纳入自己的体系之中。因此他才敢说"尊敬的马勒伯朗士神甫的体系可以归

---

① 《马勒伯朗士的"神"的观念和朱熹的"理"的观念》,庞景仁著,冯俊译,商务印书馆,2005年,第56页。

② 参《一个基督教哲学家和一个中国哲学家的对话——论上帝的存在和本性》,《马勒伯朗士的"神"的观念和朱熹的"理"的观念》,庞景仁著,冯俊译,商务印书馆,2005年,第222页。

结到我的体系之上"。

我们说过,提出前定和谐之后,莱布尼茨因之遭到了很多的批判,但在我看来,这些批判大都是没有很好地理解莱布尼茨思想的结果,甚至于是一种误会,因此在这里要提出来说一说。

这些批判中的典型是伏尔泰的,他认为莱布尼茨的前定和谐学说指世界上的一切都是美的,都是好的,认为这样的说法对于那些达官贵人当然是很好很美的,但对于穷人呢?对于那些遭受着各种不公平待遇的人们呢?难道这也是美的好的?进一步地,难道要他们逆来顺受地将他们悲惨的命运看作是上天的安排,不但是合理的,而且是和谐的、美的吗?伏尔泰认为这当然是不合理的!简直太岂有此理了,他为广大的贫苦大众抱不平,因此才在小说中对莱布尼茨进行了辛辣的讽刺。

其实不但伏尔泰如此,许多哲学家也是如此,例如罗素,他是这样评价莱布尼茨的:

> 莱布尼兹是一个千古绝伦的大智者,但是按他这个人来讲却不值得敬佩。的确,在一名未来的雇员的推荐书里大家希望提到的优良品质,他样样具备:他勤勉、俭朴、有节制、在财务上诚实。但是他完全欠缺在斯宾诺莎身上表现得很显著的那些崇高的哲学品德。他的最精湛的思想并不是会给他博来声望的一种思想,那么他就把这类思想的记载束置高阁不发表。他所发表的都是蓄意要讨王公后妃们嘉赏的东西。结果,便有了两个可以认为代表莱布尼兹的哲学体系:一个体系讲乐观、守正统、玄虚离奇而又浅薄;另一个体系是相当晚近的编订者们从他的手稿中慢慢发掘出来的,这个体系内容深奥、条理一贯、富于斯宾诺莎风格,并且有惊人的逻辑性。杜撰所谓现世界即一切

可能有的世界当中最善的世界这一说的，是流俗的莱布尼兹（F·H·布莱德雷给这说法加上一句讥诮的案语："因此这世界中的一切事情都是注定的恶事。"），伏尔泰勾画成邦格乐思博士的嘴脸来嘲弄的，也是这个莱布尼兹。忽略这个莱布尼兹，可说不合历史事实，但是另一个莱布尼兹在哲学上重要得多。①

针对前定和谐说，罗素在《西方哲学史》（下卷）中还说：

> 这套道理明显中了普鲁士王后的心意。她的农奴继续忍着恶，而她继续享受善，有一个伟大的哲学家保证这件事公道合理，真令人快慰。②

这些话中对莱布尼茨的哲学有褒有贬，但总的来说贬多于褒。其中当然有罗素站在英国人的角度，对和牛顿有过史上有名的大争论的莱布尼茨是不大会有好感的，但主要原因还是哲学上的，他认为莱布尼茨的某些理论——主要就是前定和谐理论——是他用来"蓄意要讨王公后妃们嘉赏的东西"，它"讲乐观、守正统、玄虚离奇而又浅薄"，是杜撰的、庸俗的。还认为这一理论的结果就是要让和莱布尼茨关系很好的普鲁士王后的农奴"继续忍着恶，而她继续享受善"，因而是不公平的，甚至是不道义的。

但在我看来，罗素这种观点是如伏尔泰一样为了迎合相反的人们的需要，就是那些生活过得不如意的人们的需要，从这个角度上说，也是"流俗"的，只是对象不同而已。实际上，莱布尼茨的这种观

---

① 《西方哲学史》（下卷），（英）罗素著，何兆武、李约瑟译，商务印书馆，1976年，第106—107页。

② 《西方哲学史》（下卷），（英）罗素著，何兆武、李约瑟译，商务印书馆，1976年，第117页。

点不是这么简单的,即莱布尼茨并不是为了要讨好什么人而提出来了前定和谐的思想,而是从他对世界的沉思之中、从逻辑的角度甚至对前人思想的思索之中不得不提出这样的思想,因此这个思想是一种理性与逻辑的必然结果。这我们在前面的分析之中可以明显地看出来,例如莱布尼茨哲学的基础性理论充足理由律以及与之相关的对上帝的理解还有完美律以及单子论等,都很自然地甚至必然地导致前定和谐的思想。

不止于此,他对前人思想的沉思也会导致这种结果,例如他对笛卡尔与马勒伯朗士关于身心关系理论的理解与发展就会自然而然地导致他的前定和谐思想,关于这一点我们后面讲莱布尼茨的身心关系理论时还要说。

还有,其实莱布尼茨本人也注意到了他的理论可能导致的对现实世界解释的后果,包括伏尔泰与罗素讽刺的后果,而且他也提出来了相应的解释,例如对恶与苦难的必要性与必然性的分析。这些我们后面都会谈到。但在我这里或许可以简单地问一下伏尔泰与罗素:

> 难道一个世界必须或者应当没有苦难、没有穷人,人人都是富有而幸福的才是和谐的吗?现实的吗?请问这样的世界是可能的吗?现实的吗?显然是不可能的,我们凭膝盖想想就知道,永远不可能存在着这样的世界:这个世界没有一切的苦难,没有病痛,没有穷人,没有丑人,没有不道德的行为,没有犯罪,人人自由、富有、幸福、美丽、健康、正直善良、遵纪守法,这种世界才是最不现实也最不和谐的。因为和谐的本质是什么?就是两种状态的协同,是高与低、美与丑、善与恶、贫与富、幸福与不幸的综合,是各种差异与可能性的综合,是人各种本质与各种特色的综合,没有一者就没有另一者,这既是一个哲学

中的辩证法问题，也是一个简单的常识问题，甚至是一个由自然规律所决定的问题，例如人天生的美与丑、疾病与健康、聪明与愚蠢，它们都是人幸福与不幸的重要根源，请问这个根源能够去除吗？还有，什么是人的本性？难道人的本性之中只有善吗？那为什么需要法律？法律的本质又是什么？倘若存在着前面所说的那么美好的世界，那么有一天法律都是不需要的了，这可能吗？

罗素是智慧的，却令人遗憾地没有看到人类社会的另一面、更加本质而具广泛性的一面。——但这并不奇怪，因为最简单的真理往往是最难发现的，我上面所说的话就是一个最简单的真理，也是很多哲学家没有发现的真理。关于它完全可以写一部大大的书来，主题就是"论痛苦、丑与恶之必要"。

第三节　应该如何认识前定和谐

回到莱布尼茨的理论，在我看来，就是我们不应当仅仅依据莱布尼茨前定和谐的具体内容去判定其合理性，而要从理论的深度、从理性的角度去看待。

罗素自己也可能意识到了这一点，因此在他的另一部比《西方哲学史》更加专业的哲学著作《对莱布尼茨哲学的批评性解释》中，对莱布尼茨的几乎所有理论都进行了系统的分析与批判，但唯独缺乏对前定和谐理论的专门系统的批判。而根据他在《西方哲学史》中对莱布尼茨的批评，他本应花费最大的篇幅这样做。

还有，虽然罗素对莱布尼茨很有研究，但他的解释之中也有矛盾，例如他一方面认为：

莱布尼茨的哲学，虽然从来不曾作为一个系统的整体呈现于世人，然而，正如细心考察所表明的，却是一个异乎寻常地完整的和连贯的体系。①

同时又说：

> 我坚信，莱布尼茨哲学包含着两种不一致性。其中之一是容易消除的，而另一种则对于类似单子论的任何一种哲学来说都是本质的，必不可少的。第一种不一致性仅仅是由于不敢承认莱布尼茨时代流行意见所害怕的结论而产生的；这些意见中有主张原罪，主张上帝存在的本体论证明等。凡这种不一致被发现的地方，我们就不顾王公们的态度，而径直得出莱布尼茨予以回避的结论。而且，在这样做了之后我们就将发现，莱布尼茨的哲学几乎完全是由很少几个前提推演出来的。他的体系能够正确而必然地从这些前提推演出来，这既是莱布尼茨哲学的卓越之处，也是他对哲学作出的恒久性贡献。但是，正是在这种推演过程中，我们意识到了，第二种或更大一种的不一致性。这些前提本身，虽然乍一看是可共存的，但在证明过程中却会发现，它们会导致矛盾的结论。（同上，3—4页）

对于罗素对莱布尼茨哲学的这种整体性评论，不能说是错的。但要实事求是地说，在我对莱布尼茨哲学的分析之中，却得不出罗素这样的结论，莱布尼茨所有的哲学理论似乎都是自洽的，即他几乎完全能够自圆其说，没有什么不一致甚至自相矛盾的地方，其中

---

① 《对莱布尼茨哲学的批评性解释》，（英）罗素著，段德智等译，商务印书馆，2010年，第1页。

包括罗素抨击得最厉害的前定和谐学说，是与莱布尼茨的整个哲学体系完全一致的。

至于罗素一再提出的普鲁士王后与王公问题，我们应当抱持一种"就事论事""就思想论思想"的态度，不管它对谁有利对谁不利，只要是根据理性与逻辑推理的结果，就要尊重。

回过头来说前定和谐，对莱布尼茨前定和谐不满的人可不只是罗素，黑格尔也差不多，他在《哲学史讲演录》里这样说：

> 莱布尼茨的《神正论》对于我们来说已经不再是完全可以接受的了；这是一种在尘世的罪恶方面为神所作的辩护。其结论是一种以欺骗的思想为依据的乐观主义，认为神要使一个世界产生的时候，就在许多可能的世界里面挑选了尽可能最好的最完满的世界，因为这个世界在它所包含的有限物方面可以是完满的。这话虽然一般地可以说，但是这种完满性并不是确定的思想；有限物的本性并不是确定的。

黑格尔还有更为具体的批判，我们说过，在莱布尼茨的前定和谐里，居于核心地位的是神，是神决定一切的，是他让一切和谐起来、统一起来！对于这样的见解，黑格尔是不赞同的，他说：

> 理解是从特定的东西出发的：这个和那个东西是必要的，但是我们并不理解这些环节的统一；于是这个统一就落到了神身上。因此神就仿佛是一条大阴沟，所有的矛盾都汇集于其中。

黑格尔在这里的意思是说，莱布尼茨看到了世界上有着无数的个体之物，还有那不可感知的心灵，面对这些乱七八糟的东西，莱布尼茨认为它们对于世界都是必不可少的,它们的存在都是有着充足理由的,但它们又不能这样乱着,而必须统一起来。于是莱布尼茨就把这统一归于神,一旦哪里不能统一了,有了矛盾,就把神拿了出来,让他搞定。不过,黑格尔这样的比喻有点不敬,他将神这种统一性比作了阴沟,而不是容纳一切矛盾、解决一切矛盾的万能者。莱布尼茨可不是要刻意地将神当成阴沟,把"矛盾都汇集于其中",而是如我前面所说的,莱布尼茨之所以提出这样的理论来,是他整个理论体系一种逻辑的、理性的、自然而然的甚至必然的结果!

第九章　灵肉与善恶

灵肉就是灵与肉，身心就是身与心，善恶是善与恶，这是三个相关又不同的问题，不但是哲学史上的大问题，也是莱布尼茨所关注的问题。

第一节　灵与肉

此前我们已经多次提到过，莱布尼茨的灵魂与肉体的关系或者身心关系是和他的整个哲学体系一致的，例如单子论和前定和谐理论都与之密切相关。现在我们就来更加具体地谈论这个问题，先分析一下莱布尼茨的灵魂与肉体，然后再结合其他的理论特别是单子论分析之。

要弄清楚灵魂与肉体的关系当然首先要清楚莱布尼茨眼中的灵魂与肉体分别是什么、怎么样的。

先来看灵魂，在莱布尼茨眼中灵魂当然是和传统的灵魂差不多的，即是一个非物质的精神实体，他说：

> 人的灵魂是单纯的，不可分的，而且是非物质的。①

---

① 《新系统及其说明》，（德）莱布尼茨著，陈修斋译，商务印书馆，1999年，第91页。

这里简洁地说明了灵魂的三个特点：一是单纯，二是不可分，三是非物质（即精神）。这三点都好理解，第三点不用说，第一点单纯，就是说灵魂是纯粹的，就像单子一样，是一个纯粹的东西，中间没有掺杂其他的东西，我们可以想象成它是最纯净的水或者中间没有一丝灰尘的纯净的光。二是不可分的，就是说灵魂是一个整体，不可分割。灵魂当然不可分割，请问一个无形的精神实体怎么可以分割呢？

除了以上三个比较外在的特点外，莱布尼茨还认为灵魂有一种内在的特点，即它具有一种"自发性"：

> 灵魂自身拥有一种完美的自发性，所以，它在行动时只服从上帝和它自己本身。①

所谓完美的自发性，就是指一种完全的自发性，即它是自己发动自己的，不服从任何外在的因素，尤其是不服从肉体，而只服从自己和创造它的上帝。这个特点是很重要的，我们后面会看到，正是这个特点决定了灵魂与肉体之间的基本关系。

灵魂之后就是肉体了。在这个问题上，莱布尼茨基本上是一个机械论者，即在他看来，人体大致就是一架机器，不但人的身体如此，动物亦如此：

> 在人和一切动物的身体中所造成的一切，也都和钟表中所造成的一样是机械的：其区别也仅仅是一种神所发明的机器和像人这样受局限的一个工匠的产品之间所应有的那种区别。②

---

③ 《神义论》，（德）莱布尼茨著，朱雁冰译，生活·读书·新知三联书店，2007年，第344—345页。

② 《莱布尼茨与克拉克论战书信集》，（德）莱布尼茨、（英）克拉克著，陈修斋译，商务印书馆，1999年，第96页。

在这里,莱布尼茨将人和动物肉体的区分看成只是制造二者的技艺复杂程度的区分,也就是说人体不过是复杂些的机械,而普通动物只是比较简单些的机械。当然二者的区分还是很大的,像人的肉体是如神一样最伟大的大匠制造出来的,而动物的身体不过是像人一样水平普通的工匠制造出来的。但我们既不要以为动物的身体真的这么简单,也不要以为动物的身体就不是神制造出来的,实际上它们都复杂,也都是神创造的。莱布尼茨只是就其所需要的技艺的复杂程度用了个比喻性的说法而已。

分析了什么是莱布尼茨的灵魂与肉体之后,再来看他对二者之间关系的分析。

关于这个问题,我们要注意的是,莱布尼茨关于肉体与灵魂的关系是与他的单子论密切相关的。

首先,灵魂与肉体当然都是由单子构成的,这是不用说的。因为在莱布尼茨看来,一切都是由单子构成的,灵魂与肉体亦不例外。不过,像我们前面也指出的一样,单子是有等级的,不同单子间有质的不同与圆满性的差异,这些都存在于构成人灵魂与肉体的单子之上。在莱布尼茨看来,构成人的灵魂与肉体是不同的单子,其中构成灵魂的单子是主导性的单子,相对而言,构成肉体的单子就比较次要了,因此,人的灵魂是高于肉体的。这是对灵魂与肉体的基本认知,对此他说:

> 心灵或理性灵魂属于较高的层次,与那些深陷于物质之中,我认为到处可找得到的形式相比,具有简直无可比拟地更多的圆满性。①

---

① 《新系统及其说明》,(德)莱布尼茨著,陈修斋译,商务印书馆,1999年,第4页。

莱布尼茨在这里说的心灵或理性灵魂，其实就是说灵魂，因为灵魂是一个不可分的整体，这是前面刚刚说过了的。

其次，莱布尼茨认为在灵魂与肉体之间就诞生的"基因"而言并无本质性的区别，就像马勒伯朗士所说的那种绝对的身心二元论是不存在的。原因很简单，因为既然一切都是由单子构成的，灵魂与肉体也是一样，因此就本质而言，它们的构成是一样的。还有，由于一切单子都是精神性的，因此，肉体从本质而言并非如一般人所认为的那样是一种与精神相对立的"物质"，而同样是一种精神实体，这应该是莱布尼茨对肉体一种很独特的认识。

在此基础上，莱布尼茨认为灵魂与肉体是不可分割的，即两者必须随时结合在一起，有此有彼，有彼必有此，二者就像太极中的阴阳一样，不可分离，他说：

> 我和大部分古代人一样认为一切精灵、一切灵魂、一切被创造的单纯实体都永远和一个身体相结合，从来没有什么灵魂是和身体完全相分离的。[1]

这个观点也是有莱布尼茨特色的，因为它似乎和传统的基督教神学是相违背的，我们知道，基督教神学一个基本的原则是灵魂与肉体是可以分离的，人死之后，灵魂与肉体分离，肉体腐朽，灵魂则依据在世时的作为而上天堂或者下地狱。

我们又说过，在莱布尼茨那里，单子是没有窗户的，也就是说，构成万物的单子之间是没有相互的沟通的，更不会相互决定，产生因果关系。这也可以用于灵魂与肉体，即在莱布尼茨看来，灵魂与肉体之间并没有相互的决定或者控制，或者说，灵魂并不决定或控

---

[1] 《人类理智新论》，（德）莱布尼茨著，陈修斋译，商务印书馆，1982年，第14页。

制肉体，当然肉体也不能决定或控制灵魂。至于貌似的灵魂控制肉体的一些行为，例如我心想着要胳膊肘动，胳膊肘就动了，那只是上帝的安排而已，是一种上帝所安排的前定和谐。

这个问题也就是莱布尼茨灵魂与肉体之间关系最核心的问题，即身心关系的问题，对于这个问题，莱布尼茨的看法是：灵魂与肉体之间是不能相互影响的，但同时它们之间处于一种极其和谐的关系，但这种和谐是由上帝决定的，这就是前定和谐。

关于身与心之间、灵魂与肉体之间的这种关系问题，莱布尼茨还打过一个有名的比喻，他把上帝比喻为一个钟表匠，他打造了两个一模一样的钟表，它们的时间都很精确，因此当然是同步的。灵魂与肉体之间的关系就像这钟表一样，之所以显示出和谐的关系，包括因果关系，其实都是像这两个钟一样，是上帝决定的结果，它们之间只是有一种外在协调的关系而已，并无相互决定的关系，就像两个钟表一样，他说：

> 我曾经解释过灵魂与形体之间的一致，用的方法是把这两者之间的一致比作两个构造不同而永远精确地一致的时钟，以便指明同一时间中的同一钟点。这种一致可以由三种方式造成：（1）把它们这样联系在一起，使它们不得不同时振动；（2）特地叫一个人看管着调整，使它们一致；（3）开始就把它们做得极其准确极其好，使它们能够由于本身的结构就能相互一致。这无疑是最好的方式。因此，灵魂与形体的能够一致抑或是：（1）由于彼此影响，这和诸经院学派的共同见解相符，但这是无法解释的；（2）由于上帝的操心连续不断地使它们相一致，如按照偶因系统所说的，灵魂和形体两者之一的状况给上帝一个机缘，使他在另一个上面造成相应的印象，这是一种和神圣的智慧

及事物的秩序相合的恒久的奇迹；（3）由于两者各自的精确的规律，使它们能够由于自己原有的本性而彼此一致，这是最美而且最配得上上帝的尊严的方式，而这就是我的"前定和谐"的系统。①

这个比喻是非常生动的，堪称史上对身心关系最好的描述之一，由于篇幅有限，我们在这里不再多说，但我们可以好好地读读、想想莱布尼茨这段话，它并不难懂。

不用说，在莱布尼茨的体系里，灵魂与肉体之间的这种协调关系的核心是上帝，即一切都是由上帝早就决定了的，是一种前定的和谐。还是举移动胳膊肘的例子吧，当我们有了移动胳膊肘这个念头时，上帝早就决定了我们会有这个念头，这是上帝早就决定了的，并且随后地，上帝也早就决定了我们的胳膊肘确实会移动一下：

> 灵魂与身体之间的和谐或符合，不是一个持续不断的奇迹，而是在创造万物时所行的一个最初的奇迹的结果或后果，如一切自然事物一样。的确这是一件持续不断的奇功伟业，也像很多自然事物一样。②

这里莱布尼茨不但说移动胳膊肘是这样的，自然界中的许多现象也是一样的，如当太阳晒石头时，石头会发热也早就由上帝决定了，就是这样！总之一切都是上帝所决定的，这既是身心关系的本质，也是因果关系的本质。

但是，我们要注意的是，虽然有上述的结论，但并不说明莱布

---

① 《新系统及其说明》，（德）莱布尼茨著，陈修斋译，商务印书馆，1999年，第78页。

② 《莱布尼茨与克拉克论战书信集》，（德）莱布尼茨、（英）克拉克著，陈修斋译，商务印书馆，1999年，第87页。

尼茨认为灵魂与肉体之间真的是完全相互独立的，相反，他认为二者之间还是有所关联的，具体来说就是从某个角度而言，灵魂是可以认知肉体的：

> 我也不承认灵魂完全不能认知形体，虽然这种认知并不表示它们彼此间有任何影响。
>
> 我甚至也不回避说灵魂推动形体，正如一个哥白尼的信徒也可以正确地说太阳上升，柏拉图主义者也可以说物质的实在性，笛卡儿主义者也可以说可感觉性质的实在性，只要给予正确全面的理解就行了，同样我认为说有一些实体对另外一些实体发生作用也很对，只要人们了解，其中一个实体是由于和谐法则而成为另一实体变化的原因。①

在这句话中，莱布尼茨的意思就是说，我们也能够说灵魂是可以认知甚至推动肉体或者说形体的，但这种认知与推动的意思是说，我们要看到灵魂与肉体之间真正的关系是前定和谐的，但从表面上看，也可以说灵魂可以认知、推动肉体，就像我们在日常生活中看到的例子，我要胳膊肘动，它就动了，这就是灵魂推动肉体的例子。只是我们要看到，这只是一种表象的解释而已。就像一个了解哥白尼日心说的人，他也可以说早晨太阳上升了，这是可以的，因为表象确实如此，但事实上他知道并不是太阳在上升，而是地球在绕着太阳转。

当莱布尼茨说灵魂可以认知或推动肉体时也是一样的情形。这种说法是相当深刻的，值得仔细品味。

---

① 《新系统及其说明》，（德）莱布尼茨著，陈修斋译，商务印书馆，1999年，第44页。

第二节　身与心

前面我们既谈了灵与肉，也谈了身与心，因为两者本来就是结合在一起的。

下面我们要谈的是在莱布尼茨关于身心关系的思想中和笛卡尔以及马勒伯朗士有关的部分。

莱布尼茨关于身心关系、前定和谐与因果关系的思想受到了笛卡尔尤其是马勒伯朗士很大影响。

对于笛卡尔的名言"我思，故我在"，马勒伯朗士认为，那个物质性的身体是肯定不行的，不是它在思。这样一来，那个思者就出来了，那就应该是心灵，是心灵在思或者说思维，而不是身体在思维。于是，这个"我思故我在"到了马勒伯朗士这里，推出来的不是抽象的我在了，而是一个更加具体的我——思维之我！

可以说，这是马勒伯朗士对笛卡尔哲学一个重要发展。

至于这个思维之我或者我的思维，它与身体之间是什么样的关系呢？答案就是：平行关系，即两者是各自独立的，各自走各自的路。

对于这一点，马勒伯朗士还举了一个很形象的例子。在人的常识之中，心与物是一致的，其间有着清楚的因果关系，例如我的心中有了一个念头，我要摆一下胳膊肘，于是我的手臂就摆动起来了，二者间的关系是很清楚的！还有，我的手不小心被刺了一下，冒出了血，我叫了起来："妈呀，痛死我了！"这也表明了这痛的感觉——痛觉，和前面那个被刺的手指之间有着清楚的因果关系。这些因果关系在我们的常识看来是再明显不过的，根本用不着怀疑。然而马勒伯朗士却不这么认为，在他看来，无论是在摆手臂的念头和摆动手臂的动作之间，还是在手被刺和痛感之间，都没有什么因果关系。

那为什么似乎有关系呢？原因很简单，就是上帝使然。①

这也就是说，是上帝让我们产生这样的联想的，或者说是上帝使我们觉得有这样的因果关系的，这就是马勒伯朗士对心物之间因果关系的认识。

进一步地，马勒伯朗士还说明了，这种似乎存在着的因果关系——这种关系是广泛存在的——实际上是上帝制造出来的一个规律而已，即是上帝为我们制订的一般规律。这就是因果关系的真正本质，倘若没有上帝所制订的规则，光靠我们自己的头脑、精神或者意志，不但胳膊肘，我们连一个指头都动不了，对此马勒伯朗士说：

> 精神连世界上最小的物体都动不了；因为，显然在我们所有的意志——比如说动一下我们的胳臂——与我们的胳臂的运动之间没有必要的联系。不错，胳臂是在我们想要它动的时候它才动；因此，我们是我们的胳臂的运动的自然原因。然而自然原因并不是真正原因，它们不过是一些机缘原因，它们是由于上帝的意志的力量和有效性而起作用的。②

显然，莱布尼茨的这种思想是受了马勒伯朗士影响的，莱布尼茨的前定和谐可以说是从马勒伯朗士的思想逻辑推导出来的必然结果，这个推导的过程简而言之就是：我们这个世界之所以显得井井有条，事物之间有着密切的相互关系，主要就是因为有着因果关系，使事物之间显得密切地相互关系，例如太阳晒石头就热了，我想移动胳膊肘，胳膊肘就动了，彼此之间显得多么地和谐！但马勒伯朗

---

① 《马勒伯朗士的"神"的观念和朱熹的"理"的观念》，庞景仁著，冯俊译，商务印书馆，2005年，第66页。

② 转引自《西方著名哲学家评传》（第四卷），钟宇人、余丽嫦编，山东人民出版社，1984年，第252页。

士告诉我们，这些因果关系只是一种假象，或者只是一种表面现象，实际上是上帝决定了一切，这样一来，就可以自然而然地推导出来：这个宇宙之所以显得井井有条，当然是由上帝决定的，即上帝决定了万物的井井有条，也就是决定了万物的和谐。莱布尼茨只是对马勒伯朗士的思想进行了深化与系统化而已。

我们前面讲马勒伯朗士还说过，十七、十八世纪时，许多重要哲学家都受到马勒伯朗士的影响，如莱布尼茨、贝克莱、休谟等。特别是莱布尼茨，尽管他是一个相当高傲的人，和许多哲学家和科学家包括伟大的牛顿的关系都不好，但他却公开地赞扬和接受了马勒伯朗士的许多观点，还和马勒伯朗士保持着通信，例如在1679年写给马勒伯朗士的一封信中，他说道："我十分赞同你提出来的如下两个观点，即我们在上帝之中看到一切事物，身体严格来说对我们没有什么影响。"①

这里所指的其实就是因果关系，莱布尼茨接受了马勒伯朗士关于身体与心灵之间不存在因果关系的思想，即我的胳膊肘动并不是我的心要它动的结果，一切都是上帝决定的。正是从这种思想出发，莱布尼茨导出了他的前定和谐思想，而因果关系只是前定和谐思想的一部分而已。

更进一步地，关于身心关系，或者因果关系，在笛卡尔、马勒伯朗士与莱布尼茨之间虽然表面上不同，实际上是有着内在的紧密相关性的，是同而有异的。同者，三人都认为在身心之间并没有直接的联系，互相不能直接地影响。但他们又不能否认一个基本的事实，即在身心之间有着一种明确的关系，具体来说是因果关系，心之动似乎导致了身之动。对此如何解释呢？就是他们三人之间的异了。这个异就是，在笛卡尔看来，这种关系是二元的，即身心之间没有

---

① 见 *Encyclopedia of Philosophy*，2nd edition 之 Malebranche 条目，V5，第671页。

直接的联系，就像我们刚说过的，联系之产生在于有一个松果腺，正是它协调了身心之间的互动。在马勒伯朗士看来，松果腺是没有的，只是一种臆测，身心之间同样没有因果关系，二元是绝对二元的，使之表面上有因果关系的是上帝的意志，是上帝随时在决定着一切。莱布尼茨则认为身心之间的互动关系或者说因果关系是上帝在创造万物之初就决定了的，一切都是"前定和谐"了的。打个比方吧，我的手指被针刺了一下，冒出血来，我叫道："妈呀，痛死俺了！"对此行为的解释，在笛卡尔看来是松果腺让我们的心知道手指被刺了，将这个消息传递给了心，心便喊起痛来。马勒伯朗士则认为是上帝让心知道手指被刺了，并且要喊痛，于是身就喊起痛来。莱布尼茨则认为上帝在创造万物之初就决定了我们将会存在，将会在此一时刻我的手指会被针刺，而与此同时，我们的心会有被刺的感觉，并且会喊起痛来。

显而易见，这三种观点之间是有着密切的内在联系的，同样地，根据我们的常识来看，他们所说的都是错误的甚至是荒谬的，但我们不妨自问：为什么他们都这么说呢？都会犯这么"低级"的错误呢？难道他们仁都是傻瓜不成？显然不是，相反，他们都是天才，都是人类历史上最博学多才的人物之一。他们这样说，必定有他们的道理，倘若我们不懂，应该想想是不是我们自己不对，自己太肤浅，因而无法理解深刻的思想才对。就像爱因斯坦的相对论一样，有几人真的懂得？但我们能够因为不懂而说他荒谬吗？那是不行的，广岛和长崎的惨状告诉我们相对论必定是有道理的，这里也是相类的情形。

第三节 何为恶？

讲完灵与肉、身与心的关系之后，我们来讲善与恶。

善与恶是莱布尼茨哲学中一个很重要的问题。事实上，他的《神义论》主要就是对善与恶的分析,《神义论》中的"神义"这个词来源于希腊文,是"上帝"和"正义"的组合,其意义为:上帝之正义,即面对世界上存在着的种种邪恶和苦难证明上帝之正义。所以,神义问题就是恶与全知、全能、至善的上帝的关系问题。这也就是,《神义论》中的善与恶并非如我们平常意义上的善与恶,而是有关上帝的善与恶。它所要解决的是这样一个问题,既然上帝是至善的、万能的,我们这个世界又是由上帝所创造的,一个显而易见的事实是,我们这个世界之中是有恶存在的,那么是不是可以说是上帝创造了这个有恶的世界或者说这个世界之恶呢?就像他在《神义论》中所说的:

恶从何而来?人们首先会问:既然有上帝,何以有恶?若说无上帝,何以有善?

这句话可以看作是《神义论》的主题,也是我们这一节的主题。

莱布尼茨之所以重视这一主题,是与神学史上那个一贯存在的大问题分不开的,这个问题之起源就在于在《圣经》里,我们经常会读到一些似乎对上帝不利的事情,例如上帝叫人杀了这个杀了那个,甚至灭了这国灭了那国,特别是上帝把流着奶与蜜的迦南地赐予以色列人时,迦南地本来是有了别人的,上帝把那地上的人赶走,而把地赐予了以色列人,上帝还使生活在埃及的以色列人夺去了埃及人的财产,这些事情在《圣经》里记载了很多很多,我们前面也提到过,这一切都使上帝看上去像一个不义之人。对于这一点古往今来都有许多人对上帝即耶和华产生了大量的非议,乃至动摇了信仰,例如伟大的达尔文就是这样,他甚至因此否定了整个基督教信仰,说它"是一种该死的教义"。

其实早在《圣经》里就已经提出了这个问题,例如《旧约·约伯记》就有这样的话:

> 恶人为何存活、享大寿数、势力强盛呢。
> 他们眼见儿孙和他们一同坚立。
> 他们的家宅平安无惧，神的杖也不加在他们身上。
> ……
> 主阿，我呼求你，你不应允我，我站起来，你就定睛看我。
> 你向我变心，待我残忍，又用大能追逼我。

这段话是对神之至善一个极大的质疑，对于这个问题，《圣经》里并没有明确的回答，所以才引起了后人的质疑。之所以如此，当然是因为这种质疑无论从常识还是理性的角度来说都是有道理的。

对于这种质疑，过去许多哲学家曾作过解释，如海尔斯的亚历山大，他说，我们不能说是上帝下令以色列人去窃夺埃及人的财产的，这样的话，上帝就不义了！因为这些都是上帝的自由意志的体现，与义或者不义无关！对于上帝而言，这只是改变了财产或者国土的秩序而已，其间并没有任何贪心邪念之类。而这些贪心与邪念才是恶，上帝没有这些，所以没有恶。

后来的邓·司格脱也同样作了解释，他认为上帝的律令是有等级的，有根本的也有次级的，那些最根本的是必须遵守的，但次要的就不一样了，上帝可以废除之，这正是上帝的绝对自由与权力的展现。而那些与上帝似乎为恶相关的戒律，上帝是可以不遵守的，简而言之就是说，上帝有权为我们所谓的恶。实际上他的解释和海尔斯的亚历山大是一致的。到了斯宾诺莎，他则更进一步地论证了善与恶，在他看来，我们所谓的善恶只是人的主观感觉而已，是互相矛盾的，对根本不可能有矛盾的、完满不过的上帝来说，怎么可能将他们如我们人一般视为善恶呢？如果要他判断，他就要抉择，那么他该如何抉择呢？听哪些人的意见呢？总之，说善道恶只是人类才有的事，至于上帝，他是不可能这样做的，在他那里，无善亦无恶。

如此等等，可以说，莱布尼茨正是在前人的基础之上提出了自己对这个问题的理解，而他这个理解的核心有两点：一是他否定了前人如海尔斯的亚历山大与邓·司格脱的观点，当然更否定了他视之如敌的斯宾诺莎的观点，他说：

> 这些作者实际上放弃了关于上帝之正义与慈善的信条。他们声称，作为世界至高的主，他之所以能够既造成罪而又无损于他的神圣，只是因为他乐于为此，或者因为他要享受进行惩罚的乐趣；他甚至能够以极大兴致宣布对无辜者进行永恒的惩罚而又不致犯下不正义之过，因为没有人有权或者有力量监督他的行动。有几个人竟敢妄称，上帝真的是以这种方式行事的，他，将我们比作一借口，我们与上帝相比什么都不是，而是地上的小虫，人走路时可以毫不介意地将之踩成齑粉，或者比作一般动物，它们不同于我们的种类，我们可以毫无顾忌地虐待它们。[1]

莱布尼茨在这里所说的"这些作者"指的就是斯宾诺莎与海尔斯的亚历山大等人，显然，他对这些人的观点不但是反对的，甚至是反感的，他认为这些观点有一个致命伤，就是把上帝与我们正常意义上的善区隔开来，换言之就是承认倘若从日常的意义上说，则上帝是不善不义的，甚至于可以说是恶的，并且是人间一切恶之渊薮。

对于这样的观点，莱布尼茨是极力反对的，因之，他也将为上帝之善与正义——即日常意义上的人间之善与正义——之辩护看成

---

[1] 《神义论》，（德）莱布尼茨著，朱雁冰译，生活·读书·新知三联书店，2007年，第14页。

了自己的使命：

> 在与上帝相关的恶之来源的论述中，我将为他的完美性进行辩护，这一辩护不仅突出他的伟大、他的权力和他的独立性，而且同样强调他的神圣、他的正义和他的慈善。①

莱布尼茨也意识到了，要进行这样的辩护是不容易的，成功是有相当难度的，这就是为什么邓·司格脱、海尔斯的亚历山大或者斯宾诺莎的辩护不成功的原因，因为这个问题太难回答，就像做一道数学题一样，为什么大多数同学都没有做对呢？原因很简单：就是这道题太难了！

莱布尼茨还看到了，这个问题之中最大的困难在于我们一方面必须承认一个事实：就是从日常的意义上说，上帝的确犯下了一些错，例如我们知道前面说过的他在《圣经》中的那些错——那些也确实是错的，而不是如斯宾诺莎所言上帝是无所谓对错，但同时，又不能因此就判断上帝是犯了错误甚至是有罪的：

> 最大的困难在于下述论断：上帝从道德上参与了道德的恶，即罪，但却又并非罪的制造者，甚至也不是参与犯罪者。（同上，179页）

打个比方说，这就像一个律师要为一个罪犯辩护：一方面他承认这个罪犯的确犯了罪，甚至是犯了大罪，但同时又要否定这个犯人有错，要接受任何的惩罚，甚至要证明他是对的，甚至是很善良的，这样的辩护不用说是很难的。

当然，智慧的莱布尼茨还是有办法为上帝辩护的。

---

① 《神义论》，（德）莱布尼茨著，朱雁冰译，生活·读书·新知三联书店，2007年，第17页。

为了替上帝辩护,莱布尼茨首先提出了有三种类型的恶,即形而上学的恶、形体的恶与道德的恶。

形而上学的恶指的是事物本身的一种不完美性,这一点我们前面已经说过了,世界虽然是由上帝所创造的,但上帝所创造的世界并不是完美的——否则世界就是上帝了。为什么这个世界不完美呢?当然是因为它有所缺陷,而这个缺陷就是它的恶,形而上学的恶。

形体之恶就是身体的恶,这也是一种生理学或物理学上的恶,例如我们的生老病死、耳聋眼瞎等生理残疾就是这样的恶。

道德的恶则是我们日常意义上的恶,可以简单地理解为心之恶,以及由之而致的行之恶:一个人有了恶念,于是他就干了恶事,例如风高放火、月黑杀人、贪污盗窃之类。

在莱布尼茨看来,这三种恶之间的地位或者恶的程度是不一样的,前两种恶是比较好理解的,在解释它们之时也不会遇到太多的难题,他说:

> 有关形体之恶,即有关痛苦之本原的问题所遇到的困难与形而上之恶的本原问题的困难是一致的,说明后一种恶的例证便是宇宙中的畸形和其他表象上的不规则性。①

这就是说,形体上的恶与形而上学的恶都只是宇宙本身所有的不规则性的自然结果,是一种自然而然的东西。

这个说法似乎很简单,但其中的含意却是很深刻的,形而上学的恶不需要多说,比较好理解,关键是形体上的恶,例如生老病死,还有残疾等生理缺陷,这些如何理解?这个理解就是:这些都是自然而然的,也是必然的。例如生与死,有生必有死,这当然是自然

---

① 《神义论》,(德)莱布尼茨著,朱雁冰译,生活·读书·新知三联书店,2007年,第306页。

而然的，难道人有生无死吗？那人不成了上帝了？还有，倘若人一直不死，那后来的人怎么活呢？地球岂不早就被挤爆了！那么疾病与耳聋眼瞎等生理缺陷呢？这也是很自然而然的，我们说过，人不是完美的，这种不完美性体现在什么地方？当然就体现在人会有各种各样的缺陷，不但有身体上的，也有智力上的，残疾呆傻就是这些缺陷具体的表现，也是人之不完美性的表现。这时候也许还会有这样的问题：既然人是不完美的，那意思是说所有人都不完美，所有人都是有生有死的，这不假，但为什么不所有人都一样地生病、残疾或者呆傻呢？而只是有一部分人如此？这问题的确厉害，它不但涉及人整体的不完美性，而且涉及人与人之间个体的差异。对于这个问题，我们在这里只作一个整体上的形而上学的回答：

这是因为人与人之间本来就不应该是一样的，本来就应该是有差异的，这是必然的，试想，倘若人人一样，例如每个人都一样的聪明或者一样的傻，一样地有生理缺陷或者一样地没有生理缺陷，那世界会是个什么样子呢？简直不可想象的吧！倘若这样的话，是不是连美与丑都要一样呢？这个问题可是很重要的，要知道外表的美与丑、身材的高与矮也是人与人之间一个更广泛与根本的差异，这个世界上大部分人都是没有生理缺陷的，智力也大都是正常的，但美与丑、高与矮之间差别就大了去了！由此在人生之中造成的幸与不幸也大了去了，这是显而易见的。现在我请问，是不是上帝要将这些差异通通削掉呢？倘若这样，那只能所有人都长得一模一样了，就像《星球大战》第二集《克隆人的进攻》中的情形：共和国的数十万大军都是由同一个人克隆出来的，当然这个人是强悍而聪明的。但试想，倘若世界上所有人都是这样，那能成为一个世界吗？不可想象吧？也不可能吧！

不止人如此，万物之间亦是如此，即必须是有差异的，例如有无生命的石头、有生命但无理性的植物动物、有生命且有理性的人类，如此等等。

所以，形而上学的恶与形体上的恶实际上应当包含着两重内容：一是世界是不完美的，二是世界上的事物之间——包括人与人之间——是有差异的，甚至于是千差万别的，这就是自然，也是万物的自然而然，换言之就是一种必然。

通过这样的分析，我们就可以理解前两种恶即形而上学的恶与形体之恶是一种自然而然的事了，与上帝之恶无关，即不能因为世界上有这样的恶就说上帝为了恶。

当然，对于这种形而上学似的辩护还是可以提出质疑的，那就是将这些形体的不完美性与道德之恶联结起来。即我们可以承认人是不完美的，有些人会有各种各样的缺陷，如丑陋、残疾、短命等，也有的人会美丽、健康与长寿，但我们要看到有这样的现实：有德之人可能是丑陋、残疾、短命的，有些恶人却是美丽、健康与长寿的。就像中国俗话说的：好人不长命、坏人活千年，《约伯记》中也说："恶人为何存活，享大寿数，势力强盛呢？"而"有人至死心中痛苦、终身未尝福乐的滋味"。

不用说，这同样是对上帝以及莱布尼茨一个很大的质疑，甚至比前面的那个问题更难回答。

要回答这个问题，我们先要整体地来看一下莱布尼茨对于形而上学之恶与形体之恶和善之间关系的理解，在他看来，这两种恶是有助于善的，是一种"辅助性的善"，他说：

> 形而上的和形体上的恶（如事物的不完美性和人受惩罚之恶）有时会成为辅助性的善，犹如达到更大的善的手段。[①]

[①] 《附录四：为上帝的事业辩护——通过上帝的正义与他的其他完美品格和他的一切行为之和解维护上帝的事业》，见《神义论》，（德）莱布尼茨著，朱雁冰译，生活·读书·新知三联书店，2007年，第455页。

看得出来，莱布尼茨认为形而上学之恶与形体之恶是达到善的一种手段，甚至由这个恶可以达到更大的善。

从这个角度出发，我们便可以回答上面的问题了，那就是在莱布尼茨看来，倘若一个好人在此生过得不好，例如丑陋、残疾、短命，那我们可以这样说：这些不幸是他达到善的一种手段，甚至于他由此可以达到更高的善。——这里的善是一种形而上学意义上的"善"。

那么反言之，一个坏人过得好，美丽、健康与长寿，是不是可以说，这是他达到恶的一种方式呢？——这里的恶也是一种形而上学的恶。也许可以这样说，对这个问题，我没有看到莱布尼茨有明确的回答，但从他话语的逻辑上似乎是成立的。

进一步地，对好人不幸的事莱布尼茨还作了更具体的回答，就是这样的事发生之后，好人是可以得到补偿的，他说：

> 道德上的东西被理解为有德操的行为或者恶劣的行为，属于此列者为过错之恶。从这层意义上看，形体之恶往往产生于道德之恶，虽然并非总是发生在同一些人物身上，然而，由于这也可能看似一种迷误，所以，它会成功地得到补偿，因为无辜者并不要求不受难。（同上，454页）

这段话中有两重意思：

一是莱布尼茨认为，形体之恶往往来源于道德之恶，简而言之就是，一个坏人一般地说是会过得不好的，会是丑陋、残疾、短命的。这似乎也是莱布尼茨强调的一种思想，他不止一次地说过这样的话，例如他说过：

> 人们应善于看到，道德上的恶之所以是如此大的恶，是因为它是一个最富有为恶的力量和本领的创造物身上的形体之恶的本原。（同上，123页）

他还说过：

> 形体之恶，即痛苦与不幸不致给我们造成多少难题，因为它是道德之恶的后果，如格罗修斯所说：惩罚是因行动中的恶而施予的隐忍痛苦之恶。人们因行动而忍受痛苦；人们由于行恶而忍受恶：
> 我们痛苦的原因是我们自己。（同上，305页）

这两段话里，莱布尼茨认为道德之恶是形体之恶的根源，形体之恶则是道德之恶的后果。简而言之就是一个人道德上恶了，他的形体就会恶，就会丑陋、残疾、短命等，要忍受各种各样身体与心灵之痛苦。对于这样的答案，我想很多人是不大赞同的，我也不赞同，因为我们可以分明地看到，一个人形体上的恶，例如丑陋、残疾、短命之类，和他的道德是确实没有大的关系的，甚至于常常是相反的，例如一个长得丑的人相当可能比一个长得美的人更加善良一些。所以，对莱布尼茨的这个观点我是不赞成的。

不过，莱布尼茨也并没有绝对地强调这一点，他也说明了形体之恶与道德之恶"并非总是发生在同一些人物身上"，也就是说有"好人不长命、坏人活千年"这样的事，对此莱布尼茨的回答是很简单的，"这也可能看似一种迷误，所以，它会成功地得到补偿，因为无辜者并不要求不受难"。这里的意思就是说，这只是一种假象，我们不要被它迷惑了。虽然表面上可能好人不长命、坏人活千年，无辜者也可能受各种的难，可能丑陋、残疾、短命，但他们一定会得到补偿的。

究竟是什么补偿呢？我想，这补偿很难是现实的，因为现实的好人可能很早就死了，哪能得到什么现实的补偿！坏人则直到死都过好日子，现实中也没有得到惩罚。莱布尼茨的偿报应该主要是指来世的，即到了来世，此生过的不好的好人一定会因为其好而得到偿报，上达天堂，此生过得好的坏人则一定会下地狱，遭受永恒之罚！这是一个自然而然的结论，也是基督教一种基本的教义。也就是说，最后莱布尼茨用一个基督教的基本教义简单地回答了这个问题。

基于此，莱布尼茨甚至认为这些形体之恶、这些好人所遭受的痛苦，"不仅得到丰厚的补偿，而且有助于提高幸福；这些恶不仅有益，而且也是必然的"。（同上，458页）

这句话好懂，简而言之就是好人为得到来世的好报，此生必然地要受苦受难。这已经涉及恶之必然性的问题了，是我们下面要回答的问题。

第四节　为什么这世界应该有恶？

上面我们主要从人的层面回答了莱布尼茨关于善与恶的问题，例如人的道德之恶与形体之恶中间的失衡问题。现在我们要来从一个更广的、哲学的角度去分析善与恶的问题，即世界上为什么有恶的问题，从哲学的角度上说，这个问题是更为根本的，也是莱布尼茨为上帝进行辩护的主体内容。

对于这个问题，莱布尼茨的回答却是很简明的，这个回答有两个要点：

一、恶是必然的，二、恶是必要的。

我们先来分析第一点。

这个问题我们实际上前面已经说过了，它主要是从形而上学的角度上去理解恶。在莱布尼茨看来，恶是一种缺乏或缺陷，正是这种缺乏导致了恶的存在。为什么要有这个缺陷呢？因为倘然没有缺陷，那岂不万物都完满了？岂不万物都成了上帝？因此之故，从这个角度而言，恶是必然要有的。他说：

> 恶犹如阴影，不仅无知，而且错误和邪恶，按其形式都是某种缺失。①

万物有缺失，就是说万物缺乏某种美的、善的东西，所以是不完美的，而这种不完满性就必然地导致恶。打个比方，就像一个人倘若吃东西不合理，缺了某些必要的营养物质，就会生病一样。

从善与恶上讲也是这样，人因为不完满，也就是说缺少了某些东西，因此，人就一定会有恶的产生，就像缺乏某些必要的营养就必然会生病一样。从这个角度上说，恶是一种必然，是人之为人的必然。

把恶视为一种缺乏的观点是过去早就有的，例如新柏拉图主义后期最重要的代表，古希腊罗马哲学最后一个重要人物普罗克洛就认为恶只是一种"缺陷"，也是一种"缺乏"，因为物质是从太一所产生的最低一个等级的东西，它分有的太一的善自然是最少的，这也使得它难免会有这样或那样的缺陷，于是就产生了恶，也就是说，因为它"缺乏"了善，所以产生了恶。教父奥利金也是这样理解恶的，他认为恶是一种缺乏，而不是某种正面的东西，因此我们不可说神是恶的创造者。②

奥古斯丁也是一样，认为恶是一种缺乏，即善的缺乏，正是这种缺乏导致了恶，例如动物生病了，就是意味着健康的缺乏，生病是恶，健康是善，缺乏健康就是恶，即恶是善的缺乏。他说：我们称之为恶的东西，除了是善的缺乏外，还是什么呢？在动物的躯体里，

---

① 《神义论》，（德）莱布尼茨著，朱雁冰译，生活·读书·新知三联书店，2007年，第128页。

② 参《西洋哲学史》（第二卷），（英）柯普斯登著，庄雅棠译，黎明文化事业有限公司，1988年，第39页。

疾病和伤口只不过意味着健康的缺乏。①

海尔斯的亚历山大同样认为恶不能说是上帝创造的，恶是一种缺乏、善的缺乏。就像光一样，有光，也有黑暗，但我们能够说黑暗是光造出来的吗？当然不能！黑暗就是因为缺乏了光才产生的。类似地，上帝是光——纯粹的神圣之光，而恶是黑暗，我们不能够说上帝是恶的创造者，犹如不能够说光是黑暗的制造者。

显然，莱布尼茨对恶的认识是和新柏拉图主义以及奥古斯丁和海尔斯的亚历山大等相似的，应该是受他们的影响而形成这一观点的。

不过我们在这里要注意的是，莱布尼茨似乎并不认为所有的恶都是必然的，三种恶之中，他认为只有形而上学之恶是必然的，另外两种则只是一种可能，他说：

> 人们可以将恶理解为形而上学的、形体的和道德的。形而上学的恶在于纯然的不完美性，形体的恶在于痛苦，道德的恶在于罪。虽然形体的恶和道德的恶并非必然，但它们借助永恒真理却是可能发生的，这也就够了。由于这浩瀚的真理区域包含着一切可能性，所以，必然存在着无限数量的可能的世界，恶必然会进入其中的一些世界，甚至其中最好的世界也必然包含着一些恶。这便是上帝所规定的：容许恶。②

"虽然形体的恶和道德的恶并非必然，但它们借助永恒真理却是可能发生的"，这话何意呢？关键是要理解这里的"永恒真理"，

---

① 转引自《奥古斯丁的基督教思想》，周伟驰著，中国社会科学出版社，2009年，第197页。

② 《神义论》，（德）莱布尼茨著，朱雁冰译，生活·读书·新知三联书店，2007年，第120页。

根据后面的解释，其实就是一句话：一切皆有可能，而恶当然也是一种可能，因此形体之恶与道德之恶都是可能的。

在莱布尼茨看来，这种可能是神所允许的，神容许恶的存在，是莱布尼茨一个很鲜明的观点，也可以说是恶之存在的本质原因，因为倘若神不容许恶存在，那么恶当然不可能存在了！这是显而易见的。

不过，我们在这里要注意，上帝只是容许恶存在，并不是自己为恶，这是很重要的。就像一个父亲一样，他是一个仁慈而胸怀宽广的父亲，不会要求自己的儿子是完美的，相反，他会容许儿子有这样那样的小毛病，即使他是一个坏人，他也是会包容的，因为毕竟是他的儿子。而上帝，是一个最仁慈、胸怀最宽广的父亲。

这时候，也许有人会问：上帝为什么要容许这种恶存在呢？倘若一个父亲容许他的儿子为恶，他一定不是一个好父亲呢！对此莱布尼茨也有回答，就是他认为，上帝之所以容许这种恶的存在，是因为这恶的存在是为了更大的善，甚至可以说，只有这些恶存在了，才可以达到更大的善，即恶是善之必要条件，甚至于可以变成更大的善，他说：

> 创造物之局限性或者原初的不完美性却使哪怕最好的宇宙也不可能摆脱某些恶，这些恶在其中会变成一种更大的善。这是局部上的某些不规则性，然而，它们却以奇妙的方式提高着整体之美，犹如某些不协和音加在合适的乐段将使协和音更加动听。（同上，443页）

这段话的含义极为丰富，可以说将前面所说过的所有关于善与恶的分析都包含在内了，例如恶之本源在于创造物的不完美性。但最核心的却是后面这个比喻：莱布尼茨将善与恶比喻为音乐，例如一部交响曲，正因为其中有了一些不协和音，才使得整部音乐更加动听。这是一个绝妙的比喻，足可以用一篇长文来分析，这里只说一点，它并不是简单地说善与恶是相互依存的，这一点老子等许多中西哲学家都说过了，不新鲜。莱布尼茨更进了一步：恶之存于世是一种"点缀"，就像交响中不协和音只是一种点缀一样。更形象地可以以一束鲜花为例，其中不但要有红玫瑰、香水百合等大花，还要有小花甚至绿叶，如满天星和松枝，这样才能构成一束整体上更加美丽的鲜花。善与恶也是一样，二者并存，但恶并不居于主导，它只是善之点缀，善是红玫瑰与香水百合，恶是松枝与满天星，二者混合而共成一束美丽的鲜花。至于现实生活中的善与恶，就是：世上有恶，但主要是善，世上有坏人，但还是好人多。

通过这样的分析，我们当可以了解恶之必然性了吧！实际上，这里不但说明了恶是必然的，也说明了它是必要的，就像小花与绿叶在一束花中是必要的一样，就像一部交响曲中必须有一些不协和音一样，否则就无法构成一部交响曲了！

将之用于世界上，就是说，对于这个世界，有恶比没有恶更好，只有有了恶，才能构成一个好的世界，甚至是一个最好的、最完美的世界，对此莱布尼茨又有一段很深刻的话：

> 有恶存在的世界可能比一个没有恶存在的世界更好。
> 不过，我在书中走得更远，我甚至指出，这个宇宙事实上必然比其他任何一个可能的宇宙更好。（同上，436页）

这句话的后一部分又应和了他在前定和谐中表达的思想，即这个世界是前定和谐的，世界上存在着恶并不说明前定和谐不存在，相反，它们是前定和谐存在的要件。正因为有了恶，这世界才能成为一个完美的世界，一个前定和谐的世界。

至于其中的道理，可以进行长篇大论的分析，这里就不多说了。简要的原因可以参考前面讲前定和谐时所进行的分析：我们凭膝盖想想就知道，永远不可能存在着这样的世界：

这个世界没有一切的苦难，没有病痛，没有穷人，没有丑人、没有不道德的行为、没有犯罪，人人自由、富有、幸福、美丽、健康、正直善良、遵纪守法，这种世界才是最不现实也最不和谐的。

对于这种恶之必要性，我们可以用一句这样的话来结尾：

> 罪过之恶只是作为属于另一方面的事物之不可避免的条件而包含在神性意志之中的，这正是基督所说的话的意思。他说，必然有些令人气恼的事。（同上，455 页）

这里既有莱布尼茨的话，也有耶稣基督的话。总之，在莱布尼茨看来，世上有恶，善与恶并存，这些都是相互关联的，共同构成了宇宙的实情与自然的秩序，这其中所蕴含的是一种最终的、同时也是前定的和谐与完美：

> 按照终极目的与动力因这则两领域之间一致的原则，人们有理由认为，上帝在宇宙中建立了惩罚或者奖励与恶行或者善举之间的一种真正联系，所以，前者总是为后者所造成的，美德和罪恶根据事物的自然顺序为自己带来奖赏或者惩罚，这种事物顺序除了表现在灵魂与躯体的交通中的前定和谐之外，还包含着另一种前定和谐。最终，上帝所做的一切都是完美和谐的。（同上，153 页）

当然，一个不可避免的结果是，莱布尼茨的这些话虽然在逻辑上是行得通的，也极具思辨性，但很多人还是不会信服，会因为世间有恶、有贫穷、有苦难，有恶人善报、善人恶报而因此对莱布尼茨的许多思想，尤其是前定和谐的思想、善与恶的思想而大加挞伐、冷嘲热讽，这也是必然的，就像罗素早就说过的：

莱布尼茨对罪恶问题的解决办法，和他的大部分旁的流俗学说一样，在逻辑上讲得通，但是不大能够服人。①

不过在我看来，这大都是因为人们不懂莱布尼茨、误解甚至曲解了他的思想的缘故，因而误会了他——这也难怪，莱布尼茨的思想的确是不好懂的，就连黑格尔也要抨击他的前定和谐思想。罗素专门研究莱布尼茨的著作，名字叫《对莱布尼茨哲学的批评性解释》。更早的费尔巴哈写的莱布尼茨研究专著的名字也叫《对莱布尼茨哲学的叙述、分析和批判》，都将莱布尼茨哲学作为批评的对象。

我想，莱布尼茨泉下有知，也是不会心服的，以后有机会，我也要写一本与罗素与费尔巴哈类似的专著，但名字将是《对莱布尼茨哲学的赞美性分析》。

莱布尼茨的充足理由律、单子论、前定和谐论以及对灵魂与肉体、善与恶的理解，实际上是相互关联、融为一体的，也是莱布尼茨思想的主体。但这些却不是他思想的全部，我们说过，莱布尼茨是个思想极为丰富的人，是西方哲学史甚至历史上最后一个"全才"，他的研究涉及哲学的许多领域，甚至科学的许多领域。

---

① 《西方哲学史》（下卷），（英）罗素著，何兆武、李约瑟译，商务印书馆，1976年，第117页。

第十章　语言与逻辑

莱布尼茨有一个思想，在其思想体系里是独特的，与单子与前定和谐之类关系相当远，但无论在莱布尼茨思想体系里还是在哲学史上都有着极为重要的地位，那就是他关于语言的思想。

第一节　语言：人类最古老的纪念碑

在莱布尼茨看来，语言是极为重要的，其重要性首先表现在它的历史性，即语言是非常古老的，按他自己的说法："语言是人类最古老的纪念碑。"[①]

最古老，意味着语言古老的程度当与人之为人一样古老，即人自从是人开始，就有了语言。这种说法是很有道理的，因为人之所以是人，一个根本的标示之一就是他可以通过语言与其他人交流，这实际上是比制造工具还要古老的。为什么呢？因为人类从来就是一种社会动物，就像人类的猿人祖先是群居性的动物一样。既然如此，在群居的不同个体之间当然就应该互相交流，这时候就需要有语言了。

关于语言的起源，莱布尼茨还进行了一种有意思的尝试，就是如上面所说的一样，从类似生物进化论的角度探讨，他说过这样的话：

[①] 《人类理智新论》，（德）莱布尼茨著，陈修斋译，商务印书馆，1982年，第377页。

> 上帝在使人成为一种社会的生物时，不仅启发了他的欲望和把他置于与同类共同生活的必然性之下，而且还给了他说话的功能，这当是这社会的巨大工具和共同纽带。语词就正是由此产生的，它们是用来代表也用来说明观念的。（同上，289页）

在这段话里，莱布尼茨首先指明了人是一种"社会的生物"，这是对人类一种本质性的了解，可以说是西方哲学史上一种相当普遍的共识，是从亚里士多德以来大多数哲学家都承认的。当然，也并不是所有人都如此认为，例如霍布斯就否定这一点，但他为此遭到了大量的抨击与讽刺。正由于人是一种社会生物，即必须由许多人生活在一起，这样一来，人们就需要建立一个有机的群体，需要经常性地交流，这些需要就必然地导致了语言的产生，即使人有了"说话的功能"。这是莱布尼茨对语言之产生的基本认识，无疑地也是正确的认识。

除了论及语言之产生外，莱布尼茨还对语言有许多专业性的探究，例如他认为可以通过语言去探讨各民族的起源与迁徙的历史。

我们知道，就现在的人类学认识，人类只有一个起源，那就是非洲，世界上其他所有地方的人都是从非洲走出来的。欧洲人当然也是如此。莱布尼茨并不了解这些，但他已经知道了，民族的迁徙在历史上必定是广泛存在的，这样就导致了各民族对自己族源的模糊认识，有些本来亲近的民族，由于迁徙，就相距遥远了。相反，有些本来并无亲近关系的民族，由于迁徙，便成了近邻，甚至杂居相处。这些在欧洲是普遍存在的现象。莱布尼茨认为，要了解各民族真实的起源，就可以基于对他们语言的分析来考察。他说：

> 语言一般既是各民族最古老的纪念品，先于书写和艺

术，因此是最好地标志着各民族亲族关系以及迁徙情况的起源状态的。正因为如此，语源学搞得好是很有意思并且有重大意义的。（同上，306—307 页）

莱布尼茨的这个想法是极有道理的，实际上，通过语言研究民族的起源已经成了现代民族学研究基本的方法之一。

关于语言本身，莱布尼茨又提出了一个与众不同的观点，就是认为在语言的基本要素词汇之中，首先产生的不是关于个体之物的名称，而是事物之类的名称，他说：

  一切专名或个体名辞原本都曾是通称或一般的名辞。
（同上，293 页）

举例来说吧，如对一条河的名称，一般看来，人类在形成语言的时候，最先形成的当然是名词，即"指物言事"，例如某条河边的人们指着门前的一条河说"长河"，然后这条河的名字就叫长河了，以后遇到其他的河，我们就给它们不同的名字。也就是，依据我们一般人的理解，名词之中最先形成的应当是关于个体之物的名称。但莱布尼茨认为不是这样，他认为最先形成的是关于类的名称，例如关于河，先形成的不是关于某一条河的名称，而是所有河的类名称，至于具体的某条河的名称，是在这个类名称的基础之上形成的。莱布尼茨也举了河的例子。我们知道，德国有一条河叫易北河，河名易北，但莱布尼茨说，易北本来指的就是河的普遍名称，在斯堪的纳维亚，一切河流都还叫作"易北"，由此可见是先形成了"易北"（即河）这个名词，后来将这个名称专门给了现在的易北河。

这是个很有意思又很深刻的观点。可以举我们中国的例子，如中国的长江与黄河，一开始名为"河"与"江"，我们可以相信，河与江一开始指所有的像今天这样的江河之类的,古人不大可能把所有的江河都给以不同的名称,就通称为江或者河了,到后来随着认识的江河的增多与加深,江、河就专门指最大的两条了,再往后,随着人们视野的开阔,为了具体地区别不同的河与江,就分别冠以别的名字,如湘江或者洛河,而最大的两条则名为"大江"与"大河",这也是长江与黄河的古称,但这名字还是有些浮泛,于是后来又名为黄河与长江,这意思其实也是很简单的:黄河,因为河水是黄的,长江,因为它很长,是中国最长的江。它们比大江与大河要容易与别的江河区分了。

除了词汇的形成,对于一个词有什么样的意思莱布尼茨也有独特的认识。

一般认为,一个语词有什么样的意思是人为约定的,这也是亚里士多德的观点,例如他对名词的定义是这样的:

> 名词是因约定俗成而具有某种意义的与时间无关的声音。①

莱布尼茨认为,一般来说这是正确的,但他看得更深,指出至少有时候,一个词具有什么样的含义是有一些特定的因素起作用的,在这些特定的因素的作用之下,这个词就会有这样的含义,而不是那样的含义。他说:

> 在学校里以及在所有其他地方人们都习惯于说语词的意义是武断的,并且的确,它们并不是为一种自然的必然性所决定的,但它们也还是受一些理由所决定,这些理由有时是自然方面的,在这里偶然性有某种作用,有时是精

---

① 《亚里士多德全集》(第一卷),(古希腊)亚里士多德著,苗力田主编,中国人民大学出版社,1990年,第49页。

神方面的，在这里就有选择在起作用。①

从这里可以看出来，在莱布尼茨看来，这些有时候决定着词的含义的因素可能有三种，即自然的、偶然的与精神的，对这个的深入探讨是很麻烦的，但我们或许可以从一个最简单的例子看出来，就是"妈妈"这个词。这个词大概是一般人最早学会的一个词，因为人都是由妈妈生下来的，和他最早接触的人也是妈妈，于是自然而然地，他最早要学会说的一个词就是"妈妈"了，其次就是爸爸，关于这一点，有人这样说明：

> 当婴儿的两只眼睛的视线逐渐形成了焦点能看清东西，并且视线的接触范围也开始逐渐扩大时，就开始了对环境的认识的过程，首先第一个就是感知了温饱的来源——"妈妈"。（从世界范围内来看，各种语言之间的差异甚远，但例外的是对"妈妈"发音是极其惊人的一致，这主要是由婴儿发音的特点和对温饱基本本能需要的一致性造成的，"妈妈"是最简单的发音，是婴儿张嘴吐气的自然结果，第二个最简单的发音就是"爸爸"。）此时"妈妈"的含义并不是真正意义上的"妈妈"，而只是乳汁和温暖的象征，当随着婴儿对环境的识别能力的加强，这些基本的本能需要就逐渐和特定的环境、对象结合在一起了；随着发音器官的发育，婴儿有一天一张嘴，无意中发出了一个最简单的"ma"音，一般最先听到这个声音的总是担任哺育任务的母亲，于是母亲就会主观地认为这是孩子在叫自己，于是就作出了一些惊喜的反映，例如：主动地喂奶、呵护，

---

① 《人类理智新论》，（德）莱布尼茨著，陈修斋译，商务印书馆，1982年，第296页。

等等，终于有一天，使婴儿逐渐发出了哭作为表达需要的手段之外的另一个手段，即：发出"ma"的声音，最后这种声音就以条件反射的方式与温饱的来源连在了一起，固化了婴儿对环境的认识。这时，婴儿在认识与不认识的基础上就会出现熟悉与不熟悉、适应与不适应的感觉，渐而出现了安全的需要，当象征着温饱、熟悉的"mama"不在时，恐惧就会来临。这个阶段，应该是哺乳的前期到哺乳的中后期。

这段话显然是符合实际情形的，这个说法也和莱布尼茨的观点是相一致的，同时印证了莱布尼茨关于语词意义并非纯粹是"武断的"的观点。

以上类似的对语言的深刻认识，莱布尼茨还有不少，完全可以独立地写一部长篇大论，这里不再一一述说。

关于语言与哲学的关系，所有的哲学思想当然是用语言来表达的，这也是哲学与语言之间一种基本而天然的关系，对此，莱布尼茨特别强调语言在表达哲学之时要注意说话遣词的准确，否则就会产生严重的后果，他说：

> 主张哲学家们在涉及严肃地迫求真理的问题时说话要准确，这却不算过分；要是涉有这一点，则一切都会充满了错误、固执和徒劳无益的争论。（同上，397页）

从哲学史上可以看出来，莱布尼茨的说法是极有道理的，哲学史上之所以会有如此之多的争论，主要的原因之一就是大家对于争论的问题存在着词汇的误用问题，换言之就是语言问题。维也纳学派提出来了一个鲜明的立场，即认为整个形而上学——它也是西方哲学的主体——都是无意义的，例如它的代表性人物卡尔纳普就曾强调，在形而上学领域里的全部断言陈述全部是无意义的。

而之所以无意义，就是因为语言问题，更具体而言就是因为在形而上学之中，有些词汇表面上是有意义，实际上却没有，以卡尔纳普的话来说是"假概念"。

至于为什么会形成假概念，原因之一就是因为在形而上学之中，一个词的意义不再是它字面上的含义了，而是以一种"隐喻"的方式去表达其意义，但这样的结果就是其恰恰失去了意义。典型的例子就是"be"这个词，这个词在形而上学之中是居于核心地位的，可是对它的用法存在着逻辑上的毛病，例如它有时充当系词用，放在谓词前面，有时又指存在，是名词，甚至于还成了动词，形而上学家分不清或者不愿意分清这样的歧义，因而加重了这种错误。

那么形而上学有什么意义呢？卡尔纳普指出，正因为形而上学之中广泛地存在着词汇的误用，所以它本身有许多的命题或者句子是既不能说错，又不能说对，是无意义的，即不明白它说的究竟是什么，因而是一种"假句子"。但这并不意味着这些假句子就如同假货一样没有存在的意义或者存在的价值，那是有的，只是这个价值不在于使我们认识世界、获得真理，而在于它类似诗歌，可以激起并且表达我们的情感，对此他说：

> 形而上学、哲学、伦理学（就其作为规范纪律而非作为事实的心理—社会学考察而言）的假句子是似是而非的句子；它们没有任何逻辑内容，而仅仅是激起听者情感和意志力倾向的感情表达。①

从这些话语之中可以看出来，莱布尼茨可以说是维也纳学派的

---

① *The Logical Syntax of Language*, P278, Translated by Amethe Smeaton, London, Kegan Paul, Trench, Trubner & Co.Ltd, 1937.

思想先驱，正是他首先提出西方传统哲学的主体即形而上学之中存在着一个最为致命的问题，简言之就是语言问题，而正是这个问题的存在导致了现代西方哲学的一次革命性的变革，即西方哲学的语言转向，哲学家们开始从语言的角度去理解世界与哲学。

我们回到莱布尼茨，他不但指出哲学中存在的语言问题，还提出三种纠正这些错误的方法：

> 第一种纠正方法就是不要用任何语词而不赋予一个观念。
> 第二种纠正方法就是要使样式名称的观念至少是决定了的，以及要使实体名称的观念更加符合存在的东西。
> 第三种纠正方法就是运用语词要尽可能符合公认的习惯。
> 第四种就是：当你造一些新词或在一种新的意义下来用一些老的语词时，或者当你发现词的习惯用法意义不够确定时，要宣布你用这些词是取的什么意义。①

这些话既深刻又有道理，例如第一条就和卡尔纳普的思想是对应的，即当我们不对一个语词赋予一个适当的观念即内容之时，它就成为假概念了。莱布尼茨的这些思想对未来哲学的发展也有着极为重大的意义，并且成为现代西方哲学许多流派的中心主题，如维也纳学派、逻辑实证主义、语言哲学与维特根斯坦哲学等。

第二节　数理逻辑的先驱

以上我们说了莱布尼茨对语言学的一些独到认识，但它们都不是莱布尼茨对语言学最大的贡献，在这方面莱布尼茨最大的贡献是

---

① 《人类理智新论》，（德）莱布尼茨著，陈修斋译，商务印书馆，1982年，第397—398页。

他对一种全新的语言——逻辑语言——的构想。

据说自童年开始,莱布尼茨就有一个美丽的梦想,就是建立一种"普遍文字",这种普遍文字将是全人类都能够懂的一种普遍性的符号,再将这些符号进行组合,形成一种新的全人类都能懂的语言,再以这种语言进行逻辑推理,从而得到新的真理。对此他说:

> 由于某种命运,我从孩提时起,就早已被引入这些反思,此后,正像人们对待最初的癖好那样,它们一直极其深刻地烙印在我的心上。
>
> ……
>
> 我思考出,必然会创造出一种人类思想的字母,通过由它组成的联系和词的分析,其他一切都能被发现和判断。[①]

在这里要强调的是,莱布尼茨的这种语言可不同于我们一般意义上的语言,而是一种逻辑语言,类似于数学公式,并且比一般的数学公式更加复杂。我们知道,数学公式的一个特点是大家都能够懂,无论你持什么样的语言,一看到数学公式都会懂,例如我们读一本希腊文的中学数学教材,即使我们不懂希腊文,但那些数学公式还是能够看懂的,那些图形、公式和我们中国的中学数学教材中的样子不会有多大的区别。莱布尼茨的想法其实就是将整个语言变成数学公式的样子,这种新语言中的符号也像数学公式中的符号一样,是持各种语言的人们都能够懂的。

莱布尼茨认为,一旦发明了这种新语言,那么各民族就能够将自己的语言翻译成这种语言,从而可以相互地交流:

[①] 《莱布尼茨自然哲学著作选》,(德)莱布尼茨著,祖庆年译,中国社会科学出版社,1985年,第2—3页。

长期以来，不少杰出的人已经宣布了一种"普遍语言"或"文字"，在其中，各种各样的概念和事物都能用一个合适的顺序加以组合，借助于它，不同民族的人才有可能相互交流思想，把一种外来语的书写符号译成他们自己的语言。（同上，2页）

莱布尼茨认为，这种语言不但会使各民族的人们自如地交流，还可以大大地促进新知识的形成，他甚至将这种新语言与航海中的指南针、生物学中的显微镜以及天文学中的望远镜相比：

一旦人们对最大部分的概念建立起特征数字，那时人类将会拥有一种新工具，它提高智能的能力，远胜过光学工具之加强人眼，而理智之优越于视力，将和显微镜及望远镜之取代视力一样。它的用途之大，犹如给水手以指南针，它比星座带给所有在海上从事调查和实验的人的用途更大得多。（同上，5—6页）

莱布尼茨还具体地指出来，这种新的语言将是一种推理的工具，即可以根据它推导出新的知识，并且所推导出的知识将是绝对地正确无误的。他说：

不管怎样，一旦我们占有了事物本身真正的特征数字，一个证明是否实质上是确定的，就可以第一次得到判断而没有任何困难，也没有陷入谬误的危险。（同上，8页）

由这句话我们可以知道莱布尼茨的这种语言并非如我们所说的语言一样的普通语言，而是一种"逻辑语言"，即它本质上是一些逻辑符号的组合，据此可以进行逻辑的推演，由一些已知的知识而推演出未知的知识，就像数学证明中，可以由一些已知的定律进行数学推导与证明，得到与证明新的知识一样。就像《几何原本》的情形，整个欧氏几何都是通过几个简单的定义与公式而推导出来的。

莱布尼茨认为这种新的逻辑语言将可以使我们了解一切，包括世界与上帝，得到各种的真理，包括有关上帝的真理，因而大大地促进基督教的传播：

> 一旦传教士采用这种普遍文字，则和理性有着内在和谐的真正宗教将会建立，也没有理由去担心未来的任何背教行为，正像人们一旦学习了算术和几何之后，就再也不用担心会否认它们一样。（同上，7页）

这样的说法有些匪夷所思，或许表明了莱布尼茨对于这种语言深深的期待。

遗憾的是，莱布尼茨并没有建立起这种逻辑语言，他虽然有许多的思想，也写了不少有关的东西，但并没有将之公开发表或出版，但他却清楚明白地预言了这种语言的产生，对它的意义也有深刻的认识，这一切导致了二十世纪一项伟大的逻辑学成果——数理逻辑——的诞生。不用说，莱布尼茨是数理逻辑伟大的先行者与预言家，对此罗素感叹说：

> 莱布尼兹坚信逻辑不仅在它本门范围内重要，当作形而上学的基础也是重要的。他对数理逻辑有研究，研究成绩他当初假使发表了，会重要之至；那么，他就会成为数理逻辑的始祖，而这门科学也就比实际上提早一个半世纪问世。[①]

---

① 《西方哲学史》（下卷），（英）罗素著，何兆武、李约瑟译，商务印书馆，1976年，第119页。

莱布尼茨无疑是数理逻辑的先驱，他的设想——以一种逻辑语言代替现在的语言进行思考与推理——在他自己看来，甚至在罗素以及现在的许多哲学家与逻辑学家看来也是很好的，所以出现了许多数理逻辑的哲学作品，例如蒯因就是个中高手。但在我看来，这种方式尽管是有意义的，但既不能代替传统以文字表达的哲学，更不能如莱布尼茨所说的那样可以由单纯的推理就发现真理。

为什么呢？有三个原因：

一是世界万物太复杂，其复杂的程度要超乎我们的想象，而倘若要进行数学的推理，则推理的大前提一定要来自世界本身，这是理性的一种基本的要求，但这样的大前提是对世界一种基本性的、并且是所有人都认可的结论，是对世界最本质的认识，但这样的大前提恐怕是找不出来的，因为我们对于世界并没有共同的本质性的认识，包括有神与无神或者知识是来自于经验还是理性，这样最基本的问题都是没有共同结论的，所以何来一个统一的、所有人都无疑义的大前提呢？既然如此，那么一切的设想就成了没有根基的了，即使设计出来也是不稳的。

二是这样的数学式样的逻辑推导即使有时候可能成立，其推导的过程也十分复杂，没有专业的技术是看不明白的，请问我们得到哲学的理论目的为何？难道是自己或者少数几个同道孤芳自赏吗？显然不是的，我们是要给大家看的，至少是给许多人看，但这种逻辑的推导公式如此专业，又有几人能够看懂呢？何况它这样推导出来的对不对，一般人也无从评判，这有点像维特根斯坦反对的私人语言，实际上对于大多数人来说是没有意义的。这点我们只要看看了不起的蒯因的一些著作就明白了，例如《数理逻辑》一书，能够说它推导出了任何的哲学真理吗？我想不是这样的。

三是这样的表达方式抛弃了哲学一个很基本的载体之美，这就是文字之美。当我们表达哲学之时，或者表达任何事物之时，倘若用文字，文字不但可以表达深邃的含义，还能表达逻辑符号不可能表达出来的微妙的含义，这些含义也是一般人都可以了解的。而且，文字本身是有着一种美感的，这有类于文学与艺术的美感，这是文字一种极重要的意义，也使得哲学具有了另一种迷人之处，一旦用上了冷冰冰的逻辑符号，这种美感将荡然无存。在我看来，这不是哲学的上升，而是堕落，哲学也将失去她的魅力，被打入冷宫。

第十一章　论天赋观念

是否有天赋观念是哲学史上的大问题，此前不少伟大的哲学家，如笛卡尔与洛克等，都对这个问题进行了相当深入的分析。莱布尼茨也很重视这个问题，并且提出了自己的独特见解。

第一节　为什么有天赋观念？

莱布尼茨之前，伟大的英国经验主义哲学家洛克提出了著名的心灵白板说，即认为我们的心灵生下来时只是一块白板，换言之就是说根本没有什么天赋观念，因此洛克对于天赋观念是持十分反对的态度的。

莱布尼茨则与洛克相反，认为存在着天赋观念，并且在他的《人类理智新论》里对洛克提出了批驳。

事实上，我们在讲莱布尼茨的生平时就说过，他《人类理智新论》的起因就是为了批判洛克的《人类理智论》，因此，《人类理智新论》的主体内容之一就是批判洛克不承认有天赋观念，而强调天赋观念的存在，故其第一卷名字就叫《论天赋观念》。

在莱布尼茨看来，天赋观念的存在是自然而然的，甚至是必然的，因为那"必然真理"之存在就依赖于天赋观念：

> 必然真理是天赋的并且是靠内在的东西来证明的，而

不能是像我们建立事实真理那样靠经验来建立的。①

简而言之，必然真理是来自于天赋的，而不是后天证明的。他还指出了许多具体的这类天赋观念式的真理，如他认为"全部算术和全部几何学都是天赋的和以潜在的方式在我们心中的"。（同上，45页）

他还以柏拉图所举的那个例子，即通过不断地询问而使一个小奴隶明白了一个几何定律，来证明天赋观念的存在。

莱布尼茨这样的思想后来到了康德那里以更加系统而精妙的方式得到了很大的扩展。因为在康德看来，数学知识固然是以天赋的理解空间与时间的能力为基础的，其他所有的知识也都是如此，即一方面与经验有关，但另一方面更主要的基础却是先天的，是以我们的先天能力即范畴或者说纯粹知性概念为基础而产生的。不仅如此，一些看上去最简单的东西，例如可以将一朵红花看成是一朵统一性的红花而不是由花瓣和花蕊甚至无数碎片组成的杂乱无章的东西也是基于我们的先天能力，即统觉。如此等等。实际上康德哲学虽然不否定经验的重要性，但其核心却是人的先天能力，换言之就是莱布尼茨的天赋观念。所以从莱布尼茨、沃尔夫到康德，德国哲学的主流是始终一致的，即承认天赋观念的存在及其重要意义。

对于莱布尼茨，他认为存在天赋观念是很正常的，这甚至是他的哲学体系之中必然要得出来的观念。我们知道，莱布尼茨认为每个单子都是小宇宙，上帝决定了万物的前定和谐，并且不同事物之间是没有相互作用的，这样一来，一个必然的结论就是，人所有的观念都应该是先天的，即都已经存在于单子之中，存在于事物之中，后天只是将这些先天的观念呈现出来而已。这就是天赋观念的起源。

---

① 《人类理智新论》，（德）莱布尼茨著，陈修斋译，商务印书馆，1982年，第48页。

当然，莱布尼茨并不认为所有观念都是先天的，而只是认为某些观念是先天的。例如他说过这样的话：

> 甜不是苦这一命题，按照我们给予天赋真理这一名辞的意义，并不是天赋的。因为甜和苦的感觉是来自外感官。因此这是一种混杂结论，在其中把公理应用于一种感性的真理上了。至于方不是圆这一命题，我们可以说它是天赋的，因为当你考察它时，你是把矛盾律应用于理智提供给自己的东西，或把后者归之于矛盾律所适用的范围之内。①

在这里，莱布尼茨认为"甜的不是苦的"这个观念不是先天的，由此可以得出来一个简单的结论，就是和外在感觉相结合的观念都不是先天的，换言之就是说，有关感觉的观念都是后天的。

要理解为什么感觉的观念是后天的，从理论上讲比较复杂，但我们可以从经验的或者直觉的角度去理解，什么是感觉？就是视觉听觉之类，它们是由感觉器官产生的，感觉器官当然是后天的东西，是我们出生之后才形成的，就像先有父亲后有儿子一样。

也许这时候有人说：这样说来，我们所有的观念都是后天的啊，因为它们都是在脑子里的，而脑子像眼睛一样，是后天的。对此，可以这样回答：在莱布尼茨看来，那些天赋观念并非是由我们这个脑子产生的，它是存在于永恒的灵魂中的，上帝早就放在灵魂之中的了，因此是先天的。

关于这一点可以从莱布尼茨眼中另一种天赋观念即有关上帝的天赋观念中看出来：

---

① 《人类理智新论》，（德）莱布尼茨著，陈修斋译，商务印书馆，1982年，第52页。

> 我们所具有的认识上帝观念的倾向，是在人的本性之中的。而且，即使把首次教人上帝观念归之于天启，人们所显出的那种很容易接受这种教理的心理状态也还是来自他们灵魂的本性的。（同上，38页）

即我们关于上帝的观念是早就存在于我们的灵魂之中的，而灵魂当然是先于肉体的，因此是天赋的。

我们前面说过，笛卡尔也认为存在着关于上帝的天赋观念，但莱布尼茨在此基础之上对天赋观念的范围有大大的推进：

> 我一向是并且现在仍然是赞成有笛卡尔先生所曾主张的对于上帝的天赋观念，并且因此也认为有其他一些不能来自感觉的天赋观念的。现在，我按照这个新的体系走得更远了；我甚至认为我们灵魂的一切思想和行动都是来自它自己内部，而不能是由感觉给予它的。①

这样天赋观念的范围就宽了，不止于我们上面说过的数学知识，原则上说，它似乎包括了所有源自理智的知识，即感觉经验之外的一切知识。

第二节 天赋观念的两个重要特点

关于天赋观念莱布尼茨还强调了两点：一是天赋观念虽然存在于我们心中，但我们并不一定需要认识，也不一定会认识。二是天赋观念并不一定是清楚明白的观念，它可能只是一种模糊的与可能

---

① 《人类理智新论》，（德）莱布尼茨著，陈修斋译，商务印书馆，1982年，第36页

的观念。

这两点是莱布尼茨天赋观念的核心所在。

我们知道,洛克用以反对天赋观念的利器就是认为不存在普遍同意的知识,因为根本没有什么观念是全人类普遍同意的。洛克的名著《人类理解论》第二章章名就叫"人心中没有天赋的原则",其中说道:

> (原则)它们不是自然地印于人心的,因为儿童和白痴等等都是不知道它们的——因为第一点,儿童和白痴分明一点亦想不到这些原则;他们既然想不到这一层,这就足以把普遍的同意消灭了。

莱布尼茨也承认,这种普遍同意是哪里也找不到的,即使是对于"凡物是即是"以及"一物不能同时既是又不是"这最基本的逻辑规则也没有普遍同意,因为有很多人对于它们毫不知情。因此他说:"我并不把天赋原则的确实性建立在普遍同意的基础上。"①

但他又说这根本无关于天赋观念的存在,因为天赋观念根本不需要普通同意,而只要看是否真的存在天赋观念,莱布尼茨认为是存在的。例如上帝的观念就是这样,虽然有许多人不承认神,但关于神的知识还是存在于他们的灵魂之本性当中。他还举了"是"的例子,认为在某些民族的语言之中根本没有"是"这个词,但他们却依旧有有关"是"这种含意的天赋观念,或者说,可以使用包含着"是"这个词意的句子,他说:

> 在达到抽象知识方面所发现的这全部困难丝毫也不产

---

① 《人类理智新论》,(德)莱布尼茨著,陈修斋译,商务印书馆,1982年,第37页。

生什么能以否定天赋知识的东西。有一些民族根本没有一个相当于"是"的这个词；难道有谁怀疑他们对于"是"是什么的知识吗？尽管他们很少抽象地想到它。（同上，74页）

为什么呢？也许在莱布尼茨看来，一个东西是不是天赋观念，并不要你此时了解或记得，只要我们经由反省可以从心中发现，就可以断定这观念了，就像书中的这段对话所说的：

> 斐：要是具有一个对于实体的天赋观念，将会是更有好处的；但事实是我们没有这样的观念，不论天赋的还是获得的都没有，因为不论是通过感觉或通过反省都没有。
> 德：我的意见是，只要反省就足以在我们自身中发现实体的观念，我们自身就是一些实体。（同上，76页）

这里是有关实体的天赋观念，但对任何的天赋观念都是一样的，在莱布尼茨看来，是不是天赋观念只要看是不是能够经由反省而从心中得来，具体的情形就如柏拉图所说的苏格拉底经过不断的盘问使那个小奴隶知道了一个几何学原理一样。

莱布尼茨的这种反驳是有道理的，我们心中存在着某个观念并不意味着我们一定要清楚自己有这个观念，就像无意识一样，完全可以存在于我们心中而我们自己毫无所觉，甚至终身不觉但它们依然存在。甚至于可以给我们带来巨大的痛苦，就像神经症一样，它们主要来自于存在于我们心中而不为我们自己所知的无意识。

对于这种无意识式的真理，莱布尼茨还说了一句令人印象深刻的话："有一些真理是我们从未想到过或将来也永不会想到的。"

确实如此，生活之中随时、永远存在着许多的真理与秘密，也许这些真理与秘密就在我们身边，我们却无法知晓，就像无意识一样，我们可以肯定，我们每一个人的心灵之中都有很多无意识是我们永远不会发觉的，又有很多人因为心灵之中的无意识而痛苦不堪，甚至罹患了神经症，只要他们发现了这种就存在于他们心灵之中的无意识，他们就会豁然而愈，但他们不能，甚至永远不能。

我听说过这样一句很深刻的话："人生中最可悲的事是，你就在我的身边，却不知道我爱你。"真理与无意识也是一样，也同样地令我们感到可悲与无奈，因为它们同样存在于我们身边而我们往往无从知觉。

天赋观念的另一个特点，是它并不一定是清晰的，也可以是模糊的、可能的，莱布尼茨打了一个有名的比喻，就是大理石之喻：

> 我也曾经用一块有纹路的大理石来作比喻，而不把心灵比作一块完全一色的大理石或空白的板，即哲学家门所谓 Tabuk rasa（白板）。因为如果心灵像这种空白板那样，那么真理之在我们心中，情形也就像赫尔库勒的像之在这样一块大理石里一样，这块大理石本来是刻上这个像或别的像都完全无所谓的。但是如果在这块石头里本来有些纹路，表明刻赫尔库勒的像比刻别的像更好，这块石头就会更加被决定用来刻这个像，而赫尔库勒的像就可以说是以某种方式天赋在这块石头里了，虽然也必须要加工使这些纹路显出来，和加以琢磨，使它清晰，把那些妨碍其显现的东西去掉个也就是像这样，观念和真理就作为倾向、禀赋、习性或自然的潜能天赋在我们心中，而不是作为现实天赋在我们心中的，虽然这种潜能也永远伴随着与它相应的、常常感觉不到的某种现实。（同上，6—7页）

这段话是针对洛克的心灵白板说提出来的。洛克认为人的心灵本来是一块白板，生下来时是没有任何经验与知识的，也就是说所有的经验与知识都是后天形成的。莱布尼茨则针锋相对地说,人的心灵不是像白板,而是像大理石。大理石虽然原则上似乎可以刻任何的雕像,但它有一些自然的纹路,这就使得刻某一些像更好、更合适,换言之就是说,这些像早就潜藏于大理石之中了,这样才使得刻这个像比那个像好。

  莱布尼茨的这种说法是很有意思的,也好懂,在我们中国的艺术中可以找到更清楚的例子,例如我们的玉雕,一块玉上面雕什么样的图像可不是随意的,而是要依据玉本来的颜色与纹路,这样雕出来的艺术品才更有趣味,也更逼真。例如台北故宫著名的镇宫之宝"翠玉白菜"就是如此。试想,要是乱来,可能雕刻成如此美妙绝伦的翠玉白菜和可爱的小蟋蟀吗?显然是不可能的。在莱布尼茨看来,我们的人脑就像玉石一样,虽然可以用来雕各种东西,但雕什么最好是要依据玉石中原有的情状。人的心灵也是这样,虽然可以产生各种各样的知识,但究竟会产生什么样的知识,是早就在心灵之中有其特别的"纹路"的。

  当然,这也就是说,在这些知识产生之前,它们在心灵之中并不是十分清楚而明白的,只是提供了一种可能性即"纹路"而已,要真正地产生知识,还必须依据这些纹路进行心灵的"雕刻"才成。

  由上可见,莱布尼茨对天赋观念有着相当丰富的思想,不过在他的思想里,天赋观念的地位并不如没有天赋观念在洛克那里那样重要,我们就说到这里了。

第十二章　空间和时间

空间与时间是人们对于世界一种很基本的认识，但真正引起哲学争论却是在牛顿提出他的绝对时空观之后的事，此前伟大的牛顿提出了对于时间与空间的理解，即存在着绝对的空间和时间。

关于绝对时间，他说：

绝对的、真实的和数学的时间，由其特性决定，自身均匀地流逝，与一切外在事物无关，又名延续。

相对的、表象的和普通的时间是可感知和外在的（不论是精确的或是不均匀的）对运动之延续的量度，它常被用以代替真实时间，如一小时、一天、一个月、一年。

至于绝对的空间，牛顿说：

绝对空间：其自身特性与一切外在事物无关，处处均匀，永不移动。相对空间是一些可以在绝对空间中运动的结构，或是对绝对空间的量度，我们通过它与物体的相对位置感知它；它一般被当作不可移动空间，如地表以下、大气中或天空中的空间，都是以其与地球的相互关系确定的。绝对空间与相对空间在形状与大小相同，但在数值上并不总是相同。例如，地球在运动，大气的空间相对于地球总是不变，但在一个时刻大气通过绝对空间的一部分，而在另一时刻又通过绝对空间的另一部分，因此，在绝对的意义上看，它是连续变化的。

它们是牛顿在《自然哲学的数学原理》提出的八个基本定义之一，在说明这些概念之后，牛顿才系统地阐明了著名的运动三定律。所以，这也是牛顿对世界的一种基本的理解。莱布尼茨对这一理解是不予认同的，这也是他与克拉克进行论战最重要的主题之一，关于他们论战的情形我们就不说了，这里只简述一下莱布尼茨对时间与空间的理解。

第一节　对空间的理解

莱布尼茨对时间与空间一个最基本的理解是，没有独立存在的时间与空间，因此之故，他也对牛顿在《原理》里将空间与时间都看成是一种绝对的存在，表示了坚决的反对：

如果空间是一种绝对的实在，远不是一种和实体相对立的性质或偶性，那它就比实体更能继续存在了，上帝也不能毁灭它，甚至也丝毫不能改变它。它不仅在全体上是广阔无垠的，而且每一部分也是不变的和永恒的。这样在上帝之外还将有无限多的永恒的东西。①

从这里可以看出来，莱布尼茨认为，之所以空间不是绝对的，是因为倘若空间绝对，那么就连上帝也不能毁灭它了，因为倘若上帝能够毁灭它，那就不能说它是绝对的。牛顿还认为空间是永恒的，也是一样，这样一来，就有了除上帝之外别的永恒的东西了！空间如此，时间也是如此。

这只是莱布尼茨反对时间与空间绝对性的第一个理由，第二个理由是，在牛顿那里，绝对的空间是一种纯粹、均匀的虚空，即在

---

① 《莱布尼茨与克拉克论战书信集》，（德）莱布尼茨、（英）克拉克著，陈修斋译，商务印书馆，1999年，第33页。

这个空间的任何地方都是一样的，时间亦是如此，与任何具体的物质形态都没有关系。这显然与莱布尼茨的充足理由律和无法分辨者的同一性这两条他称之为的"伟大的原则"相违背。因为倘若存在着这样的时间与空间，那就意味着，这样的时间与空间中的每一部分都是绝对一样的，这显然违背了莱布尼茨的两个原则，所以他说：

> 如果空间是一种绝对的存在，就会发生某种不可能有一个充足理由的事情，这是违反我们的公理的。（同上，18页）

对于这个，我们当这样理解，在牛顿的绝对空间里，空间既是绝对的虚空，同时又是可以划分为不同部分的，也就是存在着无数个绝对一样的纯粹的空间，它们只有体积的不同，而无其他的任何区别，甚至于体积也是同样的，也就是存在着彼此没有任何不同的两个甚至无数个东西，这当然与莱布尼茨的基本原则是违背的。

莱布尼茨还是用上帝来反驳这样的观点，认为倘若存在着这样绝对的时间与空间，那么就会产生这样的疑问：为什么上帝没有早一年或者晚一年创造世界呢？为什么要在这个而不是另一个绝对的空间中创造世界呢？为什么要在某个特定的时间创造世界呢？既然在那个绝对的时间里，任何两点都是绝对一样的？空间也是同样。这是没有任何理由可以说明的，而在莱布尼茨看来，上帝是不可能做没有理由的事情的，相反，上帝做任何事情都是有充足理由的。因此，倘若说存在着绝对的时间与空间，就直接地要上帝违反充足理由律了！这当然是不可能的，因此不存在绝对的时间与空间。

相应地，莱布尼茨也不认为存在着没有任何物质的空间，即虚空，也就是德谟克利特哲学中的那种原子与虚空。我们前面说过莱布尼茨是不认为有原子的，他同样也不认为存在着虚空。当时科学家们通过一些科学方式得到了虚空（即真空），例如帕斯卡。他还写过名为《真空论》的著作。①更早地，还有伽利略的学生托里拆利也做过同类的实验。莱布尼茨否认这样的真空是"虚空"，即里面什么也没有的纯粹空间，他说：

> 我不相信有什么没有物质的空间。人们说成有虚空的那些实验，如跟着托里拆利用那水银柱的玻璃管的空隙，以及跟着盖利克用唧筒做的实验，都无非是排除了粗大的物质而已。因为那些光线，也并不是没有某种精细的物质，它们就穿过玻璃透迸去了。②

与此相应地，莱布尼茨认为任何空间中都是充满了物质的，这些物质也是可以像普通的物质一样无穷地分割：

> 我们毋宁设想空间充满了一种原本是流动的物质，可以接受一切分割，甚至在实际上被一分再分，直至无穷。③

莱布尼茨的观点是有道理的，实际上，即使从科学的意义上说，也不存在着绝对的真空，即原子论和牛顿哲学里的虚空，任何空间都是有某种物质存在的。

更进一步地，莱布尼茨认为空间与空间中存在的物质是一体的，甚至于是同一个东西，二者不可分割：

---

① 参《帕斯卡尔文选》，莫里亚克编，何怀宏译，生活·读书·新知三联书店1991年，第22页。
② 《莱布尼茨与克拉克论战书信集》，（德）莱布尼茨、（英）克拉克著，陈修斋译，商务印书馆，1999年，第41页。
③ 《人类理智新论》，（德）莱布尼茨著，陈修斋译，商务印书馆，1982年，第16页。

> 我并没有说物质和空间是同一个东西，我只是说没有什么空间是没有物质的，以及空间本身不是一种绝对实在。空间和物质的区别就像时间和运动的区别一样。可是，这些东西虽有区别，却是不可分离的。①

他这个观点是有道理的，符合爱因斯坦的理论，爱因斯坦也曾说过这样的话，大意是从前人们以为，如果所有的物体从宇宙中消失掉，时间和空间依然存在。而根据相对论，时间和空间将同物体一起消失。

虽然莱布尼茨这样说，但他还是要看到一个事实，就是存在着时间与空间，这是很明显的，怎样解释这个时间与空间呢？

第二节　对时间的解释

关于时间，莱布尼茨说过这样的话：

> 一切存在的时间和绵延，作为先后相继的，都在连续不断地消亡。而一件东西，严格说来从来没有存在过的，又怎么永恒地存在呢？因为一件东西，它的任何部分都从未存在，它怎么能存在呢？时间从来只是作为一些顷刻存在，而顷刻本身甚至并不是时间的一部分。谁要是考虑一下这些观察到的情况，就很可以懂得时间只不过是一种理想性的东西。而时间和空间的类比将使人很可以判断，这一个也和另一个一样是理想性的东西。②

---

① 《莱布尼茨与克拉克论战书信集》，（德）莱布尼茨、（英）克拉克著，陈修斋译，商务印书馆，1999年，第80页。
② 《莱布尼茨与克拉克论战书信集》，（德）莱布尼茨、（英）克拉克著，陈修斋译，商务印书馆，1999年，第75页。

这段话的含意非常丰富，我们在这里只能简略言之。莱布尼茨在这里表达了一个意思：即使从时间的本意来说也没有时间。因为时间分成过去、现在和未来，过去的已经过去，消失了，当然不存在了，未来的还没有来，所以也不存在。而现在呢？现在似乎存在，但实际上恰恰是不存在的，因为时间是无限分割的，哪怕再短的一点时间，它每时每刻都在运动，根本无从把握，在你想知道它的一瞬间，它就消失了。所以现在也是不存在的，这样一来，过去、现在和未来都不存在，因此时间是不存在的。这样一来，依据物质只能存在于时间中这样的观念，那么"一件东西，严格说来从来没有存在过"。

此外我们从另一个角度上看，也不存在所谓的独立存在的时间，这就是早在古希腊时期赫拉克利特就分析过的时间。

赫拉克利特是第一个将具体的时间概念投入到哲学中来的，以前爱利亚学派讲永恒，永恒当然也是指时间上的永恒，但永恒并非时间本身，只是时间的某种特殊的形态，到了赫拉克利特这里，则具体提出了时间。

什么是时间？这也是一个非常深刻的问题，赫拉克利特说：

> 时间是第一个有形体的本质。[①]

这句话对时间有两个描述：一是时间有形体，二是时间是本质。时间是本质好理解，但时间有形体就不好理解了，甚至似乎是不对的。我们知道，时间是一个纯粹抽象的东西，怎么会有形体呢？如果时间有形体，那么我们看得见时间吗？

也许这时候有人会说，当然看得见时间啊！例如我们能看到春

[①] 《哲学史讲演录》（第一卷），（德）黑格尔著，贺麟、王太庆译，商务印书馆，1959年，第304页。

夏秋冬的四季变化，还能够以此感受到花开花落带来的对于时光匆匆、红颜易老、青春易逝的惆怅，就像黛玉在《葬花词》中所言："侬今葬花人笑痴，他年葬侬知是谁？一朝春尽红颜老，花落人亡两不知。"和赫拉克利特一样古老的《诗经》中也有这样的话："昔我往矣，杨柳依依；今我来思，雨雪霏霏。"这些句子都描述了人们对于时间之流逝的切身感受，同时也似乎在这些花开花落、杨柳依依里看到了时间。

此外，时间也可以计量，例如年、月、日、季、小时、分钟、秒、毫秒，等等，用沙漏啊表啊钟啊什么的去测量。

总而言之，时间似乎是看得见的。

不过，我在这里要问一句：请问，我们看到了时间吗？或者说，我们看到的是时间吗？不是！对于一年四季，我们看到的只是花开花落、落叶缤纷、冷热交替；对于昼夜，我们看到的只是太阳的东升西落、交替循环；对于小时分钟，我们看到的只是钟表指针的一圈圈转动或者液晶数字的一个个跳动。请问，我们看到了时间吗？难道这些花开花落、落叶缤纷、太阳的东升西落、钟表指针的一圈圈转动或者液晶数字的一个个跳动就是时间吗？

当然不是，它们只是花、落叶、太阳、指针、液晶数字而已，怎么是时间呢！当然不是。

大家更深更广地去思索一下，就会明白一点：我们是不可能看到时间的，甚至不能以任何形式感觉到时间。

所以，赫拉克利特在这里说时间有形体，并不是说时间有着像人或者鱼一样可以直接地感知的形体，而是另有含意，这个含意就是黑格尔所说的"抽象的感性"。

抽象的感性这个词用得非常好，它指出了时间最基本的特征，即它既是抽象的，又是感性的。抽象的，是指时间的本真面貌，时间，它的本来面貌是抽象的，亦是不可感知的，就像我们不可感知没有宽度的线、没有厚度的面一样，或者说，就像我们不可能感知思想本身一样。

但同时时间又是感性的，即可以感知的，因为时间总是通过一些具体的可感知的形态去表现自己，例如上面我们所说的花开花落、太阳的东升西落，都是如此。

将这二者结合起来，就可以说时间是抽象的感性。

通过这样的分析，赫拉克利特所说的时间是形体就可以说成时间是抽象的感性了。赫拉克利特认为，这个作为抽象的感性的时间就是本质。

这又如何理解呢？即时间为什么能够成为本质呢？——这个本质就是世界的本原。

对此可以先简单地回答：这是因为时间具有某些特质，正是这些特质使之能够成为本质，如水、存在者、气因为有某些特质所以可以成为世界的本原一样。

这样简单的回答当然是不够的，我们必须具体地指明时间具有什么样的特质，使之可以成为本质。

时间的特质有两个：

一、时间是运动。

二、时间是既存在又不存在。

我们首先说运动，运动可以说是时间的本质。

我们知道，时间有许多的表达方式，例如花开花落、太阳东升西落、机械表上面的指针、电子表上面的液晶数字等，此外还有许多种表达或计量时间的方式，例如古代的沙漏、壶漏、结绳、刻记号或者现代的某种原子的有规则跳动，等等，不一而足。

这时候，聪明的你或许会提出这样的问题：它们为什么可以用来计时？它们与时间之间有什么样的关系？

对于它们为什么可以用来计时，这是很容易发现的，就是这些凡用以计时的东西，它们都有一个共同的特点：都在有规律地运动。

我们看看吧，花开花落、落叶缤纷、太阳的东升西落、钟表指针的一圈圈转动或者液晶数字的一个个跳动，哪一个不是在有规律地运动？而所谓的时间，正是将这些有规律的运动记录下来，当成时间的度量。最典型者如太阳的东升西落一次就是一天，这时候的规律就是太阳总是东升西落而不会今天东升西落，明天就南升北落而后天就干脆停在天空不升不落，倘若这样的话，太阳的这种起落也就不会成为计量时间的标尺了。可以说，这里的有规律与运动两个特点缺一不可。

我们甚至可以这样说，对于任何事物，如果它具有有规律的运动这样的特点，它就可以用来计时。

这时候也许有人问：为什么必须是一种有规律的运动呢？没有规律不行吗？当然不行，因为所谓时间，它最基本的特点就是有规律，这样才可能重复地记录，无论年月日还是时分秒，其实说白了都是一种规律，今年、明年、后年一年年，今天、明天、后天一天天，都是一种有规则的轮流交替，这是时间最基本的特点。可以说，如果没有规律，也就没有时间，因为没有测量时间的必要，也不可能测量它。

有规律的运动，其核心当然不是有规律，而是运动。

于是我们可以这样说：与时间相关的并不是某种具体的物质，而是运动。

我们看看吧，那些计量时间的物质是可变的，甚至千变万化的，从花、落叶、太阳、指针、液晶数字到铯原子，其形态变化万千，甚至变化无常，根本没有某一种特殊的物质与时间有特别的关系。

而与时间存在必然联系的只有一个东西，就是运动本身。

因此，在时间与运动之间存在着一种本质的与必然的联系，或者说时间的本质就是运动。

而运动可以用另一个词来表达，就是变，变是运动，运动也是变。

变对于赫拉克利特哲学的意义我们前面已经分析过了，变是赫拉克利特整个思想的逻辑基础。

变是运动，而运动又是时间的本质，于是，时间就自然而然地成为赫拉克利特哲学中世界的本质了，说时间是世界的本质，就像说运动是世界的本质一样。

对于这一点，黑格尔如是说：

> 时间在直观中是纯粹的变。[①]

我们再来说时间的第二个特质——存在又不存在。

这里当然又可以分成两部分：一是时间存在，二是时间不存在。

对于时间之存在是好理解的，例如我们看到花开花落、落叶缤纷、钟表指针的一圈圈转动或者液晶数字的一个个跳动，这些都可以说是时间，是看得见的时间。

既然看得见，那时间自然是存在的。

但时间又不存在，为什么呢？

这是一个很深刻的问题，这里只能够简单说说。

我们可以从两个角度理解这个问题，一是直观的角度。前面我们看到了花开花落、落叶缤纷、钟表指针的一圈圈转动或者液晶数字的一个个跳动，但请问，我们看到的是时间吗？当然不是，我们看到的只是花、落叶、钟表的指针、液晶数字的跳动而已，这些是时间本身吗？当然不是！这是显而易见的。

实际上，大家可以尽情地发挥自己的想象力，看可不可以用任何的方式去直接地体会时间本身，甚至不一定要感知，答案一定是

[①] 《哲学史讲演录》（第一卷），（德）黑格尔著，贺麟、王太庆译，商务印书馆，1959年，第304页。

不可以的,我们直接地感知或体会到的永远是一些具体的事物而已,也许是可感知的,例如花,也许是不可感知的,例如一些念头,但这些都不是时间本身。

总而言之,时间本身并不存在于任何地方,既不存在于可感知的自然界,也不存在于我们的意识之中。

从这个角度上来说,时间就是直接地不存在的。

我们还可以从时间本身进行抽象的分析,不过这种分析前面已经作过了,就是从过去、未来与现在的角度去分析。通过分析知道,我们一次也不能踏进同一条河流,因为河流随时在变,无所谓静止,就像时间随时在变,没有现在一样。同样地,我们不存在,因为过去已逝,未来未来,现在又不存在,我们并不拥有时间——哪怕是十分之一、百分之一、千分之一秒的时间,简而言之就是:时间不存在。

将上面的结论综合起来就是:时间存在又不存在。就像黑格尔所说,时间"它的本质既是'有'又不是'有',除此而外别无特性"。①

显然,赫拉克利特关于时间的思想是与莱布尼茨有着内在的相通之处的,例如他们都否认存在着独立的时间。

回到莱布尼茨,经由莱布尼茨的分析,倘若牛顿所说的绝对的独立的时间存在,那么万物倒将要不存在了,而万物当然是存在的,这是无可疑义的。因此,为了万物的存在,我们只好认为时间不存在了。换言之就是说,时间其实只是一种理想性的东西,即我们心中的一种主观的想法而已,客观上并不存在。

当然,莱布尼茨在这里并不是说时间真的完全不存在,而是说不存在牛顿那种理想性的、绝对的时间,但另一种时间还是存在的,就是相对的时间,他说:

---

① 《哲学史讲演录》(第一卷),(德)黑格尔著,贺麟、王太庆译,商务印书馆,1959年,第304页。

至于我，已不止一次地指出过，我把空间看作某种纯粹相对的东西，就像时间一样；看作一种并存的秩序，正如时间是一种接续的秩序一样。因为以可能性来说，空间标志着同时存在的事物的一种秩序，只要这些事物一起存在，而不必涉及它们特殊的存在方式；当我们看到几件事物在一起时，我们就察觉到事物彼此之间的这种秩序。①

在这里莱布尼茨指出了他对于时间的理解，他认为时间有两个特点：

一、时间是相对的。

二、时间是一种秩序，具体地说是一种接续的秩序。

时间是相对的就是说不存在牛顿那样的绝对时间，所以它是相对的，这里的相对性与爱因斯坦相对论中的相对性是有所联系的，但区别更大，它主要只是抽象地表明时间的非绝对性以及不独立性。至于接续，是说时间是事物存在的一种持续性，例如昨天存在、今天存在、明天也存在，这种同一事物的连续存在的秩序性就给了我们以时间的概念。

在这里，莱布尼茨不但谈到了时间，还谈到了空间，他对空间的理解也是两点：

一、空间是相对的。

二、空间是一种秩序，具体而言，空间是不同事物并存的秩序。

空间的相对性与时间的相对性是一样的，主要是从一种抽象的角度说明，因为空间不是独立的、绝对的，是依赖于物质的，是与物质一体的，所以它当然是相对的。

与时间不同的是，空间的秩序是不同的时候同时并存时的那种

---

① 《莱布尼茨与克拉克论战书信集》，（德）莱布尼茨、（英）克拉克著，陈修斋译，商务印书馆，1999年，第18页。

秩序,正是这种秩序给了我们有关空间的概念。对此我们可以这样理解:倘若世界上只有一个物体,那么恐怕是难以给人存在空间的感觉的,正因为世界上有无数的物体,一个在这,一个在那,我可以从这个物体走到那个物体,正是在这样的不同物体的并存秩序之中,我们感觉到了空间的存在。在莱布尼茨看来,这就是空间的本质:空间只是对这种秩序的理解而已,或者说只是一种事物的秩序,而非一种独立存在的事物。

这些思想都是很深刻的。总而言之,莱布尼茨认为:

> 空间只是一种事物的秩序,如时间一样,而绝不是一种绝对的存在物。①

---

① 《莱布尼茨与克拉克论战书信集》,(德)莱布尼茨、(英)克拉克著,陈修斋译,商务印书馆,1999年,第39—40页。

第十三章　对中华文明的崇敬与赞美

关于莱布尼茨哲学我们最后要讲的一点比较特别,是他和中国的关系。

为什么要讲这个?因为莱布尼茨是从古至今所有西方哲学家甚至所有西方杰出人物当中喜欢中国、欣赏中华文明的人之一,也是对中华文明了解得最深的西方伟人之一,因而他的思想反过来又可以促进我们自己对中华文明的理解。

第一节　对中华文化的整体性认识

莱布尼茨有专门的两篇文章是写中国的,一篇是《论中国哲学》,不过《论中国哲学》的篇名不是莱布尼茨自己定的,而是后人加上去的,莱布尼茨在1716年写的信中称这篇文章为《论中国人的自然神学》,意思是差不多的。

另一篇出自《中国近事》或译为《中国新事》,其中包括六篇文章,其中五篇是在华的欧洲传教士所写,一篇是欧洲的外交官所写,1697年出版,莱布尼茨为之作序,在序中有这样的话:

> 我认为,命运的特殊决断使人类当今最高的文化和最高的技术文明汇集在我们大陆的两端,即欧洲和中国……也许至高无上的天意所遵循的目的是,让文明的(同时又

是距离最远的）民族相互伸出臂膀，逐渐地将处于他们之间的一切纳入一个更加符合理性的生活。①

在这段话里，莱布尼茨清楚地表明，在他看来，当时的欧洲与中国是世界上同时拥有最高度文明的地方，他还憧憬着这两大文明能够使全世界人民都过上一种更好的、也就是更加符合理性的生活。这足见他对中国文明的尊重与尊崇了，与当时那些自以为是天下文明唯一之中心，其他地方的人都是野蛮人的大多数欧洲人形成了强烈的对比。

与此同样形成强烈对比的是另一个伟大哲学家，和莱布尼茨一样同为德意志人的黑格尔，他对中国文化可以说是相当蔑视，例如他是这样评价孔夫子和他的著作的：

> 我们看到孔子和他的弟子们的谈话（即《论语》），里面所讲的是一种常识道德，这种常识道德我们在哪里都找得到，在哪一个民族里都找得到，可能还要好些，这是毫无出色之点的东西。②

对中国文化与哲学的整体，黑格尔则是这样说的：

> 在中国，在中国的宗教和哲学里，我们遇见一种十分特别的完全散文式的理智。人们也知道了一些中国人的诗歌。私人的情感构成这些诗歌的内容。中国人想象力的表现是异样的：国家宗教就是他们的想象的表现。但那与宗

---

① 《神义论》，（德）莱布尼茨著，朱雁冰译，生活·读书·新知三联书店，2007年，第3页。
② 《哲学史讲演录》（第一卷），（德）黑格尔著，贺麟、王太庆译，商务印书馆，1959年，第119页。

教相关联而发挥出来的哲学便是抽象的,因为他们的宗教的内容本身就是枯燥的。那内容没有能力给思想创造一个范畴〔规定〕的王国。①

黑格尔对中国哲学与文明的评价简而言之就是两个字——不行!可以说是相当的蔑视。

在这里我倒不是批评黑格尔,某种程度上甚至是理解的,因为在莱布尼茨时代的中国正处在千年繁荣期的尾声,也是中国历史上的康乾盛世,在康熙大帝统治之下,中国打败了同样属于欧洲文明、在欧洲也属强国的俄罗斯人,西方人对中国怀抱敬意是正常的。但到了黑格尔大讲哲学的时代,乾隆已逝,中国已经是强弩之末、日薄西山了,在文明上尤其是科技水平上已经远远地落后于欧洲人,黑格尔看不起当时的中国人与中国文化也不出意外。

但不管怎样,莱布尼茨对中国哲学与文化的欣赏是出自肺腑的,而且,抛开国家的实力不说,即便是对同样的内容,在莱布尼茨眼中和在黑格尔眼中,评价也是天差地远的。例如莱布尼茨在《中国近事》的序言中对中国与欧洲各自的优势有一种比较全面且客观的比较:

> 在日常生活以及经验地应付自然的技能方面,我们是不分伯仲的。我们双方各自都具备通过相互交流使对方受益的技能;在思考的缜密和理性的思辨方面,显然我们要略胜一筹,因为不论是逻辑学、形而上学还是对非物质事物的认识,即在那些有充足理由视之为属于我们自己的科学方面,我们通过知性从质料中抽象出来的思维形式,即

---

① 《哲学史讲演录》(第一卷),(德)黑格尔著,贺麟、王太庆译,商务印书馆,1959年,第132页。

数学方面，显然比他们出色得多。同时，我们的确应当承认，中国人的天文学可以与我们的相媲美。看来他们对于人的知性的伟大悟解力和进行证明的艺术至今还一窍不通，而只满足于那种靠实际经验而获得的数学，如同我们这里的工匠所精通的那种数学。即使在战争艺术与战争科学上，他们也低于我们的水准。这不是出于无知，而是他们本意不愿如此，因为他们鄙视人类中所有产生或者导致侵略的行径，也因为他们似乎在遵循着为不少人误解并夸张到可怕地步的基督教崇高的教义——厌恶战争本身。倘若地球上只有他们自己存在，那么这是明智的举动。可眼下的情形却促使了那些最守本分的人也不得不准备害人的技术，其目的是为了不使所有的邪恶势力加害自己。就这点而言，我们超过他们。

然而谁曾经想到，地球上还存在着这么一个民族，它比我们这个自以为在所有方面都教养有素的民族更加具有道德修养。自从我们认识中国人之后，便在他们身上发现了这点。

如果说我们在手工艺技能上与之相比不分上下，而在思辨科学方面要略胜一筹的话，那么在实践哲学方面即在生活与人类实际方面的伦理以及治国学说方面，我们实在是相形见绌了。①

莱布尼茨在上面所说的"战争艺术"，我们可不要以为是战争的指挥艺术——兵书，我们有孙子兵法，那是不比任何西方人的兵书差的。莱布尼茨在这里指的是与科学技术相应的战争艺术，也就是武器装备，就这方面而言，在莱布尼茨时代欧洲已经超过中国了，

---

① 《莱布尼茨读本》，陈乐民编著，江苏教育出版社，2006年，第292页。

因为那时候欧洲已经广泛使用火枪之类的热兵器了，而中国却还是整体上处于大刀长矛的冷兵器时代，无疑是比欧洲落后许多的。

在这里，莱布尼茨比较客观全面地评价了中欧之间互相的短长，欧洲的优势在于哲学与科学方面要超过中国，在日常生活的经验、手工艺技能方面中欧相近，在道德修养、伦理学与政治学即治国之道方面，中国则领先欧洲。这样，总的说来，欧洲与中国之间是互有短长、不分高下的。

显然黑格尔可不这么认为，特别是有的方面，他和莱布尼茨之间对同一个对象的评价简直有天壤之别，如对天文历法，莱布尼茨认为"中国人的天文学可以与我们的相媲美"，黑格尔则是这么说的：

> 中国人是笨拙到不能创造一个历法的，他们自己好像是不能运用概念来思维的；他们也显示出他们有些古老的仪器，而这些东西是与他们的日常作业配合不上的，所以最自然的猜测就是：这些东西是来自巴克特里亚。对印度人和中国人的科学知识估计太高是错误的。①

不过至少在这方面黑格尔错了，他并不了解中国的历法，在这方面中国并不比欧洲差，要知道历法是用来指导农时的，对于中国这样一个有几千年传统的农业大国，没有发达的历法怎么行呢？至于历法的创造，中国人一直用的是阴历，欧洲人用的是阳历，难道阴历不是中国人自己创造的吗？是欧洲人创造的吗？黑格尔竟然说"中国人笨拙到不能创造一个历法"，真是岂有此理！

所以，即使从这个角度而言，我们也应该好好地赞美一下莱布尼茨！赞美一下他胸怀的宽阔与眼光的远大。在我看来，他的眼光

---

① 《哲学史讲演录》（第二卷），（德）黑格尔著，贺麟、王太庆译，商务印书馆，1960年，第275页。

甚至远大到了今天,因为他早就提出来,中国与欧洲应该互相学习,取长补短:

> 我担心,如果长期这样下去,我们很快就将在所有值得称道的方面落后于中国人。说这番话,并非因为我妒忌中国新近的醒悟。恰恰相反,我由衷地祝福他们。我只是希望我们也能够从他们那里学到我们感兴趣的东西。为了避免在此一一赘述他们的成就,我想首先应当学习他们的实用哲学以及合乎理性的生活方式。鉴于我们道德急剧衰败的现实,我认为,由中国派教士来教我们自然神学的运用与实践,就像我们派教士去教他们由神启示的神学那样,是很有必要的。由此我想到,如果不是因为基督教给我们以上帝的启示,使得我们在超出人的可能性之外的这一方面超过他们的话,假使推举一位智者来裁定哪个民族最杰出,而不是裁定哪个女神最美貌,那么他将会把金苹果交给中国人。①

中国与欧洲之间,西方文明与中国文明之间,的确是应当互相学习的,而不是像现在这样单方面地学习,似乎西方的一切都比中国好,月亮都比中国的圆——持这种观点的人不在少数,这种观点是不对的,是既不了解中国文明,也不了解西方文明的结果,是一种对我们自己古老文明的妄自菲薄。

倘若我们以为这番话在当时很普遍就不对了,当时虽然有许多哲学家对中国抱有一定好感,在书中也记载了中国,但总的来说还是相当有限的。除了我们前面讲过的马勒伯朗士外,莱布尼茨之后的伟大的哲学家休谟,在他的作品中也提到了中国,不过极少,并

---

① 《莱布尼茨读本》,陈乐民编著,江苏教育出版社,2006年,第296页。

且看法并不是正面的,例如其中有这样一段:

> 中国是当今之世弃婴之风盛行的唯一国家,却是我们所知的人口最多的国家。中国人不满十七岁就结婚。要不是他们有一种十分轻易的摆脱孩子的办法,早婚之风就根本不可能这么普遍。①

这时候,我不由又回过头去想起了休谟的英国同胞罗素,他对莱布尼茨的人品似乎是颇有微词的,说莱布尼茨"是一个千古绝伦的大智者,但是按他这个人来讲却不值得敬佩"②。我却要说,莱布尼茨就人品而言也是值得敬佩的。

莱布尼茨的心胸宽广,他心中装的可不只是中国,而是全人类,他希望自己能够为全人类谋福祉,不管他是否成功,有这样的想法就很伟大了,他曾经说过这样的话:

> 如果有重大的事件完成了,我对它是在德国还是在法国实现毫无兴趣,因为我追求人类的善。我既不是希腊之友,也不是罗马之友,而是人类之友。③

在我看来,一个这样的人是值得敬佩的。

---

① 《休谟经济论文选》,(英)休谟著,陈玮译,商务印书馆,1984年,第116页。
② 《西方哲学史》(下卷),(英)罗素著,何兆武、李约瑟译,商务印书馆,1976年,第106页。
③ 转引自帕特里克·瑞雷《莱布尼茨论正义、科学与共同的善》,见《莱布尼茨思想中的中国元素》,张西平编,大象出版社,2010年,第21页。

第二节　汉语

以上是莱布尼茨对中国文化的整体评价,我们现在来具体地介绍一下他对中国文化中的某些方面的看法,例如中国文化的代表性内容——汉语。关于汉语莱布尼茨是这样说的:

> 可是有一些民族,就如中国人,他们利用声调和重音来变化他们的语词,他们所有的语词数量很少。这是高尔先生的想法,他是一位著名的数学家和大语言学家,他认为中国人的语言是人造的,也就是说是由一位高明的人一下子发明出来,以便建立许多不同民族之间的一种语言上的沟通的,这些民族都居住在我们称为中国的那个伟大的国家中,虽然这种语言可能现在由于长期的使用已经改变了。①

这种说法是有道理的,的确,与欧洲诸语言如英语、德语、希腊语等相比较,中文的词汇量相对而言是较少的,字的语音也是相对简单的,于是就形成了这样的现象:不但汉语的词汇量相对不大,而且就是在这些不大的词汇量中,所发的音还更少,有大量的同音字与词。有些词读音相近甚至相同,其含义却是相反的,例如"拾"与"失"就是这样。但这并不说明汉语的表达能力不行,事实上,汉语的表达能力一点也不亚于英语、德语之类,原因就在于汉语词汇的含义十分丰富,表达的方式也很微妙与奥妙,例如"东西"这个词,当你用它说一个人时,无论你说某人是东西或者不是东西都不行,这似乎是违反矛盾律的,但汉语就可以有这样的表达,这是其他任何语言都不具备的特点。此外,汉语更重视一种深邃的或者

---

① 《人类理智新论》,(德)莱布尼茨著,陈修斋译,商务印书馆,1982年,第291页。

说弦外之音的表达,言在意外、可意会而不可言传,这些都表明了汉语是一种很伟大的语言。只是这种语言非常难以掌握,是世界上最难的语言之一,甚至于可以称为世界上最难掌握的语言。

此外,文中说中国的语言是由"一位高明的人一下子发明出来",这种说法也是有道理的,甚至是可能的,例如中国就有"仓颉造字"的说法。据说仓颉复姓侯刚,号史皇氏,是轩辕黄帝的史官,字就是他造出来的。在他之前,人们是结绳记事,即大事打一大结,小事打一小结,相连的事打一连环结,当社会发展到一定程度之后,这种法子显然是不够的,于是:"昔在黄帝,创制造物。有沮诵仓颉者始作书契以代结绳。"

译成现代汉语就是说,古代黄帝之世时,创立了各种制度、制造了各种器物,其中有沮诵、仓颉两个人开始创作文字,用来代替结绳记事。

关于这种大事的传说一般而论应该是其来有自的,而莱布尼茨依据中国语言的特点进行这种推断也更加印证了传说的可信性。

在说到中国的语言时,莱布尼茨还说起当时在中国已有的一种带有插图的词典,对每个词都附有插图以更好地解释。莱布尼茨认为这是很好的,在欧洲国家也应该有这样的词典才好。[①]这些都说明莱布尼茨对中国的语言与文化是相当了解的,甚至对一些细节问题也有所了解,这就使得我们更可以相信他对中国文化的评价不是主观臆想,而是有理有据的。

对于中国的哲学,莱布尼茨则是这样说的:

> 虽然希腊哲学是我们所拥有的除《圣经》外的最早著述,但与他们相比,我们只是后来者,方才脱离野蛮状态。

---

① 参见《人类理智新论》,(德)莱布尼茨著,陈修斋译,商务印书馆,1982年,第402—403页。

若是因为如此古老的学说给我们的最初印象与普通的经院哲学的理念有所不合，所以我们就要谴责它的话，那真是愚蠢、狂妄的事！①

拿这样的话去比黑格尔对中国哲学的轻视与蔑视，真是令人感慨吧！也可以看出来莱布尼茨胸怀的博大与视野的宽广，可以说，黑格尔只是从字面上去评价中国古代哲学，认为没什么特别或者深刻之处，但他没有想到，这些哲学家们所处的年代是比泰勒士更早的古代，在那个时代他们就已经形成了这样的思想，就有了《老子》与《论语》，倘若拿它们去比泰勒士留下来的那些片言只语，能够说比《道德经》高明吗？不能吧！甚至是相反的。而在那个年代，黑格尔所处的德意志，那里生活着的还只是些远远没有进入文明社会的真正的原始的野蛮人呢！顶多是"方才脱离野蛮状态"，要比也应该这样比才有道理。然而黑格尔却拿欧洲千年之后的系统化的哲学去比中国的古代哲学，从而得出中国哲学不行这样的话，这就像我现在开着轿车、坐过飞机，却讽刺黑格尔没有见识，连轿车飞机都没有见过一样，是不是有些荒谬呢？

第三节　理学与二进制

莱布尼茨关于中国哲学的了解与研究是多方面的，特别是对理学与《易经》之学都有相当的研究，关于理学，他说：

中国人称第一本原为"理"，即是大自然的理由或本原，包罗万象的理由或实体。世上没有比"理"更大、更好的东西。这伟大、普遍性的因原既纯粹、安静、精微，又是无形无体，

---

① 《莱布尼茨读本》，陈乐民编著，江苏教育出版社，2006年，第245页。

只能由悟性来认识。理以理而言，共生五德：仁、义、礼、智、信。①

对了，莱布尼茨为什么会研究理学呢？其实原因和马勒伯朗士是一样的，我们前面讲马勒伯朗士时说过，调和中国传统文化与基督教教义的利玛窦去世后，他的接班人龙华民认为中国传统文化中根本没有基督教的上帝，中国人实际上是无神的。利玛窦和龙华民各有追随者，他们的观点反映到了罗马教廷后，终于在十七、十八世纪之交时在罗马教廷内部掀起了一场有关中国的争议。结果龙华民一派占了上风，于是罗马教廷便几番下谕，禁止中国的基督徒三祭。后来终于惹怒了本来对基督教的传播不加禁制的康熙大帝，他下了圣旨，禁止基督教在中国的传播。马勒伯朗士的《一个基督教哲学家和一个中国哲学家的对话——论上帝的存在和本性》正是在这个争论的背景之下写就的，他站在了龙华民一派。莱布尼茨则相反，站在了争论的另一派，认为中国传统理学与基督教教义是相符的，对罗马教廷禁止中国教徒三祭的相当狂妄的做法提出了明确的批评：

> 这种精神对于许多过于激烈的博士和被差到中国去传教的耶稣会士们之间的争论可能也有影响，这些耶稣会士曾婉转地暗示说古代的中国人也有过他们时代的真正宗教和真正的圣者，而孔子的学说并没有丝毫属于偶像崇拜或无神论的东西，在罗马的人们不要对一个最伟大的民族未经了解就想加以谴责。②

在这里，莱布尼茨形容中华民族为"最伟大的民族"，再一次

---

① 《莱布尼茨读本》，陈乐民编著，江苏教育出版社，2006 年，第 246 页。
② 《人类理智新论》，（德）莱布尼茨著，陈修斋译，商务印书馆，1982 年，第 606 页。

显示了他对中国文明由衷的敬意,并且为此不惜批评基督世界中至尊的罗马教廷,这是需要有很大勇气的。

在莱布尼茨对中国哲学的理解之中,对《易经》的理解应该是最深刻的、了不起的,他的《论中国哲学》的第四节就叫《论中华帝国创始者伏羲的文字与二进制算术中所用的符号》,里面将《易经》中的阴和阳理解成一种二进制,说:

> 根据二进制算术,我们只须用两个符号——0 与 1——去写其他所有数字。
>
> ……
>
> 这算术虽然千变万化,也是非常简单,因为它只有两个因素。所以伏羲似是在"组合之学术"方面有他的心得,而我在少年时,也在这方面写过一篇后来未经同意而被人在长期之后发表出来的文章。不过这种算术(与这逻辑)似是后来完全失传,而后代的中国人并没有继续按照这种方式思考,甚至于将伏羲的符号变成一种象征与象形文字。当人们失去真意义时常会这么做,就如克尔克神父因不懂埃及尖碑上的文字而给它误解一般。由此也可见中国的古人不但在忠孝方面(而这是一切道德的基础)(而且在学术方面)都远远超过今人。①

这番话令人深思,内容也十分丰富,首先当然是关于二进制与《易经》的关系。

我们知道阴阳八卦的基础是两个,即阳爻"—"和阴爻"--",然后在此基础上形成各种卦象,在此基础上再进行各种的玄虚的解

---

① 《德国哲学家论中国》,秦家懿编著,联经出版事业公司,1999年,第123—124页。

释与演算,即算卦,认为可以通过它而知过去与未来。

但在莱布尼茨看来,这种解释是错误的,是根本搞错了方向,阴阳二爻实际上是一种二进制的算法,是一种可以导向伟大的数学与逻辑的东西,是科学的。只是中国的后人搞错了,将之弄成一种象征,用来作一些半迷信式的解释,去预言过去未来,总之完全脱离了科学的方向。

要说二进制有什么意义,我们可以从一个简单的事实就看明白:二进制是我们现在计算机技术中采用的数进制,也就是用0和1两个数码来表示所有的数,可以说这是整个计算机技术的基础,就像一座大厦最下面的基岩一样,没有这个基岩,是不可能有现代的计算机技术的,甚至整个现代科学技术都难以产生。

其次是引文中的最后一句,"由此也可见中国的古人不但在忠孝方面(而这是一切道德的基础)(而且在学术方面)都远远超过今人",这番话也是有道理的,而且道理是很明显的。先秦之后,中国还有什么了不起的哲学家吗?如老子、庄子、孔子、孟子的?没有吧!认为今人不及古人,其实不但是莱布尼茨对中国的看法,也是中国古代甚至从古代到现代一贯对自己的看法。为何如此,令人深思。

关于莱布尼茨对《易》的思考及其评价,可以参考《莱布尼茨与中国文化》一书的第五章《二进制数与〈易〉图符号》,说得非常清楚,其中有这样的话:

> 18世纪初,莱布尼茨与白晋发现二进制数与中国《易》图符号有一致性,这是中西文化交流史上一件举世闻名的重要事情。①

在本章的最后,我还要引用莱布尼茨评价中国文明缺点的一段话:

---

① 《莱布尼茨与中国文化》,孙小礼著,首都师范大学出版社,2006年,第117页。

中国人尽管几千年来以令人惊叹的热情追求着自己的学问，他们的学者可以戴上最博学的桂冠，然而他们却始终未能建立一门精密科学。究其原因，我以为，他们缺少欧洲人的那"一只眼"即数学。他们视我们为"独眼"，其实我们还有另外的一只眼，那就是中国人自己还不够发达的"第一哲学"。有了这"第一哲学"，我们就能够认识那些非物质的东西。①

这话是切中肯綮、一针见血的，看到了中国之所以在科学与哲学上落后，主要就是因为中国人缺乏了两样东西：

一是在科学上，中国数学不发达。确实，即使到了清朝，当莱布尼茨已经发明了微积分时，中国的数学大体还处在原始的简单的算术这样只能用于日常计量的档次上，从欧洲的角度来说，几乎等于没有数学。而数学是一切科学的基础，没有这个基础，就不可能建立起现代科学的大厦来。

二是在哲学上，中国人可以说是天生的唯物主义者，我们的目光总是瞄准那些可感之物，总是将我们的思想停留于可感之物上，并且在这个基础上发展着我们的哲学。即使有老子，即使老子的道是超越可感之物的，但老子用来说明这个道、用来使用这个道的目的依然不是纯粹的思辨哲学，而是为了给可感的世界一个相当简单的解释，并且本质上更是为了表达一种政治与生活的理想。这是老子与孔子的根本相似之处，是他们的殊途同归。这在《道德经》的最后两章可以看得最为清楚。

正因如此，我们这个民族倘若从西方哲学的角度看，是缺乏思辨的，就像黑格尔所言"不能运用概念来思维"，这样当然不可能

---

① 《莱布尼茨读本》，陈乐民编著，江苏教育出版社，2006年，第295—296页。

发展出西方式的哲学。要知道西方哲学最为显著与重要的特点是它是一个思辨的体系，是用概念来进行思维与思辨的。这是从毕达哥拉斯起就有的一个特点，在柏拉图与亚里士多德那里就已经达到了高峰，到了康德与黑格尔则走向了新的高峰。但在我们中国，一直缺乏这样的思辨。从某个角度上说，直到今天都缺乏，我们依然不能像欧洲人一样建立一个概念的与思辨的逻辑严密的理论系统，即使思辨也总停留在片言只语。倘若不改变这一点，中国是永远不会有自己的哲学与哲学家——因为不会有人能够建立柏拉图、亚里士多德、莱布尼茨、黑格尔或者康德那样的哲学体系。

关于中国传统文化的这个弱点我们将在后面的附录中加以深入分析。

第四节　莱布尼茨之继承者沃尔夫与中国

沃尔夫现在在哲学史上已经少闻其名了，但在他所处的时代可是鼎鼎大名的，他的体系被称为莱布尼茨－沃尔夫体系，也就是说，他这时候被认为是与莱布尼茨齐名的伟大人物。黑格尔对他也是颇为尊敬的，在《哲学史讲演录》里特意为他作了简传，对他的思想也作了相对而言比较多的记述。

沃尔夫生于1679年，是德国布累斯劳人，父亲是个面包师傅。上大学后，沃尔夫起初学的是神学，后来改学哲学。1707年，他在莱布尼茨的帮助下当上了哈勒大学的数学和哲学教授。但在哈勒他受到了虔敬派们的攻击，说他的思想亵渎了上帝。这当然是胡说，但却奏效了，后来他们甚至直接向当时的普鲁士君主腓特烈·威廉一世密告，说沃尔夫的理论甚至会对军人产生很坏的影响。那根本不懂哲学的国王还真的信了，盛怒之下，下令沃尔夫必须于48小时以内离开普鲁士，否则处以绞刑。沃尔夫百口莫辩，只得离开，这是 1723 年 11 月 23 日的事。据说他的对手们听说了此事后，高兴得在教堂里跪谢神恩。

但沃尔夫并没有就此消失，他不久就成了马堡大学的首席哲学教授，他的名声还远远地传播到了欧洲各地，伦敦、巴黎、斯德哥尔摩等的科学院将他聘为院士，沙皇彼得一世甚至想要他当新建的彼得堡科学院的副院长，还想要他去俄国，但沃尔夫谢绝了。他甚至被巴伐利亚选帝侯封为男爵，这样的荣誉在哲学家们当中是很罕见的。要知道男爵可是世袭爵位，牛顿也不过封了个非世袭的爵士而已。这样一来，普鲁士自然不能再那样对待沃尔夫了，后来专门成立了一个委员会来鉴定沃尔夫的哲学，委员会的结论是沃尔夫哲学对国家和宗教都毫无危险，这样一来，对沃尔夫的所有处罚都被废止了。特别是腓特烈二世在 1740 年继位后，不久就把沃尔夫召回了柏林，还让他当了柏林大学的副校长。他于 1754 年逝世。

据说沃尔夫虽然名声在外，但上课实在不行，至少德国的学生们几乎完全听不懂他的课，也不喜欢听，以黑格尔的话来说，"他的讲堂最后完全是空的"。①

谈到沃尔夫的哲学，第一大特色是非常晦涩。我们知道，莱布尼茨的哲学已经够晦涩了，但沃尔夫把莱布尼茨哲学的晦涩性发挥到了更加极端的程度，所以他的书是非常不好读的，事实上现在也很少有人读了。还有，沃尔夫的哲学也是很成体系的，这是他对莱布尼茨的完善之处。我们知道，莱布尼茨并没有建立一个系统化的哲学体系，他的思维太过活跃，知识也太过渊博，要干的事儿也太多，因此没有时间与精力去建立一个完整的哲学体系，但这个缺陷由沃尔夫弥补了，他把莱布尼茨相当散乱的哲学体系发展系统化，形成在相当长的时间里把持整个德意志哲坛的莱布尼茨－沃尔夫体系。

---

① 《哲学史讲演录》（第四卷），（德）黑格尔著，贺麟、王太庆译，商务印书馆，1978 年，第 186 页。

至于沃尔夫哲学的具体内容，几句话很难说清楚，我们只能简要说明。首先，沃尔夫是很重视研究方法的，他的方法大致有两个范畴，一是理性，二是逻辑以及与之相关的数学。讲到理性，这是显然的，我们知道，莱布尼茨就是理性主义者，整个大陆哲学就是理性主义，被称为唯理论。他极重视逻辑中的演绎法，由此就导致了矛盾律与充足理由律等，我们前面说过这也是莱布尼茨最重视的方法，如充足理由律，莱布尼茨认为从事物到真理，若要成立，都需要有一个充足的理由：

这原则就是一个东西要存在，一件事情要发生，一条真理要成立，总需要一个充足理由这样一条原则。……我敢说，要是没有这条伟大原则，就不能达到对上帝的存在的证明，也不能为其他许多重要的真理提供理由。①

这样的思想沃尔夫都全盘继承。还有数学方法，仍然和精通数学的莱布尼茨一样，沃尔夫对数学也是很在行的，包括微积分。此外他也很重视几何学的方法，这就是笛卡尔与斯宾诺莎最重视的方法了，特别是斯宾诺莎，他就是以几何学的方法构建哲学体系的，把它弄得非常的晦涩难懂。沃尔夫也是一样，这也是他的思想与著作难懂的主要原因之一。对于这种方法，黑格尔揶揄道：

方法的严格，当然也有一部分变成了学究气。推论是主要的形式；这常常是一种粗野的学究作风，给他带来了十足的呆板。②

沃尔夫还是一个虔诚的基督徒，试图以他的知识证明上帝的存

---

① 《莱布尼茨与克拉克论战书信集》，（德）莱布尼茨、（英）克拉克著，陈修斋译，商务印书馆，1999年，第98页。
② 《哲学史讲演录》（第四卷），（德）黑格尔著，贺麟、王太庆译，商务印书馆，1978年，第190—191页。

在，还提出了关于上帝存在的几个证明，例如宇宙论证明，这也是他最重要的证明。这种证明是与莱布尼茨的充足理由律联系在一起的。大致就是说，万物是存在的，这无可怀疑，那么，自然而然地，万物的存在必须有其充足的理由，因为世界上没有无因之果，也没有无果之因。那么这个充足的理由是什么呢？沃尔夫说，那就是上帝了！正是上帝的意志创造了万物，使万物得以存在。还有，正因为万物是上帝所创造的，因此上帝必须在他的意识之内将万物尽可能地创造得好，并且是前定和谐的。这样一来，就必然地产生了何以会有恶的问题，对这个问题的解释沃尔夫当然也采用的是莱布尼茨的说法，这我们在前面讲莱布尼茨时都说过了，莱布尼茨的《神正论》实际上主要就是分析这个问题。

显然，以上这些思想都是莱布尼茨提出来的，但沃尔夫将之更加系统化了，不过更精确地说是更晦涩化了。

除了这些基本的哲学思想之外，沃尔夫也像莱布尼茨一样，有着很丰富的学识，作品的内容也很广博，不但有形而上学、神学与伦理学等，还有科学著作，政治学同样是他的擅长，他在这方面也提出了不少有意思的思想。例如他提出了类似于卢梭社会契约论的思想，即认为国家建立在契约之上，国家的存在是为了公民公共的利益与幸福。但与卢梭有所不同的是，沃尔夫给予了国家与政府很大的权力，认为国家与政府对人民的幸福有着关键性的意义，也有着最大的监督权。这些思想和当时的普鲁士专制政府是相适应的。

如此等等，关于沃尔夫的思想我们就不说更多了。

除了具体的思想贡献之外，沃尔夫对德国哲学还有一个很大的贡献，就是他以德语写了许多作品，如《关于人类各种理智能力及其在认识真理时的正确应用的一些理性思想》《关于神、世界、人的灵魂以及一切事物的一些理性思想》《论人们的为与不为》《论社会生活》《论自然的各种作用》，等等。它们对形成独立的德国哲学产生了巨大的影响，也对莱布尼茨的理论有所促进。我们要知道，莱布尼茨是用拉丁文与法文写作的，所以他虽然是德国哲学家，但他的哲学还不是纯粹的德国哲学，而到了沃尔夫，则采用了德语写作，这样才产生了纯正的德国哲学。对沃尔夫哲学的这个优点，黑格尔是大加赞赏的：

> 沃尔夫的一大部分著作也是用他的祖国语言写的；这一点很重要。……与此相反，莱布尼茨是只用拉丁文或法文写作的。但是，正如上面已经提到过的那样，只有当一个民族用自己的语言掌握了一门科学的时候，我们才能说这门科学属于这个民族了；这一点，对于哲学来说最有必要。因为思想恰恰具有这样一个环节，即应当属于自我意识，也就是说，应当是自己固有的东西，思想应当用自己的语言表达出来。（同上，187页）

这段话是极为重要的，对现在的中国也是如此。我们中国现在还没有一整套现代的哲学语言，可以自如地表达哲学思想，这对于我们创立现在的新哲学产生了极大的阻碍。我认为，我们以后要产生新的具中国特色的哲学，如同沃尔夫时代所产生的具德国特色的哲学一样，必由之路是得有一整套的现代汉语化的哲学语言，这是新的哲学的基石。

最后我们要讲的是沃尔夫与中国。

沃尔夫也是最为钦佩中国文化的西方哲学家之一，堪与莱布尼茨相比，这当然和他的老师莱布尼茨持这种观点有关。但沃尔夫当时对中国的赞美甚至比莱布尼茨还更加有名。他曾公开发表两次有关中国的重要讲演。

第一次是1721年，这年的7月21日是哈勒大学的纪念日。沃尔夫这时候是代理校长，为期一年之后，新的代理校长来了，在欢迎仪式上沃尔夫发表了关于中国哲学的这次讲演，后来讲演词写成了文章，名《论中国人的实践哲学》。由于他赞美中国，认为中国人虽然不信仰上帝，但并不妨碍他们行善。这使他遭到了虔敬派们的严厉抨击。

第二次讲演发表于1730年，这时候沃尔夫已经功成名就，不怕因为赞美中国而受到攻击了。讲演词后来也发表了，名为《论哲学王与治国哲人》。

两篇文章中第一篇更有名，沃尔夫在这里的基本观点是中国的哲学主要是一种实践哲学，中国的思想也是一种可供实践的道德体系，目的是使得国家稳定、人民幸福，而的确也基本上达到了这样的目标，所以，在沃尔夫那里，他对中国的态度是和莱布尼茨一样的，充满了肯定与赞美，如在开讲时他的第一句话就是：

> 从很早的时代以来，中国人便以智慧著称。中国人的智慧与中国的杰出政治都曾享有盛誉。①

他还像伏尔泰一样，认为中国的历史是极为悠久的，比当时绝大多数欧洲人认为的要古老得多。他认为第一代的创立者是比孔夫子古老得多的伏羲，他说：

> 在这光荣谱系上的第一位国王，被尊为国家的创始者与文化之父的，是伏羲。继承他的是神农，黄帝，尧，舜。他们都对伏羲开创的事业做过贡献。最后，夏、商、周三代的统治者也将政府与法则带到更进一步的完美境界内。
>
> （同上，147页）

---

① 《中国的实践哲学》，见《德国哲学家论中国》，秦家懿编著，联经出版事业公司，1999年，第146页。

这种观点与后面的伏尔泰是很一致的。

但后来礼崩乐坏了,于是孔夫子来了,重建被败坏了的中国:

> 就在多神患难中,上天为照顾世人而使孔子兴起,以他这位德高望重的博学者来从败坏中挽救他的国家。他并非出身于贵族显爵之家,又无权编纂与公布好的法律,或者使人民服从。他只是个老师,但是在自己本分内的事总是全力以赴。他既然不能行其所欲行,但至少行其所能行,他又尽其天赋之责,不但履行教职,并将之发扬光大。(同上,148页)

在第27节里,他赞美了中国人源自实践哲学的好制度:

> 所以我认为中国人将教育完全导向行善,不做任何违背这目标的事,实在值得钦佩。再者,他们全心关注实践,只求人生幸福的做法,也非常令人钦佩。那个时代是中国全体人民都根据自己的能力与情况而勤勉求学的时代。最后,我再次赞扬中国人,不只定下规则,并且自勉勉人,力求行善,在行为上毫不荒废的做法。(同上,152页)

从上面的述说中可以看到沃尔夫对中国的理解有两个特点:

一是算不上多深刻,较莱布尼茨与马勒伯朗士稍逊一等!

二是他赞美、钦佩中国人的哲学与道德传统,这与他的老师莱布尼茨是一脉相承的。

沃尔夫之后,德国哲学实际上进入了另外一种形态,从另一角度来说,那个时代才是真正的启蒙时代,而此前的托马修斯与沃尔夫是启蒙运动之前的形态,属于传统的晦涩的形而上学。此后才进入了真正的启蒙运动的时代。

西方哲学家中的中国之友——伏尔泰

☐ 思想寓于躯体,但尽管如此,身体最健壮的人不一定就是杰出的思想家。

☐ 友谊是心灵的结合,这个结合是可以离异的,这是两个敏感、正直的人之间心照不宣的契约。

☐ 书读得越多而不加思索,你就会觉得你知道得很多;而当你读书而思考得越多的时候,你就会越清楚地看到,你知道得还很少。

☐ 最长的莫过于时间,因为它永远无穷尽,最短的也莫过于时间,因为我们所有的计划都来不及完成。

第十四章　伟大的启蒙者伏尔泰

前面讲莱布尼茨时我们说过，前定和谐可以说是莱布尼茨最有名的理论，也是引起争议最多，或者说遭到批评最多的理论，许多的批判都是很尖刻的，其中最有名的来自伟大的启蒙思想家伏尔泰。

伏尔泰在1759年发表了长篇哲理小说《老实人或乐观主义》，一般就译为《老实人》，被认为是对莱布尼茨前定和谐思想的尖刻嘲讽，小说第一章中就有这样一段话：

> 邦葛罗斯教的是一种包罗玄学、神学、宇宙学的学问。他很巧妙的证明天下有果必有因，又证明在此最完美的世界上男爵的宫堡是最美的宫堡，男爵夫人是天底下好到不能再好的男爵夫人。
>
> 他说："显而易见，事无大小，皆系定数，万物既皆有归宿，此归宿自必为最美满的归宿。岂不见鼻子是长来戴眼镜的吗？所以我们有眼镜。身上安放两条腿是为穿长袜的，所以我们有长袜。石头是要人开凿，盖造宫堡的，所以男爵大人有一座美轮美奂的宫堡，本省最有地位的男爵不是应当住得最好吗？猪是生来给人吃的，所以我们终年吃猪肉，谁要说一切皆善简直是胡扯，应当说尽善尽美才对。"

老实人一心一意地听着,好不天真地相信着,因为他觉得居内贡小姐美丽无比,虽则从来没胆子敢对她这么说。他认定第一等福气是生为男爵;第二等福气是生为居内贡小姐,第三等福气是天天看到小姐;第四等福气是听到邦葛罗斯大师的高论。①

伏尔泰这番话就是用来讽刺莱布尼茨的前定和谐说的,因此,在这里,莱布尼茨与伏尔泰这两位伟大的思想家就关联起来了。

第一节 伏尔泰的历史地位

在伏尔泰诞生百年的纪念仪式上,伟大的作家雨果发表了一通激动人心的演说,大大地赞美了伏尔泰,其中有这样的话:

在伏尔泰以前,我们只见到国家领袖的名字;伏尔泰甚于国家的领袖,他是思想的领袖。在伏尔泰身上开始了一个新的纪元。自此以后人类的最高统治权属于思想。以前文明服从权力,今后它将服从理想。②

伏尔泰的名字我们都是如雷贯耳的,不过主要是作为一个作家、一个启蒙运动中的伟大导师而有名的,至于哲学家,他的地位似乎不那么高,这就像《美国百科全书》所言:

伏尔泰的哲学并非他自己所创,同时也不深奥,一些研究思想史的学者甚至不承认他是一位哲学家。

---

① 《伏尔泰小说选》,傅雷译,人民文学出版社,1980年,第78—79页。
② 《从文艺复兴到十九世纪资产阶级文学家艺术家有关人道主义人性论言论选辑》,商务印书馆,1971年。

上面的话中前半部分是对的，伏尔泰的确在哲学上没什么创造，可以说一点儿也没有，他的哲学思想都是来自他人的，主要就是英国的经验主义尤其是洛克，他自己可以说没有往里面添加一点儿私货。

不过，不知是不是正因为伏尔泰对英国——包括它的哲学与政体——都赞赏备至的缘故，由英国人编辑的《不列颠百科全书》也投桃报李，对伏尔泰特别重视，其"伏尔泰"条目足足有三大页，要超过绝大部分伟大的哲学家，如莱布尼茨或者斯宾诺莎，可以说仅次于柏拉图、亚里士多德与康德这样的巨匠。

《不列颠百科全书》介绍伏尔泰的篇幅很大，称他的身份时是"法国最伟大的作家之一"，而没有称他为哲学家。不过在条目的最后引用了朗松所说的一句话："在一个官僚、工程师和生产者的世界里，他是一位必不可少的哲学家。"这也说明人们还是将伏尔泰看成是哲学家了！

这其实是自然而然的，虽然伏尔泰称不上是伟大的哲学家，但伟大的人却是称得上的，哲学家也是称得上的，这两项加起来，不就是"伟大的哲学家"了吗！

当然，这是开玩笑，就哲学而言，伏尔泰是难称伟大的，但他毕竟是一个伟大的人、一个值得我们深深敬仰的人，所以也值得我们好好说说。

第二节　伏尔泰的人生

伏尔泰1694年生于巴黎，本名不叫伏尔泰，叫弗朗索瓦-玛丽·阿鲁埃。但这是公开的，据说伏尔泰自己并不认可，曾经不止一次地私下说自己生于1694年2月，他的亲生父亲也不是他法律上的父亲，而是一个叫罗什布律恩的军官，据说这人还是个流行歌曲作家。他的法定父亲则是一个公证人。

伏尔泰早年不幸，7岁时母亲就去世了，幸运的是他有一个好教父，据说他是个自由思想家兼享乐主义者，他很可怜这个没有母亲教养的孩子，就把他交给了一个著名交际花，当时她已经年过八十了，但应该对伏尔泰还不错，去世后留给了他一小笔遗产。

后来，伏尔泰在巴黎进了一所由耶稣会主持的学校，即路易大帝中学，得到了严格的古典教育，也培养了他对文学的爱好，为他一生事业打下了基础。

中学毕业后，他当上了法国驻荷兰大使的秘书，但不久就在那闹出了桃色事件，被大使赶回了法国。

回到巴黎后，他就开始投身文学了，这时候他已经显示出了一种幽默天才，在各个文学沙龙里都颇受欢迎，很擅长逗得美女们咯咯娇笑。不过，由于有一次他用幽默话儿讽刺了当时路易十五的摄政王奥尔良公爵，被赶出了巴黎，不久又被抓了起来，关进了有名的巴士底狱，这是1717年的事，但不久就被放出来了。

但这次被关并不是一件坏事，他在狱中写下了悲剧《俄狄浦斯王》，出狱后成功上演，使伏尔泰在巴黎文坛初露锋芒。正是在写这个剧本时，他用了"伏尔泰"这个笔名，此后他就成了伏尔泰，就像周树人成了鲁迅。

这时候他已经称得上是著名作家和诗人了，甚至得到了摄政王的赞许，他不计前嫌，奖给伏尔泰一笔年金，也就是他一辈子都有经济后盾了！据说路易十五年轻的王后也很喜欢伏尔泰。

但后来他又一次得罪了权贵，这回是由于一个叫罗昂的法国大贵族子弟拿他的名字开玩笑，伏尔泰不干，结果两人大吵起来，伏尔泰哪是对手，结果被打了一顿，还第二次被关进了巴士底狱，从狱中出来后又被直接押往加来港。这是1726年的事。

但这对伏尔泰又不是坏事，他不久就由加莱去了隔海相望的英国，这次在英国生活了两年，结识了许多英国著名作家与哲学家还有科学家，如贝克莱和克拉克等，1729年才回国。

伏尔泰虽然只在英国待了两年左右，但对他一生都产生了巨大的影响，可以说，他终生对英国都抱持着极美好的感情，甚至包括其政治制度，例如在《哲学通信》中，他是这样评价英国的政体的：

> 英国是世界上抵抗君主达到节制君主权力的唯一的国家，他们由于不断的努力，终于建立了这样开明的政府：在这个政府里，君主有无限的权力去做好事，倘使想做坏事，那就双手被缚了，在这个政府里，老爷们高贵而不专横，且无家臣，在这个政府里，人民心安理得地参与国事。

正是在旅行英国期间伏尔泰开始写《哲学通信》，其内容简而言之就是他的英国旅行见闻录，全书共包括25封信，前7封信讨论了英国的宗教信仰，第8和第9封信分析了英国的议会制度和政体结构，第10封信赞美了英国的商业成就，第11封信介绍了种牛痘的好处，第12至第17封信评述了英国哲学家和科学家，第18至第22封信讲了他对英国文学的看法，第23、第24封信分析了英国文人的地位。最后一封信比较特别，此前大加赞赏英国人的伏尔泰却狠狠地批判了同胞帕斯卡。

我们知道，伏尔泰的作品是很多的，但若论哲学作品，《哲学通信》无疑是最有影响的，对启蒙运动也产生了巨大的影响：

> 《哲学通信》正是起这种作用的法国启蒙运动的一本重要的宣传材料，它的出版标志着伏尔泰政治思想和哲学思想的成熟，也标志着声势浩大的启蒙思想的宣传运动正式开始。①

---

① 《启蒙思想泰斗伏尔泰》，葛力、姚鹏著，世界知识出版社，1989年，第62—63页。

由此就可以看出《哲学通信》的伟大意义!

除了《哲学通信》,伏尔泰第二部重要的哲学作品是《哲学辞典》。读过它后,我们会有一种鲜明的感觉——幽默,在我看来,它可以说代表了黑格尔所称的"简直就是聪明机智本身"[①]的法国哲学,是十八世纪法国哲学机智与幽默的最高境界。当然,这种幽默和伏尔泰在《老实人》中的幽默是不一样的,是寓幽默于严肃。因为哲学毕竟是哲学,幽默过多了,就不像哲学了。但伏尔泰很好地把握住了分寸,在大多数地方,《哲学辞典》的用语是严肃认真的,但时不时会讲出一两个有些幽默的个小故事,或者迸出几句幽默话儿,令人感受到伏尔泰这个著名的幽默家的魅力。《哲学辞典》是这样结尾的:

> 有几位神学家说,神圣的皇帝昂多南并不是有道明君,说他是个顽固不化的斯多葛派,不仅喜欢指挥人群,还想要受人尊敬;他给人类造的福,他要拿来自己享受;一生公正、勤劳、好善,都是为了虚荣,说他只是用他的德行欺骗世人;我就嚷道:"天哪,这样的骗子,倒是可以常常给我们几个!"

读了这样的话,不由令人莞尔一笑吧!这就是伏尔泰的幽默、法兰西民族的幽默。

1729年初,伏尔泰经政府批准回到了法国。他安顿下来后便立即向王后申请补发这几年的年金。其实,这大概只是伏尔泰想和王室和解的一种姿态。就钱而言他已经不需要了,因为他已经成了百万富翁。他的财产来源主要有四项:一是父亲去世给他留下了不

---

① 《哲学史讲演录》(第四卷),(德)黑格尔著,贺麟、王太庆译,商务印书馆,1978年,第215页。

少遗产，二是出版作品和上演剧本也替他挣到了不少钱。但更多的是后面两项：一是玩彩票，他刚回来就开始玩这个，不知是运气还是真有技术，他赚了大概有50万法郎。此外，他靠朋友的帮忙，钻政府的空子做各种投机买卖，据说赚了有60万法郎。这在当时是一笔超级巨款了，比现在的600万都不止。总而言之，伏尔泰从此永远不用赚钱过日子了。

我们可以联想一下孟德斯鸠，他也是这样：先赚足了钱，然后专心开始研究哲学，贝克莱与休谟也是，这些都说明，一个哲学家倘若想全心全意搞哲学，最好先打好经济基础，这样就可以人生与哲学两不误了。

此后，伏尔泰在巴黎的生活可谓一帆风顺，他腰缠万贯，剧本大获成功，女粉丝无数，据说在当时巴黎，"年轻的妇女们见到伏尔泰先生就顶礼膜拜，已成为一种时尚，就连轻浮佻舌的人也以能背诵这位诗人的作品为荣"[①]。他情妇无数，大都高贵美丽，其中甚至包括公爵夫人，再往上就只能找王后了。

但他此后又惹麻烦了，这是因为1734年出版的《哲学通信》。由于书中对当时法国的教会与政体都进行了批评，当局再次要抓他，他闻讯先跑了。这回他只是跑出了巴黎，跑到了一个女人的香闺里。

这个女人就是夏特莱侯爵夫人，据说她是一个身材高大、脚也大，样样都大的女人，不过皮肤五官比较粗糙，称不上美女。但她才智非凡，精通多门语言、哲学以及科学，连伏尔泰都要崇拜她，从此他们生活在了一起。1749年她因难产而死去，伏尔泰伤心至极。据说有一段时间，他常常在晚上爬起来，在大街上乱走，一面呼喊着她的名字。

[①] 《启蒙思想泰斗伏尔泰》，葛力、姚鹏著，世界知识出版社，1989年，第77页。

这时候伏尔泰已经 55 岁了，人生开始步入暮年。

在此期间，伏尔泰已经名满天下，与法国王室又和好了，还结识了路易十五的情妇、著名的蓬巴杜夫人，据说他对这位夫人非常崇拜，曾经这样赞美她：

> 她灵魂正直、心地公平，如此名姬，实为旷世罕见。

蓬巴杜夫人也很喜欢哲学家，由这件事就可以看出来：伏尔泰曾经向她举荐他的两个朋友，后来这两个朋友竟然被路易十五分别任命为国防部部长和外交部部长！

但伏尔泰的关系可不止法国，事实上，这时候的德国王储也是他的朋友，是他著作热心的读者，甚至称自己为哲学家的弟子，这位王储就是后来的普鲁士的腓特烈二世——腓特烈大帝。

不过，伏尔泰最有名的朋友还不是这位大帝，而是另一位有名的大帝——俄罗斯的叶卡捷琳娜大帝。她于 1762 年在宫廷政变中废黜了自己的丈夫彼得三世，登上了俄罗斯皇位，开辟了俄罗斯历史上第二个"盛世"——也就是大扩张的时代。她上台后最先做的事之一就是表明自己要当开明君主，对当时欧洲的特别是法国的自由思想家们特别友好。这使伏尔泰非常高兴，认为自己的启蒙思想可以在俄罗斯发扬光大，于是他们之间很快建立了联系。特别是 1765 年叶卡捷琳娜购买狄德罗的藏书后，不久他就给女皇写信，信中说：

"受到阁下您恩惠的那些人都是我的朋友；我非常感激您为狄德罗、达朗贝尔和卡拉一家慷慨的作为。欧洲每个文人都应该在您的支配之下。"

这是怎么回事呢？原来，另一位重要的启蒙思想家、伏尔泰的好朋友狄德罗一向不富有，他不像孟德斯鸠有一个阔气的伯伯可以把爵位给他，也不像伏尔泰一样会自己挣钱，一向只能过着俭朴的生活。过这样的生活不需要多少钱,他也过得下去。但后来有件事却要花他的大钱,那就是嫁女儿。狄德罗曾经有过四个孩子,但只活下来了一个,就是女儿昂热丽克,他非常爱这个宝贝女儿。女儿大了是要嫁人的,在那个时代,嫁女儿是要给大笔陪嫁的,否则很难嫁出去,更不会嫁得好。为了把女儿嫁好,狄德罗决定给女儿准备一大笔嫁妆。从哪里来呢?他扫视自己所有的一切,值钱的只是他的藏书了。于是,他咬咬牙,决定把书全部转让。卖给谁呢?期间曲折的过程就不多说了,简而言之,他找到了一个超阔气的买家——就是叶卡捷琳娜女皇了。她不但接受了狄德罗索要的相当高的价格,还提出了一个条件:

> 女皇陛下为了表示对狄德罗垂爱,赞助其继续从事自己的事业,特命我提出将这批藏书作价15000里弗,唯一的条件是准其使用自己的图书,直到陛下过问时为止。[①]

这是俄罗斯的别茨科伊将军在信中转述的女皇的要求,那意思很明白:就是狄德罗不但把书卖了高价,还可以继续用这些书,等于白要了一大笔钱。不仅如此,女皇后来还任命狄德罗当她的御用图书管理员,每年另有1000里弗的薪水,"管理"狄德罗卖给了女皇的那些书。更夸张的是,还一次性预付了50年,即5万里弗,要知道这时候狄德罗已经52岁了!估计也活不到102岁。其实女皇就是找借口再给他一大笔钱,够他一辈生活得舒舒服服。这件事在当时的欧洲引起了很大的轰动,那些文人雅士们对女皇的慷慨举动激动不已,伏尔泰就是为此写信给女皇,大大地赞美了一番她的英明伟大。

---

① 《狄德罗传》,(苏)阿基莫娃著,赵仲元等译,生活·读书·新知三联书店,1984年,第361页。

正因为如此，后来当大帝入侵波兰时，伏尔泰还为她辩护，说她并不想要一寸外国土地，她的外交政策完全是"哲人精神的"，说："这位女皇不仅自己宽容，而且也想要邻居宽容。这是君权第一次被用于建立意识的自由。这是我所知道的现代历史的最伟大的时代。"①

不过，后来当他看到大帝实际上是一个表面开明，实际上专制的君主，就慢慢地与她疏远了。

这些整个欧洲最显贵之人都与伏尔泰交朋友，由此可见伏尔泰地位之崇高，若就名望上说，也许仅次于几位大国的君主了，小国的可不能与他相比。

这期间，伏尔泰有喜悦也有忧伤，但主要是喜悦，这是自然而然的，他现在名满天下、腰缠万贯、珠围翠绕，如何不快乐！

如果说有什么不快乐的事，主要是他的著作经常给他带来麻烦，由于他的启蒙思想——他既反教会又反君主专制——与当时法国的政治现实可以说是截然对立的，因此被许多人痛恨，著作也不止一次地被禁甚至被烧。但这些并没有使伏尔泰气馁或者退缩，他依然故我，依然宣扬他的启蒙思想，事实上成为当时启蒙运动最伟大的旗帜。

我们关于伏尔泰一生最后要讲的一件事是他在瑞士费尔奈的生活，他在这里度过了人生最后也是最美好的光阴之一。

在伏尔泰来到之前，费尔奈十分落后，人民困苦不堪，后来伏尔泰在这里建立了自己的大庄园，他对这里进行了大改造，包括建立了许多企业，使当地百姓生活获得了巨大的改善，他也得到了当地人民热烈的拥护。当他彻底改造了费尔奈的时候，已经是1777年左右了，伏尔泰已经83岁了，人生看到了尽头。

---

① 《启蒙思想泰斗伏尔泰》，葛力、姚鹏著，世界知识出版社，1989年，第300页。

伏尔泰逝世于 1778 年 2 月，这个月的 10 日，他从费尔奈回到了家乡巴黎，这时候他已经有 29 年没回过巴黎了，受到热烈欢迎的盛况简直可与拿破仑当初在意大利大败奥地利人回到巴黎时的情形相比。

我们要记述的伏尔泰人生最后一幕就发生在此时。

这时候，美国人正在争取民族独立，本杰明·富兰克林为此来到了法国，有一天，两人在法兰西科学院相遇，后来成为美国第二任总统的约翰·亚当斯记录了当时的情景：

> 四面八方叫喊着，伏尔泰先生和富兰克林先生应该由人介绍，仅仅这样还不使人满意，应该还有所表示。我们的哲学家似乎猜测到人们所希望和期待的是什么，他们握了手。但是这仍不够，喧哗一直继续到有人做出解释：必须来法国式的拥抱。这两位在这个伟大的哲学和轻浮的舞台上的高龄演员彼此拥抱，搂住对方，吻对方脸颊，然后喧哗声平静下来。看见梭伦和索福克勒斯的拥抱，那多么有魅力啊！我猜想，这个声音会立即传遍整个王国，传遍欧洲。（同上，350 页）

伏尔泰逝世于 1778 年 5 月 30 日，享年 84 岁，在那个时代算是少见的高寿了。

由于他生前经常和当局作对，政府没有任何表示。但在国外引起了很大的反响，如 1778 年 10 月 26 日，普鲁士的腓特烈大帝在柏林举行了伏尔泰的纪念仪式，亲自宣读悼词。

至于法国，1791 年大革命开始后不久，国民议会就两次发布公告，决定把伏尔泰的遗骨迁葬先贤祠，并补行国葬，这个日子，7 月 10 日，也一度被定为国家的正式节日。

还有，伏尔泰的心脏被挖出来装在一只盒子里，存放于巴黎国家图书馆中，在这只盒子上刻着伏尔泰生前的一句名言：

这里是我的心脏，但到处是我的精神。（同上，357页）

第十五章　伏尔泰对上帝的理解

在伏尔泰的思想之中，我们首先要谈的是他对上帝的理解。

对伏尔泰关于上帝的思想可能有一些误会，认为伏尔泰是一个无神论者，实际上根本不是，伏尔泰从来不是一个无神论者，相反，他不但承认上帝的存在，而且认为这对于人类是十分重要的。

第一节　如何理解上帝？

伏尔泰对上帝的第一个认识当然是承认上帝的存在，换言之就是说，伏尔泰是信仰上帝的，这是他对于上帝的基本观点，也是最核心的观点。

其次，伏尔泰对上帝的认识与传统的神学家们，特别是中世纪的神学家们是很不一样的，他的上帝实际上类似于牛顿的上帝，也是建立于牛顿对世界的认知上的。这个上帝的特点就是：他创造了世界，但在创造之后，他让世界自己运行，不再干预。这才是伏尔泰眼中的上帝，就如《美国百科全书》所言：

> （伏尔泰）他信仰上帝，并称自己为神学家，他相信这个世界就像一只复杂的钟表，如果说没有制造钟表的人，就难以解释它。但伏尔泰的上帝并不干预事物的发展，也没有天命、奇迹或神的启示。

从这里可以看到，伏尔泰对上帝的认知包括以下三个要点：

一、他信仰上帝，即上帝是存在的。

二、上帝是世界的创造者。

三、上帝创造世界之后，就不再干预它。

其中第一点当然是关键，对于上帝为何存在，过去的神学家与哲学家们都作出了无数的解释，完全可以写一本大部头的《哲学对上帝存在的证明》，伏尔泰倒没有深入的分析，他也志不在此，在他看来，上帝的存在是很自明的，其理由很简单：这个世界如此复杂，它必得有一个创造者，就像倘若我们看到一个钟表，它的结构很复杂，我们当然可以自然而然地想到，这个钟表必定有一个制造者。而世界是一个比任何钟表都要复杂的结构，它当然也要有一个制造者，而这个制造者就是世界的创造者上帝了。对此他说：

> 我们看见一架好机器，我们便说必有一位好机械师，说这位机械师必是聪明过人。宇宙实是一架绝妙的机器，所以宇宙间必有一种绝妙的智慧，不论它是在什么地方。①

伏尔泰的这个分析是简单而有力的，这实际上是所有证明上帝存在的基本方式，奥古斯丁、托马斯·阿奎那、贝克莱等都是这么证明的，这也是最有力量的一个，伏尔泰当然也采用它了。

在伏尔泰的上帝观中，第三点也是很重要的，是他对上帝的独特认识。在这个认识里，虽然承认了上帝的存在并且是世界的创造者，但这个上帝的创造实际上是一种"推动"，就如同牛顿所说的"第一推动"，上帝就是第一推动者，伏尔泰认为：

---

① 《哲学辞典》，（法）伏尔泰著，王燕生译，商务印书馆，1991年，第175—176页。

> 整个自然界，从最遥远的星辰直到一根草芒，都应当服从一个最初的推动者。①

不难看出来，伏尔泰的这句话基本上是牛顿观点的翻版。我们前面说过，伏尔泰在英国生活了两年，这两年对他的思想产生了巨大影响，其中对他影响最大的是两个人：洛克与牛顿。这样说吧，伏尔泰在哲学思想上几乎是完全接受了洛克，例如接受了洛克的经验主义与反天赋观念，而在对上帝与世界的基本看法上则接受了牛顿，而且也是全盘接受，据为己用。特别是对牛顿，伏尔泰可以说是牛顿的粉丝，据说他曾经亲自参加了牛顿的葬礼。在他的著作之中总是大方地引用牛顿的观点作为自己的观点，特别是在他对上帝的理解这一点上，可以说是完全来自于牛顿的。他曾经在《哲学辞典》中说：

> 有一位哲学家出世了，发现各个星球都遵循十分简单而微妙的规律在太空中运行。因此，对于宇宙工程也就认识得更清楚了，这便证明必有一个工人，而多少永恒不变的规律，也证明必有一位立法者。②

这里的"哲学家"指的就是牛顿了，在他看来，正是牛顿发现了宇宙运行的简单而奥妙的规律，而伏尔泰像牛顿本人一样认为这一发现恰恰证明了上帝的存在。

至于为什么，我们只有稍加推理就可以知道了。首先，我们要承认这个宇宙是有限的，即有诞生之日，这是从神学到现代科学都

---

① 《形而上学论》，见《十八世纪法国哲学》（西方古典哲学原著选辑），商务印书馆，1963年，第72页。

② 《哲学辞典》，（法）伏尔泰著，王燕生译，商务印书馆，1991年，第163页。

承认的。在这种情形之下，宇宙万物必然是从静止之中开始运动的，而从静止到运动需要什么呢？当然是需要力，而这个力是哪里来的呢？当然最自然的解释是外来的，是有一种力量将这原初之物推动了一下，使之运动了。而这个施力者就是上帝了。这就简明地证明了上帝的存在，或者至少使人相信上帝存在的可能性与必要性。所以，凡相信牛顿学说的人大都也相信上帝，对此伏尔泰曾说：

> 我所见过的牛顿派，个个都承认真空和物质有限，从而合情合理地承认有一位上帝。①

这里的"合情合理"是很重要的，当我们在探索任何一种思想或者可能性时，一般而论会得到多种可能的答案，但在这些答案之中选择哪一个，一般地说就是看哪一个更合情理了。例如一个平时表现好的学生突然没来上课，他可能出去玩去了，也可能是确实临时有急事如生了病没办法来上课了。逻辑上而言两个答案都可能，我们要选择哪一个，就要看哪一个更合情理了。

对于上帝的存在而言，这个"合情理"尤其重要，因为那个学生是因为什么原因没来上课毕竟容易充分地证明，不必要依赖情理，但上帝的存在却是不可能充分地证明的，只能在多种可能性之间选择那个"更合情合理"的，这是有关上帝的一切证明的共性，对此伏尔泰应该是看得很清楚的。他也表明了自己对上帝的存在之理解是相当深刻的。

伏尔泰在《论灵魂》中还说：

> 一架微弱的自动机，被一只不可见的手操纵着，这只手在这个世界的舞台上指挥着我们，我们当中有谁曾看到

---

① 《哲学辞典》，(法)伏尔泰著，王燕生译，商务印书馆，1991年，第167页。

过那根引导我们的线索？

我们敢于提出这样的问题：理性灵魂是精神还是物质？它是在我们之前被创造的还是在我们出生时从无产生的？是不是它在这个地球上只是短暂地给予我们生命，然后一旦我们死去它便永恒存在下去？这些问题看起来堂而皇之，它们是些什么样的问题呢？这是瞎子之间相互询问光是什么的那类问题。

这段话的内容是很丰富的，说明了三个问题：一是我们人甚至整个宇宙在伏尔泰看来都只是一架自动机，这就是我们上面说过的牛顿式的机械宇宙论了。二是我们是受着一只"看不见"的手操纵的，不用说，这只看不见的手就是上帝了。同时它的"看不见"也意味着在伏尔泰看来，上帝是不可能为我们所理解的。这同样是他对于上帝的基本认识。

在伏尔泰看来，对于上帝，我们唯一知晓的只有三点：一是他是存在的，二是他创造了世界，三是他是公正的。此外就无从知道了，例如上帝存在于何地？他是存在于人们想当然的那样的高天之上，还是如斯宾诺莎与马勒伯朗士那样认为的就存在于万物之中、与万物一体？上帝是占有还是不占有空间的，是不是形体的，如此等等，都是不可能知道的：

> 这位永恒的几何学家又在哪儿呢？他是在一个地方呢？还是无所不在、不占空间呢？我毫无所知。他安排万物是否出于他的本质呢？我也毫无所知。我只知道人必须崇敬他，而且必须为人公正。（同上，178页）

对于前两点是好理解的，就是神秘神学的基本观点，但第三点，即上帝是公正的这一点，伏尔泰是有可能遇到麻烦的。因为这其中是存在着一定矛盾的，承认上帝的存在与创造世界是可以的，以此出发依然可以推导出神秘主义神学，但承认上帝是公正的却不这样了，因为倘若承认了上帝是公正的，那就等于是承认了传统基督教神学的核心了。而一旦承认这一点，就会遭到大量的攻击，首先是上帝与恶的关系问题。当然，这是一个很深刻的问题，我们前面讲过了很多，这里不再多说。对于这一点，实际上伏尔泰的观点是有矛盾的，因为他一方面承认上帝的公正，另一方面又认为不可以根据我们对善与恶的观念去理解上帝。在他看来，我们针对神的恶的指控"只是从人对人的关系去看的，也就毫无可以与神相比之处"。这样一来，"说神在这个意义之下公正或不公正，其荒谬与说神是蓝的或方的不相上下"。①

伏尔泰这样解释当然是说得通的，但是，这却显然与上面说神是公正的是相违背的。神是公正的是何含义呢？难道不是我们人所理解的公正吗？倘若不是，那说神是公正的又有何意义？倘若说神在《圣经》里下令杀了很多人——并不一定是坏人——也是公正的，那么说神是公正的和说神是不公正的就没有区分了。

当然，伏尔泰毕竟不是真正的神学家，这些深刻的问题他没有想到也是可以理解的。

引用《哲学辞典》中的话，伏尔泰对神的理解大概是这样的：

> 我们感觉到我们是在一位不可见的神的手中，情况就是这样，我们再也无法越过雷池一步。要想猜测出这位神之所以为神，他是否广阔无垠，是否存在在一定处所，他是如何存在的，如何起作用的，这就未免狂妄了。

是啊，我们这么起劲地谈论神，即使我们相信神的存在，但倘

---

① 《形而上学论》，见《十八世纪法国哲学》（西方古典哲学原著选辑），商务印书馆，1963年，第72页。

若我们自诩理解神,那就的确是一种狂妄了!这也是神学中对神的另一种基本理解。

伏尔泰对灵魂的认识与上帝不一样,他承认上帝的存在,但对灵魂则持否定的态度,认为不能证明灵魂存在,同时更无法认识灵魂。这是伏尔泰神学思想一个有意思的内容。对此他在《哲学辞典》中也说:

> 用一个明显的事例就可证明这一真理是无可置疑的。在摩西时代,犹太人丝毫没有什么灵魂永生和世外生活的观念。

这是一种很大胆的说法。我们知道,历来的神学家们总是将上帝与灵魂结合在一起的,信其一必信其二。因为倘若没有灵魂,那么上帝的存在就变得朦胧了,甚至其必要性也会变得淡漠了。理由很简单:倘若没有灵魂,那何来上帝的赏善罚恶呢?要知道在基督教的传统教义中,上帝的赏善罚恶并不是在此世的,而是在来生的,而它的成立就是有一个基本的前提:有灵魂,上帝的赏善罚恶实际上是针对灵魂的,而不是针对肉体的。当然,关于灵魂的问题深刻又晦涩,我们在这里且不多说。

第二节　为什么要有上帝?

上面我们分析的是伏尔泰对上帝的基本认识,现在我们来谈一下伏尔泰对上帝的另一种认识,即其存在的意义。

伏尔泰之所以承认上帝的存在,之所以信仰上帝,从某个角度来说可归于一种"实用主义",因为在他看来,我们之所以要信仰上帝,一个很重要的原因是,信仰上帝能够提高我们的道德水平:

> 在道德方面，显而易见，承认有一位上帝比不承认好得多。①

这句话的含意是非常深刻的，要说起来可以长篇大论，但也可以简短地分析一下。我们知道，在《圣经》中有许多的教导，其中的相当一部分都是道德的教条，典型的就是摩西十诫，其中的诫命大都是关于道德的，如：

> 5：17 不可杀人。
> 5：18 不可奸淫。
> 5：19 不可偷盗。
> 5：21 不可贪恋人的妻子。也不可贪图人的房屋、田地、仆婢、牛、驴，并他一切所有的。

如此等等，人若信仰上帝，自然会遵循上帝的这些教诲，于是人便是有道德的了，这是显而易见的。

当然，有人也可能会说，我不信仰上帝，也可以有道德啊！这是诚然可能的，但是，另一种更大的可能是，一个不信仰上帝的人，或者一个没有信仰的人，在许多情形之下都会变得百无禁忌、为一己之利而无所不用其极。这同样是一个事实。简而言之，无信仰可能导致无道德。对此伏尔泰是一清二楚的，他曾说过：

> 您把钱借给您的社会里一个什么人的时候，是否愿意您的债务人、检察官、公证人、审判官都不信神？（同上，175页）

这句话简单又有力，甚至是可操作的，例如我们在生活之中，

---

① 《哲学辞典》，（法）伏尔泰著，王燕生译，商务印书馆，1991年，第164页。

有人向我借钱的时候，倘若这是一个虔诚的基督徒，或者穆斯林也行，佛教徒也行，只要有信仰，我借钱给他要放心得多，因为他是心中有敬畏的人，这种人往往是更有道德、也更讲信用的。

在伏尔泰看来，一个政府也应当是信仰上帝的：

> 相信上帝又相信有形的鬼神，这是古代玄学的一种谬误；但是绝对不相信任何神，则是道德上的一种可怕的谬误，一种跟贤明的政府格格不入的谬误。①

这样的话真的值得我们仔细咀嚼，深入思索。

正由于信仰上帝，相信这种信仰对于国家与人民都是有益的，可以提高他们的道德水平，所以伏尔泰旗帜鲜明地反对否定上帝存在的无神论，认为"可以在哲学里找到许多证据来摧毁无神论"。②

这些证据在《哲学辞典》中的"无神论"条目里看得最为清楚。在这里，伏尔泰先从历史的角度整体地分析了一下无神论，指明有神的重要性，就是我们在上面刚说过的道德上的重要性了。

接下去，伏尔泰就提出了为什么神是存在的，就是我们上面说过的他认为宇宙是一架精密的大机器，所以需要有一个创造者，然后他还举出了和他所处一个时代的无神论者们提出来的各种无神的主张，并且加以反驳。例如无神论者们说世界根本就不需要什么创造者，万物是自己存在与运动的。伏尔泰指出"在我看来，所有这一切设想都是想入非非之谈"，并且说就是被指为无神论者的斯宾诺莎也是承认这种"创造的智慧"的存在的。还责备说，这些无神论者专注于一些"细微而无聊的事物"，想以此去否定上帝，对于伟大

---

① 《风俗论》（上册），（法）伏尔泰著，梁守锵译，商务印书馆，1994年，第257页。

② 《哲学辞典》，（法）伏尔泰著，王燕生译，商务印书馆，1991年，第164页。

的牛顿与洛克提出来的有力得多的证明却视而不见，这是不对的。

伏尔泰还讽刺说，那些无神论者大多数都是一些"大胆而迷失了方向的学者"，他们不善于推理，不能理解世界的奥妙与上帝的创造，也不理解恶的根源等难题，他们不知道这些问题都可以在上帝那里找到答案，而是去求助于万物是永恒的和必然的这类假说，认为这类假说可以解释上面的问题。不用说，伏尔泰认为他们不能，他们的解释在理性上是经不住推敲的，在道德上更是有害的。

还有，说到这个问题时他还提到了中国：

> 在中国儒家各学派里实实在在并没有人宣传无神论；但是却有不少的无神论者，因为他们都不过是些并不怎么高明的哲学家。

对这句话我不知道如何评论，但却至少说明了他对于中国古代哲学家是相当了解的，否则也不敢说这样的话了。但内容是否正确，是否符合我们对于中国哲学的理解，就另当别论了，例如他说儒家没有人宣传无神论，但现在颇有人说荀子是无神论者呢，他又说无神论者是不怎么高明的哲学家，那么范缜、韩非、王充、王夫之、熊伯龙等就都不是高明的哲学家了！这种说法大概是有点儿问题的。

伏尔泰谈到中国的地方很多，可以说不亚于莱布尼茨，我们在后面将要细说。

伏尔泰还以他一贯的诙谐风格说出了无神论的害处，以及应当信仰上帝存在的好处与必要性：

> 我不愿意跟一位不信神的王子打交道，他会高兴把我放在一个臼子里捣死；我相信我一定是会被他捣死的。如果我是个国王，我也不愿意宠用那些不信神的侍臣，他

们会因争权夺利把我毒死：我得每天乱吃些解毒药以防万一。所以王子和人民都必须把一个赏善罚恶、管理和创造人类的上帝观念深深地铭刻在心中。

不过，伏尔泰虽然反对无神论，但其反对的程度并不是那么决绝，他说在某些情形之下，无神论者也可以是贤明者，也可以过上幸福的生活。这当然也是成立的，并不是所有的无神论者都是坏人、没有道德，这是显然的，要知道伏尔泰的许多启蒙运动的朋友，如梅叶和霍尔巴赫都是公开的无神论者呢！难道他们都是坏人不成？当然不，事实上，伏尔泰是很重视他们的，也敬重他们，例如梅叶，他对无神论者梅叶的思想是大加赞赏的，还专门出版过他的著作。

第三节　对宗教迷信与狂热的批判

事实上，伏尔泰最为反对的不是无神论，而是某种有神论，即那种极端的有神论，也就是迷信。对此他在《哲学辞典》中说：

> 我从信仰上帝的人那里比从不信神的人那里的确会获得更多的公正待遇，而从迷信之徒那里却只能得到苦难与迫害。无神论与狂热的信仰原是一可能够吞噬和分裂社会的怪物；但是，无神论者在错误中还保持着理性使他不致胡作非为，而狂热的信仰却无休止地疯狂下去，这就更使他会为非作歹。①

这段话可以说相当的犀利，伏尔泰在这里把迷信的危害看得比

---

① 《哲学辞典》，（法）伏尔泰著，王燕生译，商务印书馆，1991年，第166页。

无神论要大得多,他认为无神论还可能是有理性的,因此不会无所顾忌地乱来,但迷信就不一样了,它纯粹就是一种无理性疯狂,不会干任何好事,只会为非作歹。

伏尔泰主要是从历史的角度去分析的,因为在历史上,那些迷信者的确是这样的,毫无理性,犯下了许多可怕的罪行,他还这样说:

> 有些手无寸铁的人民在祭坛跟前被杀,有些国王横遭刺杀或毒死。一个疆土辽阔的国家被它本国人民搞得只剩下了半壁河山。最好战而又最和平的民族自行分裂,父子之间祸起萧墙兵戎相见,篡位夺权者,专横的暴君,残忍成性的人们,杀害父母者和亵渎神明的歹徒,用宗教思想践踏了人间一切神圣习俗惯例,这就是宗教狂热及其战功的历史。①

伏尔泰这些话当然不是空口白说,而是有根有据的。的确,我们在整个历史上都可以看到一个这样的事实:宗教是好的,无论基督教还是非基督教,但当这种宗教发展到了迷信的程度,教徒因迷信而变得狂热时,就非常可怕了!这样的例子我们在西方历史上几乎俯拾即是,例如在古希腊,有许多人就是因为不信神或者因为宣扬了城邦不准信的另外的神而被杀被驱逐的,其中包括许多伟大的哲学家,如阿那克萨戈拉,他就因为被控不信神而差点丢掉性命,多亏伯里克利的竭力帮助才躲过了死刑。苏格拉底之所以被处死,公开的罪名中也有一条,就是他引进新神。到了古罗马,当基督教开始传播之时,被罗马政府疯狂迫害,因为基督教当然反对罗马人的传统——也就是说对宙斯与阿波罗这些神——的崇拜与信仰。特别是在戴克里先成为皇帝后,开始了对基督徒最残酷的迫害,吉本

---

① 《哲学辞典》,(法)伏尔泰著,王燕生译,商务印书馆,1991年,第517页。

在他的不朽巨著《罗马帝国衰之史》中这样说：

> 虽然戴克里先仍是反对流血，并对伽莱里乌斯凡拒绝献祭者应立即活焚这种狂暴的建议予以制止，但加于基督徒顽固言行的种种刑罚可以看作是够严厉而有效的。在帝国各省，法律制定基督徒的教堂应加拆毁直至房基；凡为了宗教崇拜的目的而擅自举行秘密集会者一律判处死刑。……他们很可能建议各主教和长老应把他们的一切圣书都交到各地方长官手里，这些地方长官在极严厉的刑罚下，受命把这些圣书当众郑重焚毁。根据同一法律，教会财产立即予以没收；……在采取了这些有效措施来废除基督教的崇拜和解散基督徒的管理机构之后，又认为有必要使那些仍旧拒绝崇拜自然、崇拜罗马宗教和他们祖宗的邪恶的人们，遭受最难忍受的待遇。……全体基督徒都被摒弃在法律保护之外。①

上面这些措施被印制成文告在全帝国到处张贴。基督徒们当然恨这样不公的法，他们采取了许多反抗措施。例如在尼科墨迪亚地方，它一张贴出来，有个基督徒就冲上去把它撕下来，扯个稀烂，并且用最严厉的言辞咒骂在场的罗马官员。

他所受的处罚是被文火慢慢地烤死，这个基督徒在火中还带着幸福和蔑视迫害者的微笑。

后来，基督教上台并成为第一大宗教之后，又开始了对异教徒的残酷迫害，例如伟大的女哲学家海帕西娅就是被一群狂热的基督徒杀害的。一天，在她讲学回家的路上，被几个基督徒抓进了教堂，他们先把她剥得一丝不挂，然后用锋利的蚌壳将她全身的肉一片片

---

① 参《罗马帝国衰亡史》第十六章。

割下来,再硬生生地扯断她的四肢,最后,他们把她还在颤抖着的身躯丢进了熊熊烈火。

即使到了近代,宗教狂热造成的血腥流血依然存在,最有名的就是法国的"巴托罗缪之夜"。1572年8月24日晚上,在新教徒亨利·那伐尔与法王查理九世之妹玛格丽特举行婚礼的第二天,趁大批新教贵族都聚集在巴黎参加婚礼的机会,以钟声为信号,天主教徒们挨门挨户地屠杀新教贵族,酿成了大惨案,据说仅在巴黎一地就被杀了两千余人,在法国其他地方还有5万多人暴尸街头。对不久之前发生在祖国的这件事伏尔泰可谓痛心疾首,他说:

> 最大的事例莫过于巴黎市民在圣巴托罗缪喜庆之夜争先恐后赶着去残杀那些不肯去望弥撒的同胞,把他们扼杀,又从窗口里扔出去粉尸碎骨,剐成万段。①

诸如此类,这些血淋淋的事实都告诉我们,对某一个宗教从信仰走向了迷信是多么的可怕。

对于些宗教的狂热分子,伏尔泰是非常痛恨的,他称他们为"丧心病狂的人""怪物",认为他们"需要迷信,好似乌鸦的砂囊需要臭肉一样!"(同上,717页)在这里他还顺便赞美了一下"中国通儒",认为他们从来不主张这样的狂热,具有"圣贤的模范言行"。这也诚然是正确的,中国历代都主张宗教宽容,虽然也有许多残酷之事,主要是残酷地镇压农民起义,但从来没有这些残酷的宗教迫害——也许北魏灭佛有点儿这个味道,但那其实也不是缘于宗教而是利益。其原因很简单:中国从来没有哪个宗教,无论是基督教、伊斯兰教还是佛教,曾经强大到有权力迫害老百姓!

像其他许多启蒙运动哲学家一样,伏尔泰也批判了教会,他在《哲

---

① 《哲学辞典》,(法)伏尔泰著,王燕生译,商务印书馆,1991年,第521页。

学辞典》的第一条就进行了这种批判：

> 那些主教们都是孤王寡人啊，他们原来也跟我们一样穷；他们发了财，升了官，其中一位地位比国王还高，我们也来尽量效法他们吧。

> 先生们，你们有理，侵占世界吧；世界是属于霸占它的强者或能手的；你们曾经利用过无知，迷信和愚昧的时代来剥夺我们的遗产，践踏我们，用我们的血汗来自肥。理性到来的日子，你们就发抖吧。

这段话是相当有名的，在这里伏尔泰批判了都会的贪婪与愚弄人民，认为理性一旦来到，就要把他们打倒。

这是《哲学辞典》的第一条"修道院院长"中的话，不用说是批判这些院长们的。伏尔泰对罗马的教廷更是进行了尖锐的批判：

> 罗马教廷的那些狂热信徒罗织了多少欺骗、诽谤、偷偷摸摸的罪名来攻击加尔文派的狂热信徒啊。耶稣会的人攻击冉森派的人，反之，后者也照样攻击前者。如若上溯以往，便可看出一部教会史本是一所道德学校，但也是各个宗派之间相互攻讦的恶毒手段的传习所。①

这样的话不用多解释，是相当符合事实的。

但是，伏尔泰对教会的批判实际上是相当有限的，他主要的是针对教会的上层，例如修道院院长们、主教们和罗马教皇。对于普通的修士们，他是持一定的同情与肯定态度的，他曾说：

> 虽然有人写书指摘修士们的弊端，也应该承认他们中间总还有些在学问和德行方面出类拔萃的人物；即使他们

---

① 《哲学辞典》，（法）伏尔泰著，王燕生译，商务印书馆，1991年，第524页。

干了些坏事，却也有所贡献；一般说来，可以寄予同情的地方比应该谴责的地方倒还多。

这话当然也是正确的，我们也只要看看史实就可以了，我们前面讲过的许多哲学家，中世纪哲学的不用说了，几乎全部是修士，近代的马勒伯朗士与贝克莱也是教士，总之都是学问与德行都很卓越的人物，其中奥古斯丁与托马斯·阿奎那更是个中典范，这是显而易见的。我们切不可一竿子打死一船人。

伏尔泰还特别强调了法国天主教会的不一样，在《路易十四时代》中他说"在所有天主教会中，法国教会中积聚的财产最少。这是无可争辩的事实"。还说"法国的僧侣，一直沿袭对他们来说沉重不堪的惯例习俗，几年就要付给国王几百万无偿赠予"。而这样的结果是"教士每五年一聚时，连一个会场、一件属于他们的家具都从来没有过"。

显然，伏尔泰对法国的教会整体上是持肯定态度的，不讲清楚这一点，认为伏尔泰对教会进行了"无情的批判"，那是不符合事实的，伏尔泰地下有知也不会同意的吧！

第十六章 论知识

伏尔泰第二个重要的哲学观念是有关经验主义的,即他承认知识来自经验,并且反对天赋观念。

第一节 知识源于经验

我们在讲伏尔泰的生平时说过,他曾经在英国待了两年,这两年对他哲学观点的形成产生了巨大的影响,甚至可以说是塑造了他的哲学观点。这个观点既然来自英国,当然就会具有英国哲学的最大特色——经验主义。

既然是经验主义,其第一个主张自然是一切知识都来自于经验,对这一点伏尔泰是确信无疑的。所谓经验,具体来说指的就是感觉经验了,知识来自于经验,换言之就是说知识或者最初的知识来自于感觉,感觉是一切知识之基础。这既是经验主义的基本观念,也是伏尔泰的基本观点,他说:

> 毫无疑问我们的最初的观念是我们的感觉。我们一点一点从刺激我们感官的东西得到一些复杂的观念,我们的记忆力保存下这些知觉;然后我们把它们放在一些一般观念项下加以整理,于是通过我们所具有的这种组合和整理的唯一能力,我们的各种观念就产生出人的全部广阔的知

识来。①

这样的说法与洛克没什么两样,是很典型的经验主义知识起源论,也很简明,不需要多说。

正由于知识来自于经验,所以伏尔泰进一步认为,倘若我们缺乏感觉经验,或者说当我们的感官因为什么原因而不能获得感觉经验的时候,我们也就得不到观念,这样一来,我们也就会相应地缺乏知识了。

这也就是说,人的感觉器官是知识的物质基础,没有这个基础,一切知识也就成为无源之水、无本之木了。

更进一步地,由于感觉器官是人的身体的一部分,从这个角度上说,我们的身体是我们的感觉之基础,因而也是知识之基础、思想之基础,这也就是思想全部的"物质基础",对这一点,伏尔泰也是很清楚的,他在《哲学通信》中就说:

> 我有身体,我思想:此外我就不知道了。难道我要把我可以很容易地归之于我所认识的唯一的第二原因的事情归到一个不认识的原因上去么?

在这里伏尔泰用了"第二原因",那第一原因是什么呢?当然就是上帝了。我们前面说过,伏尔泰相信上帝的存在并且是世界的创造者,这样一来,若论万物以及知识的第一原因,或者说终极的原因,那当然是上帝了!这是显而易见的,也是一个简单的逻辑问题。这样一来,人的身体就只能是知识的第二原因了。但问题是当我们分析知识的时候一般而论是不考虑上帝的,因此之故,说身体

---

① 《形而上学论》,见《十八世纪法国哲学》(西方古典哲学原著选辑),商务印书馆,1963年,第74页。

是知识的第一原因同样是成立的。如果只说经验是知识的起源就更加没问题了。这就像我们平时说话时，说我是一个人，是高级动物，但很少会进一步想到要求说我是"物质"，更不会说到我是"存在"或"存在者"了，虽然从终极的角度而言确实如此。

还有，在谈到人的感觉，伏尔泰还说过这样的话：

> 真正说来，我们只有一种官能，这就是触觉、视觉、听觉、嗅觉只不过是接触到一些由一个远处物体出发的中间物体。（同上，72页）

倘若说伏尔泰的知识论有什么特色的话，这就是了。这里面包括两重含义：一是触觉是最重要的感觉，二是触觉是唯一的感觉。

对于第一点，我们可以联想起亚里士多德说过的同样的话。在《论灵魂》的最后，亚里士多德对于视觉、听觉、触觉、味觉、嗅觉等五种感觉的重要性做出了分析，并且得出了一个看上去令人震惊的结论，就是说在五种感觉之中，触觉是最为重要的，甚至是唯一必需的，因为"没有触觉，动物就无法生存"。[1]

我们知道，一般人都认为在所有的感觉之中似乎视觉才是最重要的，我们所获得的信息之中，绝大部分也是通过视觉获得的。因此，如果从常识或想当然的角度去看，则五感之中以视觉为最重要。所以亚里士多德这样的观点在许多人看来没有道理，然而只要我们仔细想想就会明白亚里士多德说得是多么在理了！甚至不必要多想，我只要指出一些具体的动物就行了，在自然界之中，有大量的动物是没有视觉的，例如那些生活在地下的动物，如蚯蚓和千足虫，根本就没有眼睛，这样的动物是很多的，还有生活在深海中的动物，

---

[1] 《亚里士多德全集》（第三卷），（古希腊）亚里士多德著，苗力田主编，中国人民大学出版社，1992年，第93页。

许多也没有视觉，甚至有些动物本来是有眼睛的，但世代生活在地下——例如地下河里或者溶洞里的鱼，慢慢地眼睛就退化了，没有视觉了。像没有触觉一样，许多动物也没有听觉、嗅觉、味觉等，但所有这些动物都有触觉，可以说，在所有的动物之中，没有一种是没有触觉的，这是事实，而且，我们可以断定，所有动物——也许除了人类，倘若失去了触觉，那么它们一定无法生存。

总之，由这一点可以看出来亚里士多德的观察是多么敏锐，而思想又是多么深刻，现在伏尔泰同样强调了触觉的重要性。

而且，从第二点我们可以看出来，伏尔泰实际上并不是从亚里士多德的角度看触觉的，而是在他看来，视觉、听觉、嗅觉同样是一种触觉，或者是借助触觉才产生的感觉，因此就本质而言也是触觉。所以倘若从这个角度而言，我们就只有触觉一种官能了。至于伏尔泰为什么这么理解，理由也不复杂。例如视觉，它完全可以看成是由物体反射的光线接触到了我们的眼睛，然后才产生了视觉。从这个角度看，视觉就是一种触觉。听觉也是，听觉来自于空气的震动，这震动的空气接触到了我们的鼓膜，就形成了听觉。所以，听觉实际上也可以说是一种触觉。味觉嗅觉也是同样的情形，所以都是触觉。

总之，一切感觉都可以看成是触觉，从这个角度而言，触觉是我们唯一的感觉。伏尔泰的这个说法是很成立的，倘若这是伏尔泰最早提出来的，那就是一种创见了。虽然不复杂，但毕竟是创见。

第二节　反对天赋观念

我们知道，经验主义有两大基本观点：一是认为观念或者说知识来自于经验，同时反对天赋观念，即认为知识或者说观念是天赋的，即是人生下来就有的。这两个观点实际上是一而二、二而一的。

对于是否存在着天赋观念，从柏拉图开始直到托马斯·阿奎那，再到如罗吉尔·培根、亨利·根特、邓·司格脱等,都讲过这个问题,其中托马斯·阿奎那与司格脱都认为知识都是来自于感觉经验的,即没有天赋观念,人生下来时是一块"白板",洛克也如此认为,笛卡尔与莱布尼茨则强调天赋观念。

伏尔泰当然是站在洛克一边的,同样坚持一切观念都来自经验,不存在天赋观念。他的《形而上学论》之第三章就叫《论一切观念都通过感官而来》,其中说道:

> 任何一个人只要忠实地考量一下他理解时的全部经过,就会毫不费力地承认他的各种感官为他提供了他的一切观念。可是有些滥用了自己的理性的哲学家却硬说我们有一些天赋的观念。①

在这里,伏尔泰不但提出观念来自于经验,还同时批判了天赋观念论,认为提出这种观点的哲学家——主要就是笛卡尔与莱布尼茨——滥用了人的理性。

我们知道,洛克是很反对天赋观念的,狠狠地批判了以笛卡尔为代表的持天赋观念论的哲学家们,并为此提出了"白板说",即认为我们的观念是从经验而来的,而在得到这个经验之前,我们的心灵是白板一块。②换言之就是说根本没有什么天赋观念。伏尔泰对此当然大表赞同。对认为人一生下来甚至还在娘胎里时就有了观念与思想,只是长大后又忘记了,必须通过学习才能"回忆"起来的观点,他在《哲学通信》里略带俏皮地说:

---

① 《形而上学论》,见《十八世纪法国哲学》(西方古典哲学原著选辑),商务印书馆,1963年,第73页。
② 参《自然法论文集》,(英)洛克著,刘时工译,上海三联书店,2012年,第128页。

对于我来说，在这一问题上能跟洛克一样愚蠢，我以为这是很荣幸的。任何人永远也不能使我相信我永久在思想；我并不比洛克更倾向于想象我在成胎几个星期以后，就是非常有学问的，通晓千万事物，一生下来却都忘记了，想象我在子宫里具有若干知识，毫无用处，等到我需要的时候却又都不翼而飞了，并且从此再也没有能很好地重新学会。

不过，倘若我们联想一下此前莱布尼茨关于天赋观念的思想，不难发现，在伏尔泰看来相当幼稚、容易反驳的天赋观念实际上并非如此简单，而且莱布尼茨对这样的反驳也早就准备好了答案，倘若伏尔泰仔细地读过莱布尼茨，也许会有更多的想法。

特别是针对他的同胞笛卡尔，伏尔泰提出了很多批判。例如在《路易十四时代》里他就说，笛卡尔作为一个科学家，本来应该像牛顿一样去研究大自然，但他却不去研究大自然，而是闭门造车地乱猜测。他还说，笛卡尔虽然是最伟大的几何学家，但抽象的几何学对人的思想并不产生任何的影响。总而言之，笛卡儿的哲学不是来自于对大自然的深入观察与研究，而是"过分趋向于虚构想象"，他甚至说笛卡尔的著作是"哲学小说"，原因就在于他"轻视实验、从不引用伽利略的学说"。这样一来，就像盖房子的人一样，他盖房子不用砖瓦木料等却只凭想象去盖，这样盖起来的当然也只会是一间"空想的大厦"。

显然，这样的批判是相当严厉的，几乎将整个的笛卡尔哲学一棍子打死了，就是洛克也没有这样过分。这大概是因为伏尔泰的哲学理解力有限，理解不了笛卡尔那深刻的思想。因为只要读伏尔泰的书就可以清楚地看到，他的确是没有什么深刻思想的。就哲学的深刻而言，他几乎称不上是一位哲学家。

还有，在《哲学通信》里他也批判了笛卡尔，说："我们的笛卡儿，生来就是揭发古代的谬误的，但是却又换上他自己的谬误。"诸如此类，就不多说了。

我们知道，在天赋观念论者的各种天赋观念之中，最主要的天赋观念是关于上帝的天赋观念，例如笛卡尔就是这么认为的。但伏尔泰指出，我们根本没有什么关于上帝的天赋观念：

> 没有一个人生来就有关于神的知识：不管这是不是很可惜，这确实是人的实况。①

伏尔泰在这里的说法同样是简明有理的，确实很多人没有天赋的观念，我们现在大多数中国人就是这样。但倘若我们读了莱布尼茨，也许会有不同的看法。在我看来，哲学之为哲学，理当是比常识更为深刻的。因此倘若一个观点很常识化，很浅显，那么我们研究哲学的一定要小心，因为这实际上可能是一个陷阱。

---

① 《形而上学论》，见《十八世纪法国哲学》（西方古典哲学原著选辑），商务印书馆，1963年，第66页。

第十七章　自由、平等与气候决定论

作为启蒙运动的伟大领袖,伏尔泰对自由与平等这些启蒙运动中最核心的概念当然也会有所分析,我们现在就来看看。

第一节　平等与自由

对于平等,伏尔泰认为,人天然地是平等的,不过他的平等和我们一般理解的平等是不一样的。他提出了一种挺有意思的平等,那就是生理的平等。即人的各种生理功能是平等的,例如大家都要吃饭、排便、出汗,甚至思维。这些能力,大家都是平等的,在《哲学辞典》中他说:

> 凡是具有天然能力的人显然都是平等的;他们在完成动物功能和进行理解的时候是平等的。中国的国王,蒙古的大可汗,土耳其的帕迪沙都不能对地位最低微的人说:我禁止你消化、上厕所和思维。每种动物,在同类之间,彼此都是平等的。①

伏尔泰这话当然是对的,的确,作为一个正常人,谁能不吃饭排便出汗?又有谁能够不思想?这些能力的确是有的,而且外力难

---

① 《哲学辞典》,(法)伏尔泰著,王燕生译,商务印书馆,1991年,第465页。

以阻止。但也应该指出,这些能力的平等也是相对的,例如吃饭,皇帝的吃饭与老百姓的吃饭是不大一样的,排场和吃的东西有天壤之别。不同的人饭量也有很大差别,例如有的千金小姐一顿只能吃一小碗饭,婴儿只能喝奶,但有的人却可以千杯不醉,大胃王小林尊甚至可以在12分钟之内吃下50个热狗。思想也是一样,一个农夫和一个哲学家虽然都能够思维,但思维的内容与深刻程度是大有差别的。所以,伏尔泰在这里所说的平等指的是都有这样的能力,是从"有"这个角度而言的。从这个角度而言,所有人当然是天然平等的。

但除此而外,伏尔泰认为人事实上是很难平等的,因为人有需要,需要各种各样的东西,例如人生来都对财富、快乐等有强烈的爱好与追求。还有些好逸恶劳,如男人大都爱金钱和女人,甚至想要很多的女人,还想"做她们的主子,强迫她们满足他种种私欲",而他自己则"什么事也不想做,或者顶多做些很舒适的事"。在伏尔泰看来,人正因为有了这类"高尚禀性",因此就不能彼此平等了。[①]

不平等的原因也很清楚:人因为有了这些需要,于是就要去力求满足,而我们又知道,人虽然在某些能力上是平等的,但若讲到具体的能力之大小,那就有天然的区分了,例如力气、智力、性格等都有很大的差别,这些都导致在满足这些需要之时,不同的人得到的结果是不一样的,例如力气大的可以胜过力气小的,聪明的可以胜过愚蠢的,力气大又聪明的当然就居于大大的优势,可以大大地满足自己的需要了,而既蠢又力气小的人得到的满足自然会很少。这是显而易见的。

伏尔泰还进一步指出,正是由于人与人之间这样的需要加上不平等,导致了人与人之间的依附关系。这里的意思就是说,人们就

---

① 参《哲学辞典》,(法)伏尔泰著,王燕生译,商务印书馆,1991年,第469页。

因此而建立了国家,这样一来就出现了贵族与平民,统治者与被统治者,人与人之间就有了依附关系。在伏尔泰看来,这种依附关系是人类真正的不幸,因为它造成了其他大量的不平等。例如奴隶依附于奴隶主,平民依附于贵族,被统治者依附于统治者,这是人类社会最基本的不平等,也是其他不平等的根源所在。

至于自由,在伏尔泰这里似乎主要是一种思想的自由,而不是真正的随心所欲,想做什么就做什么,当然,这也是可以的,那就是要规范人的思想,即我只想做那些我想做的事,而这些想做的事则都是可以做的事,即不违反各种规矩,又有能力去做。这样一来人就可以获得自由了,对此伏尔泰是这样说的:

> 您一旦做您所想要做的事,您随时随地都是自由的。

(同上,600页)

这话中的含义就是我们前面讲莱布尼茨时说过的,子曰:"吾十有五而志于学,三十而立,四十而不惑,五十而知天命,六十而耳顺,七十而从心所欲,不踰矩。"所以,关于何谓自由,无论孔夫子、莱布尼茨还是伏尔泰,他们的观点都是一致的。这种观点简言之就是没有绝对的自由,只有相对的自由,或者以亚里士多德的方式来说,自由意味着限度。

在各种自由之中,伏尔泰最为重视的似乎是信仰自由,他在《哲学辞典》中这样说:

> 信仰自由是什么呢?
> 这是人类的特权。我们大家都是由弱点和错误塑造成的。
> 我们要彼此原谅我们的愚蠢言行,这就是第一条自然规律。

在这里,伏尔泰将信仰自由当成了人的第一条自然规律,足见他有多么重视，这其实是与他反对迷信相一致的。我们上面说过，伏尔泰极为反对迷信，认为迷信比无神论还要坏，原因其实就在于，迷信恰恰就是反对信仰自由，并且用暴力去迫害与其不同的人。这可以说是伏尔泰最为反感的东西，因此他自然就要强调信仰自由了。

伏尔泰在这里还强调了为什么需要强调信仰自由，这是因为我们大家都有缺点与错误，也就是说，我们谁也不可以断定我所信仰的东西就是正确的，正如不能断定他人所信仰的东西是错误的。这样一来，自然而然地，我们就理当要尊重他人的信仰了，因为完全可能是我的信仰错了，而他人是正确的。其实这就是一切信仰自由的核心点。反言之，倘若真的有某个人所信仰的东西是绝对正确的，这样一来，与之不同的信仰当然就是错误的了，倘若如此，基于大家都要遵循真理这个更基本的原则，那么自然就没有信仰自由了，因为信仰自由并不意味着信仰错误的自由。这是当我们理解信仰自由时一定要注意的。

我们还可以看到史上那些迫害信仰自由的行为，其理由是同样的：即认为只有他的信仰才是正确的，与之不同的信仰都是错误的。因此他们才反对别的信仰。倘若相反，他认为自己的信仰可能是错误的，自然就不会迷信了，更不会残酷迫害别的信仰者了。这其中的道理是不难明白的。

第二节　气候决定论

自由平等之后，我们还要谈一下伏尔泰的一个和孟德斯鸠相似的理论，即气候决定论。

在《哲学辞典》中，伏尔泰这样说：

> 土壤和气候，对于一切自然产物——从人一直到蘑菇，确实显示着支配力量。①

这种气候决定论也可以谓之为地理环境决定论，气候是地理环境的主要内容之一。谈到这种决定论，就要谈一下伟大的政治哲学家孟德斯鸠了。

孟德斯鸠政治哲学最大的特点之一是"地理决定论"，即他认为许多的政治与法律制度都是基于当地的地理特征而来的，是"因地制宜"地产生的。他的《论法的精神》的第三卷第十四章就叫"法律和气候的性质的关系"，第十八章则叫"法律和土壤的性质的关系"，第一节还名为"土壤的性质怎样影响法律"，从这些名字就可以看出孟德斯鸠的地理环境决定论了。

关于法律与政治制度，我们知道，不同国度与民族是不一样的，甚至大不一样，例如不同的国家存在着不同的政治制度。一个在不同的历史时期也有不同的政治制度，而在法律上，在一国是合法之事，到了另一国可能违法，反之亦然。这是为何呢？

对于这个问题，孟德斯鸠就是以他的地理环境决定论来解释的。例如法律，他在《论法的精神（上）》中说：

> 法律应该和国家的自然状态有关系，和寒、热、温的气候有关系；和土地的质量、形势与面积有关系，和农、猎、牧各种人民的生活方式有关系。法律应该和政制所能容忍的自由程度有关系，和居民的宗教、性癖、财富、人口、贸易、风俗、习惯相适应。最后，法律和法律之间也有关系，法律和它们的渊源，和立法者的目的，以及和作为法律建

---

① 《哲学辞典》，（法）伏尔泰著，王燕生译，商务印书馆，1991年，第372页。

立的基础的事物的秩序也有关系。应该从所有这些观点去考察法律。①

孟德斯鸠的地理环境决定论可不只包括法律，还包括一个民族的其他许多内容，例如各种风俗习惯与生活方式，甚至国家的根本制度即政体等，都包括在内，在他看来，都是由地理环境决定的。他还举了许多的例子说明这一点。

例如我们知道，阿拉伯人是不准吃猪肉的，为什么会有这个禁忌呢？这和阿拉伯猪本来就很少有关，因为那里几乎没有适宜于猪吃的任何饲料。此外，水和食物都比较咸，有盐性，因此人需要多出汗才成。但吃了猪肉就不易发汗，而不发汗是会引起皮肤病的。"所以在气候容易使人患皮肤病的地方，如巴勒斯坦、阿拉伯、埃及和利比亚等地，是应该禁止吃猪肉的。"②看出来了吧，为什么阿拉伯人不准吃猪肉，孟德斯鸠认为是因为他们所处的地理环境使他们不适宜吃猪肉，所以才形成了不准吃猪肉的禁忌。

我们也知道，阿拉伯人还不准喝酒，这也是基于同样的原因，阿拉伯的气候是很炎热的，人经常出汗，孟德斯鸠认为，血液中的水分会因流汗而大大地减少，因此需要同类的液体来补充。所以人们一般喜欢饮水，烈性的酒则会"凝结水分渗出后所遗留的血球"。相反，"在寒冷的国家里，血液中的水分很少因流汗而排泄的，以致水分在血里积存极多。所以人们可以饮用烈酒而不致凝结血球。那里的人们，体内富于水分，可以加速血液循环的烈性酒对他们是适宜的。"

总之，孟德斯鸠认为："穆罕默德禁止饮酒的法律是出于阿拉

---

① 《论法的精神》（上），（法）孟德斯鸠著，张雁深译，商务印书馆，1961年，第7页。

② 《论法的精神》（下），（法）孟德斯鸠著，张雁深译，商务印书馆，1963年，第156页。

伯气候的法律。"①

在孟德斯鸠看来，不但风俗与法律受地理环境之决定，政体也是如此。例如他认为，那些土地肥沃的国家常常是"单人统治的政体"，也就是君主制，土地不太肥沃的国家则常常是"数人统治的政体"，也就是民主制，他还以雅典为例，认为雅典人之所以建立了民主制，并且是民主制中最民主的平民政体，就是因为这里土壤贫瘠。相对言之，斯巴达人则由于所居之地土壤肥沃，因而建立了贵族政治，这个贵族政治虽然算不上是"单人统治的政体"，但也差不多了，只是多了几个人，实行的是一种多人的寡头统治。②

孟德斯鸠甚至说奴隶制的起源也和气候有关，就是那气候炎热的国家：

> 奴役权还有另外的一个起源。甚至人间所见到的最残酷的奴役权也以此为起源。
>
> 有的国家，天气酷热，使人们身体疲惫，并大大削弱人们的勇气，所以只有惩罚的恐怖，才能够强迫人们履行艰苦的义务。（同上，246页）

这里所说的奴隶就是奴隶了，孟德斯鸠在前面分析了奴隶制的一个起源，这里分析的是另一个起源，就是因气候而致的奴隶制。这个原因就在于他认为，气候炎热的地方，人们容易劳累，因此也容易懒惰，并且缺乏勇气。但这对于一个国家或社会而言当然是不行的，为了解决这个问题，就只好用残酷的办法强迫大家劳动或者作战了，而这就导致了奴隶制。

---

① 《论法的精神》（上），（法）孟德斯鸠著，张雁深译，商务印书馆，1961年，第234页。

② 参《论法的精神》（上），（法）孟德斯鸠著，张雁深译，商务印书馆，1961年，第280页。

如此等等，我们不再多谈，且来看伏尔泰。

伏尔泰也像孟德斯鸠一样认同地理环境决定论，不过他特别强调其中气候所起的主导作用。主要是以举例说明的方式解释这个问题。例如他认为，在地球的南北两个半球之间，南半球的人由于气候比较温和的缘故，民风因此也较北方人温和。不过他的下述说法是有问题的：

> 他们那里的气候使他们不喝烈性的酒，也不吃动物的肉，这些食物会刺激血液，往往令人变得凶残。①

倘若依据这个说法，吃肉的人都是凶残的，但这人世界上绝大部分人都是吃肉的，酒也是绝大部分人都喝的，难道世界上绝大部分人都凶残吗？还有，阿拉伯人不喝酒，但却吃肉，吃很多的肉，那他们凶残吗？所以，伏尔泰在这里的说法看上去有点主观。而且，他所举的例子也是错误的，例如说南半球的人不吃动物的肉，这是缺乏事实根据的，南半球的人吃肉和北半球没有任何区别。还有澳大利亚的土著，当欧洲人发现他们之时，他们还生活在旧石器时代，人也十分的温和，但他们的主食也是肉，例如他们吃鸸、袋鼠，只要抓得到，什么肉都吃。

还有，在说到印度人时，伏尔泰说印度人天性软弱，这简直是没办法改变的：

> 印度人一向生性软弱，而我们北方人过去则残酷凶狠。
> 由气候引起的软弱永远无法改变，但冷酷却可以变为温和。
> （同上）

---

① 《风俗论》（上册），（法）伏尔泰著，梁守锵译，商务印书馆，1994年，第269页。

我想，印度人看到伏尔泰说他们永远无法改变软弱的毛病时，一定会气得不行，也不会承认。但在这里伏尔泰也说了，残酷凶狠的人却可以变得温和，也就是说基于气候而形成的性格并不是一成不变的，而是可以在后天加以改变的。

什么样的因素可以改变呢？那就是政府了，在伏尔泰看来，对于人性，政府与宗教的力量是比气候的力量要大得多的：

> 气候是有某些成力的，然而政府的治理却比气候影响大百倍：宗教加上政府的治理，力量就更大了。①

这个观点不难了解，但要理解恐怕不那么容易，或许我们可以从这个角度化繁为简地理解之：世界上那些气候差不多的地方，为什么人性的差别却是巨大的？典型者如中国与西欧，主要都处于北温带，美国也一样，这些地方气候虽然有差别，但差别算不上巨大，都是温带气候。但为什么人性差别很大呢？由宗教引起的迫害与屠杀在西方历史上比较多见，但中国却几乎没有。这是为什么？当然主要是因为政府与宗教的缘故了。中国政府对异族人从来是讲究"抚"的，若是将领敢"擅开边衅"，迫害异族，那是要问斩的。至于宗教迫害就更没有了。总之，中国之所以没有西方那些残酷对待异族与异教徒，不是因为气候，而是因为政治与宗教。由此可见伏尔泰的说法是有道理的。

至于气候对于一些传统习俗的影响，则伏尔泰和孟德斯鸠的观点是很一致的，认为这些习俗之所以存在，是因为它们是有用的。例如谈到印度人喜欢在恒河沐浴的习俗时，伏尔泰就指出，那是因为印度炎热的气候决定了在恒河沐浴是有好处的，这样才形成了习俗。若没有这样的气候，例如要俄罗斯人在流入北冰洋的河里洗澡，

---

① 《哲学辞典》，（法）伏尔泰著，王燕生译，商务印书馆，1991年，第374页。

那提出这个要求的人一定会倒霉的，大家不但不会听从，说不定会用石头砸死他。

还有猪肉，前面孟德斯鸠也提到了阿拉伯人不吃猪肉的事，伏尔泰的观点和孟德斯鸠是一样的，就是认为阿拉伯人之所以不吃猪肉，就是因为猪肉对他们不好：

> 猪肉在阿拉伯人那里是很不好、很讨厌的肉，他们以为吃了这种肉就会生麻风。您要是不许他们吃猪肉，那他们就很乐于听从您。您倘若去禁止一个威斯特法伦人吃猪肉，他准会把您揍一顿。（同上，375页）

威斯特法伦是德国莱茵河东部的一个州，这里的人和普通德国人一样，是喜欢吃猪肉的，我想中国人也是一样，若是有谁现在不准我们中国人吃猪肉，大家一定会把那人当神经病的，痛揍一顿也不是不可能。

喝酒也是一样，伏尔泰同样认为阿拉伯人不喝是有好处的，在那里橙子水、柠檬水才是健康的必需品。穆罕默德不许大家喝酒，就是因为在阿拉伯这样的气候里，喝酒是有坏处的，甚至认为若是穆罕默德到了瑞士，是在瑞士创立他的宗教的，那大概就不会禁酒了。

第十八章　对中华文化的理解与赞美

第一节　对中国历史的理解

讲到伏尔泰对中国的了解，最直观的就是他一个有名的剧作《中国孤儿》了，1755 年上演，直到现在还算得上是名剧。它的副标题是"五幕孔子伦理学"，所宣扬的是中国的传统美德。其情节是以我国元朝剧作家纪君祥作的元剧《赵氏孤儿大报仇》为蓝本写就的，讲的是春秋战国时期，晋国的将军屠岸贾残杀了本来权倾赵国的赵盾一家，只有其子赵武漏网，屠岸贾想要斩草除根，于是全力搜捕，但其门客程婴与公孙杵臼牺牲自己、历尽艰难，最后设计救出了赵家遗孤，由程婴抚养成人，最后终于报仇雪恨。

这个故事在中国看上去有些平常，但在西方人眼里就不一样了，它其中展现了为他人无私奉献的精神，那种忠诚与侠肝义胆都是西方人所缺少的，对他们自然有相当的冲击力。

这个剧本也说明了伏尔泰是肯定中国文明的，当然，他不止是肯定而已，而是大加赞美，并且猛烈地批判了一切否定中国文明之伟大与悠久的谬见。

伏尔泰对中国的第一项肯定是认同中国历史的悠久，反驳怀疑论调。

伏尔泰对中国文明的悠久历史是坚信不疑的，在《风俗论》中，他简洁有力地说："不容置疑，中华帝国是在 4000 多年前建立的。"

这里的四千多年与中国人一向自谓的五千年也差不多了，比从甲骨文开始算起的三千多年要早了千年之久。这是伏尔泰对中国文明悠久历史的基本看法。

但是，即使在伏尔泰所处的那个时代，就已经有很多的西方学者认为中国历史没有那么久，他们提出来的最主要的根据当然是没有考古学的发现，没有实物的证据证明中国文明有四千多年或者五千年那么久，甚至说中国文明是源自埃及或者腓尼基之类，伏尔泰对此可以说极为反感，在《哲学辞典》的《论中国》条目里，他对这种观点进行了讽刺性的批判：

在西方的一个省份，过去叫作克尔特的那里，人们的奇谈怪论竟然发展到说中国人仅仅是埃及的殖民地人，或者说是腓尼基的殖民地人。人们竟还认为，就像证实许多事物一样，证实了一位埃及国王被希腊人称做米那的就是中国国王大禹，亚托埃斯就是中国国王启，不过是更换了几个字母罢了。而且人们更进一步竟然这样推论：

埃及人有时候在夜间点燃火炬，中国人也点灯笼，所以中国显然是埃及的一块殖民地。耶稣会教士帕尔南曾在中国生活过二十五载，又精通中国语言和学术，他既不失礼而又蔑视地驳斥了这一切想象之谈。所有到过中国的传教士和中国人，凡是听到有人对他们说西方人们改变了中国这个帝国，尽都付之一笑。帕尔南神甫回答得还较认真一点。他说，你们说的那些埃及人到中国去势必要路经印度。当时的印度是否有人？要是有的话，又怎么能让一支外国军队过境呢？要是印度当时还没有人的话，埃及人岂不就会留在印度了吗？那么他们本来也就可以在印度河和恒河肥沃的两岸开辟殖民地，还会穿越荒无人烟的沙漠和难以通行的山岳到中国去拓殖吗？

这里的"克尔特"就是英国了，伏尔泰这样的反驳显然是有力的，我们只要看看地图就知道了，这些理由我就不多说了，我或者可以另说一点：请问持那些观点的人有何根据呢？有没有考古学的证据？你们不是重视考古学的证据吗？不是以此来否定中国文化的土生性与悠久性吗？但请问你们的考古学证据又在哪？有没有任何的考古学证据证明中国文明是源自埃及、腓尼基或者中国之外的任何其他文明呢？你们说埃及国王被希腊人称做米那的就是中国国王大禹，亚托埃斯就是中国国王启，有没有考古学的证据？没有吧！那么请问，你们如何能够得出那样的结论来呢？其实这就是现在的情形，那些持中国文明"西来说"的西方人，他们总是认为中国的考古文明没有五千年，而只有三千多年，说中国文明是起源于比中国更早的西亚文明与埃及文明的。但他们忘记了另一个简单的事实：当他们下这样的结论之时，是同样没有任何的考古证据的，不但没有考古证据，连史书记载的证据，甚至于相关的神话传说都没有，纯粹是主观的臆想。相较之下，中国的夏代乃至于之前的三皇五帝，虽然没有足够的考古证据，但却是有着广泛而丰富的史书记载的，相关的神话也很多，这些至少可以作为简单的证据吧，比西来说那些纯粹的主观臆想要强多了。

关于这个问题我们后面还要说。

在批判了西方人那些胡说之后，伏尔泰还从多个角度分析了中国有着悠久历史的可信性。

我们知道，中国商代以前历史最主要的特点就是缺乏考古学的证据，主要的证据是史书的记载，伏尔泰正是从这个角度去分析的，具体方式首先是强调中国史书的可靠性。他在《风俗论》中说：

> 中国人的历史书中没有任何虚构，没有任何奇迹，没有任何得到神启的自称半神的人物。这个民族从一开始写历史，便写得合情合理。①

他还说：

> 这些古籍之所以值得尊重，被公认为优于所有记述其他民族起源的书，就因为这些书中没有任何神迹、预言，甚至丝毫没有别的国家缔造者所采取的政治诈术。②

由此足见伏尔泰是读过中国的史籍的，的确，中国的史书整体上而言都是直陈其事，中间没有虚构，亦无什么奇迹（当然也有极少的例外，如对黄帝的记述），总的来说是合情合理的，也是可靠的，这是中国史书最大的特点，也最值得我们自豪的地方。

典型的例子当数《史记》了，如班固所言，它"其文直，其事核，不虚美，不隐恶，故谓之实录"。

而最典型的例子则是崔杼杀史的事。崔杼是春秋时齐国权臣，公元前548年，齐庄公与崔杼之妻东郭姜通奸，甚至多次跑去崔杼家，还把崔杼的帽子赏给别人，公然让崔杼戴绿帽。崔杼愤怒了，于是设计杀死了昏君，但这毕竟是弑君，他怕死后背负骂名，就命令齐国负责写史的太史官说齐庄公是暴病而亡，但史官坚决不听，直言"夏五月乙亥，崔杼弑其君"，崔杼一怒之下杀了太史，但接任太史的太史的弟弟坚持原则，照常按照春秋笔法直书"崔杼弑其君"，崔杼又杀了，再下去的又是其弟，仍不听，他又杀了，这样一连杀

---

① 《风俗论》（上册），（法）伏尔泰著，梁守锵译，商务印书馆，1994年，第86页。

② 《风俗论》（上册），（法）伏尔泰著，梁守锵译，商务印书馆，1994年，第241页。

了三个，到第四个，也就是兄弟四个的最后一个了，仍然要这样写，崔杼知道再杀无益，只好不杀了。史书是这样说的：

> 大史书曰："崔杼弑其君。"崔子杀之。其弟嗣书而死者，二人。其弟又书，乃舍之。南史氏闻大史尽死，执简以往。闻既书矣，乃还。

看到了吧，即使杀了崔家四兄弟，还有人会这样写下去！这就是中国史书的可靠与可信！

伏尔泰还指出来，中国史书的另一个优点是其中没有自相矛盾之处，这是与西方人的史书或者圣书大不相同的，他在《风俗论》中指出：

> 中国各朝皇帝的治政史都由当代人撰写，其编写方法毫无差异，编年史没有互相矛盾之处。我们的传教旅行者曾经如实地叙述，当他们与贤明的康熙皇帝谈及《拉丁文本圣经》《希腊文本圣经》和撒马利亚人的史书彼此有很大出入时，康熙说："汝等所笃信之书，竟至自相矛盾？"①

这话当然也是符合事实的。年代记载得清清楚楚，极少矛盾之处，是中国史书的一大特色，其实从这也足可说明中国史书的可靠性。反言之，西方就没有这样的优点了，那些古代的哲人们，从泰勒士以降，哪个的生卒年代是清清楚楚的？几乎没有！例如对巴门尼德的年代的记载，第欧根尼·拉尔修的《名哲言行录》中只能说巴门尼德的盛年大约是第69届奥林匹亚赛会时，根据这个推算，巴门尼德大约生于公元前540年，死于公元前470年，而他的鼎盛年份应

---

① 《风俗论》（上册），（法）伏尔泰著，梁守锵译，商务印书馆，1994年，第85页。

该是公元前500年左右，总之是不确切的。甚至对苏格拉底被处死的年份这样的大事，在西方哲学史或者整个历史上都是极重要的事了，也不是确知的。有两种说法，即公元前400年或399年。至于《圣经》中的矛盾记载，还有各种的古本《圣经》中的矛盾之处，也是不少的。甚至于由此引起了巨大分歧与风波，例如基督教的第一次大分裂，即分裂成东正教与天主教，其实就是源自于对《圣经》中某些内容的理解不一。至于另外的古代文明，例如印度，虽然也古老，但其历史的年代则纯粹是一锅粥，根本无从谈起，根本没有中国这样的史书。这些事实都说明了伏尔泰所言是有理的。

伏尔泰不但从中国史书的可信角度分析了中国历史的悠久，还从科学的角度进行了这样的分析。

他认为，中国历史的年代记载之所以可靠，是因为它并不是单纯的历史朝代记载，而是有着科学根据的，那就是天象，即中国古代的时间是奠基于天象观察之上的：

> 中国的历史，就其总的方面来说是无可争议的，是唯一建立在天象观察的基础之上的。①

这个天象，具体而言就是日蚀，我们知道，日蚀的发生是有固定的时间的，即使千年过去，依然可以推断出其发生的具体时间。这在西方哲学史上也是有的，例如第一个哲人泰勒士，据希罗多德说，泰勒士曾经预言过日蚀，这日蚀刚好在美迪人和吕底亚人要交战的某一天发生，后来科学家们根据这个进行分析，就大致知道了泰勒士生活在公元前七世纪到公元前六世纪左右。当然，由于记载很模糊而且孤立，难以确切。但中国就不一样了，中国古代对日蚀的记

---

① 《风俗论》（上册），（法）伏尔泰著，梁守锵译，商务印书馆，1994年，第239页。

载是全面的，就如伏尔泰所言：

> 这里无须拿中国古迹万里长城跟其他国家的古迹对比；后者绝对比不上万里长城；也无须再提起埃及金字塔比起万里长城来不过是一些无用而幼稚可笑的堆堆罢了的话；也无须再论到中国古代编年史中计算出来的三十二次日蚀，共中倒有二十八次欧洲数学家证实是准确无误的。

这是在《哲学辞典》中的说法，在《路易十四时代》中，伏尔泰还说：

> 中国这个民族，以它真实可靠的历史，以它所经历的、根据推算相继出现过三十二次日蚀这样漫长的岁月，其根源可以上溯到我们通常认为发生过普世洪水的时代以前。

这两段话的内容是很丰富的，足见伏尔泰对中国悠久的历史有多么的崇敬，因为他觉得中国的长城要胜过世界一切国家的古代遗迹，包括金字塔在内，这是何等的褒扬！要知道在西方人眼中，千年以来，金字塔是悠久历史的最佳典范呢！还有，伏尔泰认为中国的历史可以追溯到"我们通常认为发生过普世洪水的时代以前"，这也是一种极大胆的说法。我想大概现在一般中国人也不敢这样说的，伏尔泰却敢，他的理由其实并不复杂：中国不是也有大禹治水吗？既然如此，那就说明了两个问题：一是在中国古代真的发生了这样一场洪水，可以将这场洪水与挪亚的那场洪水相比；二是在这场洪水之前中国已经有了灿烂的文明，发展了漫长的岁月。道理很简单：要是没有这灿烂的文明，何以会有大禹呢？大禹又何以去统领大家治水呢？

这里的核心内容当然是日蚀了。但这里伏尔泰似乎有点儿小错，有点儿"贬低"了中国人对日蚀的记载，他说中国古代只有32次日蚀，但实际上，仅仅在《春秋》里就记载了三十七次日蚀。《史记》中也说："盖略以《春秋》二百四十二年之间，日蚀三十六。"不管36次还是37次，都超过了32次。当然，这个数字的差异并不重要，伏尔泰有这样的错误也是可以理解的。重要的是中国古代典籍中的时间是有天文学的根据的，并且，这些根据是可靠的。

对于《春秋》中的这些日蚀记载是否可靠，一直有天文学家或者天文学爱好者很感兴趣，许多人做过研究与推算，例如《春秋左传》中载：

《桓公三年》：秋七月壬辰朔，日有食之。

据推算这是公元前709年7月17日，鲁桓公三年七月壬辰日，农历八月初一的日蚀。又：

《桓公十七年》：冬十月朔，日有食之。

据推算，这是公元前695年10月10日，鲁桓公十七年十月庚午日，农历十一月初一。很精确吧！

总而言之，《春秋左传》中的记载绝大部分是准确无误的，得出来的结论都是一致的、可靠的。

正是基于这样的分析，伏尔泰说出了这样的话：

> 中国人把天上的历史同地上的历史结合起来了。在所有民族中，只有他们始终以日蚀月蚀、行星会合来标志年代；我们的天文学家核对了他们的计算，惊奇地发现这些计算差不多都准确无误。其他民族虚构寓意神话，而中国人则手中拿着毛笔和测天仪撰写他们的历史。①

---

① 《风俗论》（上册），（法）伏尔泰著，梁守锵译，商务印书馆，1994年，第85页。

伏尔泰的上面两个论证，即从史书与科学出发的论证，无疑是很有力量的，足可论述中国历史之久远。但我认为，伏尔泰最有力的分析不是它们，而是下面的论证，即从情理出发的论证。

我们前面说过，西方有些人认为中国文明的历史只及于考古学能够直接证明的时代，例如甲骨文时代，此前的时代，包括夏代和三皇五帝在内都是不承认的，对于这样的观点，伏尔泰是极其反感的，他这样说：

> 如果一个民族最早的编年史证明确实存在过一个强大而文明的帝国，那么这个民族一定在多少个世纪以前早就集合成为一个实体。中国人就是这样一个民族，4000多年来，每天都在写它的编年史。而要掌握人类社会所要求的各种技艺，要做到不仅会写而且写得好，那么所需要的时间势必比中华帝国仅从伏羲氏算起存在的时间更长。这一点如果看不到，岂不又是一件荒唐事。

（同上，86页）

伏尔泰在这里就是从情理的角度去分析的，他的分析其实并不复杂：中国人写史的历史一定很长，虽然《春秋》之中才有明确的记载，但请问这是一下子冒出来的吗？当然不是，而说明在《春秋》之前已经有了这样的传统，《春秋》只是这个悠久传统的继续而已。还有，这些历史写得非常好，我们从《春秋》中的笔法就可以明显地看出来，请问这样的笔法是可以在一时之间达成的吗？当然不可能！在此前必定还有一个漫长的历史时代，要做到许多的事情，如要创造文字，要在写作的方式上慢慢地改进，这些都需要漫长的岁月。这是显而易见的，如伏尔泰所言"所需要的时间势必比中华帝国仅从伏羲氏算起存在的时间更长"，这是肯定的。我们要知道，一种文字的创造需要多么漫长的努力，要知道这种创造是在人们的思想还处于原始的混沌之时的创造，那必定是一个非常非常缓慢的过程，也就是说需要漫长的历史时期，才能达到比较成熟的文字与表达方式，而我们的甲骨文已经是一种相当成熟的文字了，表达方式也相当地成熟了，难道这不需要漫长的历史时期吗？当然需要，这其实是一种最简单的也最合乎情形的推测。正如伏尔泰所言，"这一点如果看不到，岂不又是一件荒唐事"。

的确如此！

伏尔泰还谈到了伏羲，我们知道，伏羲是中国古籍中记载的最早的王，都无法用年代记述了，在许多中国人眼中也许纯粹是一种神话传说，没有任何存在根据的，就像玉皇大帝一样。但在伏尔泰看来，这伏羲也是实有其人的，他的理由很简单：在有关伏羲的传说里，中国那时候已经有了国家，不是说伏羲是华胥国的人吗？还有，传说伏羲制定了人类的嫁娶制度，又以所养动物植物、居所、官职等为姓，以防止乱婚和近亲结婚，这不说明中国那时候已经有了很多人？还有了官职，就是有了一个社会的等级体制。此外，伏羲还创造了八卦，其可以说是中国哲学之原点，也就是说，从伏羲起，中国就有最早的哲学了。这难道不能说明，在此之前，中国还有悠久的历史吗？至少从伏羲时代起，中国就已经有文明了，这个文明，当然是非常非常古老的，正如伏尔泰所言：

> 不管你们怎样争辩在伏羲以前的十四位王，你们的动人争论只能证实中国在当时人口很多，法律已经通行。现在我问你们如果一个聚族而居的民族，有法律、有国君，就不需要有一个灿烂的古老文化吗？[1]

---

[1] 《哲学辞典》，（法）伏尔泰著，王燕生译，商务印书馆，1991年，第329页。

伏尔泰这样的说法当然是有道理的，作为中国人，我们也应当有这样的自信，——也许我们目前正缺乏这样的自信，因为我们被西方的某些所谓"权威"思想束缚着，因此反而不能像近三百年前的外国人伏尔泰一样看待我们自己的文化，究其根源是一种因为近代以来中国落后挨打而形成的"自卑情结"。伏尔泰当然是没有这样的情结的，因此反而能够冷静客观地分析中国的文明，可以依据情理而不是那些所谓"权威"的看法去理解中国的历史。对于那些西方久已有之的所谓权威的看法，伏尔泰是相当不屑的，他说：

> 我不知道在我们国土有什么文人对于中国民族的上古时代表示惊奇。但是，文人、官吏和皇帝都去相信伏羲氏是大约在我们俗历纪元前二千五六百年在中国制定法律的最早的人之一吧。您应该同意必须先有人民然后才有国家。您也应该同意在一个人口众多而又发明了那些生活必需的技艺的人民集合起来选择一位主宰之前，必须先有一个惊人的非凡时代。要是您不同意这一点，那我们也不在乎。我们永远相信二加二等于四，不管您相信不相信。（同上，320页）

这些话都是合情合理的，值得我们好好思索。

当然，伏尔泰对于中国的古代记载也不是全然的认同，他也有一些微词，例如在《风俗论》中，他说：

> 也许只有一点不足之处，即人们所指责的，伏羲氏自称看到他的法律写在有翼的蛇的背上。然而这个指责本身表明，在伏羲氏之前，人们便已会书写。
>
> ……

总之，不该由我们这些远处西方一隅的人来对这样一个在我们还是野蛮人时便已完全开化的民族的古典文献表示怀疑。①

他这里也指出了中国古籍中有些记载也带神话色彩，这也是符合事实的，《史记》中都是这样，这的确是有点儿问题的，但伏尔泰也看到了，这类的说法是极少的，和《圣经》中的那些可比都不能比，而且，他还看出来，这样的神话记载也不是全无可取之处的，例如它说明了在伏羲之前，中国就是有了文字的。

上面的最后一句话在我看来也是最有分量的，是啊，我们想想吧，当中国已经完全处于文明时代时，不但英国、法国、德国之类在地球上根本看不到，就是到了西方文明的祖宗古希腊文明，当我们中国文明已经辉煌灿烂时，那个孕育了现代西方文明的古希腊文明还差之远矣！一个如此的晚辈怎么可以对我们如此古老的中国文明指手画脚，说我们的历史这里不可靠、那里不悠久呢！想来简直是岂有此理呢！

上面我们花相当长的篇幅分析了伏尔泰对中国文明之悠久历史的分析与肯定，不用说，伏尔泰的说法是有道理的，并且是值得我们衷心叹服的。

因为，在两百多年之前，伏尔泰就对我们中国历史之悠久发出了那样的赞叹，并且不但是赞叹与肯定，而且是有理有据地进行了相当深入的分析，反驳了当时流行的一些所谓专家认为中国文明历史并不悠久，甚至不是土生土长的而是来自埃及之类的论调。

我们要看到，这些论调直到今天还有市场，而我们自己的学者们似乎并没有找到很好的理由去反驳，而是一味地自说自话。若论

---

① 《风俗论》（上册），（法）伏尔泰著，梁守锵译，商务印书馆，1994年，第241页。

根据，也似乎是堕入了西人的研究方法之陷阱，就是去找考古的证据，但这些证据并没有确定性，很难从实物的角度证明夏代的存在，遑论夏代之前的三皇五帝了。若我们纠缠于这样的论证方式，无异于承认这样的观点：只有找到相关的考古证据，才可以证明夏的存在，反之，若找不到，夏就不存在了，就是纯粹的传说了。而事实上，我们确实没找到这样的考古证据，找到的也并不可靠，如此一来，不就等于自己承认夏代只是一个传说了吗？只承认中国的历史是从甲骨文开始的三千多年，不就是否认中华文明有五千年历史了吗？

这些都说明，若要论证我们中华文明有五千年历史，单纯地遵循西人的考古原则是不行的，其原因并不复杂：古代中国人不像埃及人，一般不会用石头建筑规模巨大的建筑，我们的建筑一直是以土木为主的，由于气候的缘故，不可能保存那么久。同时，我们也不会像苏美尔人那样用泥板写字再烧，而一开始是"结绳记事"，后来大概也是写在木片竹子甚至树叶等上，不可能留存太久。总之，不大可能留存夏代的考古资料，这是中国文明的特点或者说"缺点"决定的。因此，对中国文明历史的考察，不能够像传统上的依据于考古学证据，而要像伏尔泰那样，依据于情理与推理，这些情理与推理的可靠性实际上并不亚于考古证据。这前面我们分析伏尔泰时已经说得很清楚了。

实际上，我们还可以更往前一步，联想一下维科是如何分析历史的。在维科看来，我们应当如何寻找历史哲学的本质？即如何找到历史发展的本质性特征？一般人也许认为，实际上现代的历史学家们也是这么做的，就是从考古学上，也就是从"物证"之中去寻找，所谓物证就是那些物质性的证据，如考古发现、文物资料，等等，总是试图从这些以物质形态存在的证据之中去寻找人类历史的脉络。维科却不是这样，他认为，我们更应当从人类的心灵之中去寻找人类的历史。他的原因很简单：人类社会是由人创造出来的，正如自然世界是由上帝创造出来的一样。因此，同样地，正如自然万物只有上帝才知道一样，我们人则可以了解人类社会。而了解的具体方法则必须是从人类的心灵之中去寻找，从人类心灵的各种变化之中去寻找。对此他在《新科学》中说：

> 但是在距离我们那么远的最早的古代文物沉浸在一片漆黑的长夜之中，毕竟毫无疑问地还照耀着真理的永远不褪色的光辉，那就是：民政社会的世界确实是由人类创造出来的，所以它的原则必然要从我们自己的人类心灵各种变化中就可找到。①

在这里，维科其实还说明了，并不是说古代文物不可以用，而是因为我们现在所探讨的是最遥远的历史，这些历史由于太过遥远，一切古代文物都已经湮没了，我们不可能找到，但我们又不能够因为没有文物而放弃对古代世界的探究，怎么办呢？那就是从人类的心灵发展史中去寻找了。在维科看来，我们人类现在的心灵，包括语言，都是从遥远的古代发展而来的，它必然和那遥远的古代有着千丝万缕的联系，只要我们仔细发掘，就会找到这种联系，并且由此推知远古社会的情形。

维科的这个说法是极为深刻而重要的，即使从科学上也是可行的，在此我可以举个简单的例子，达尔文为什么可以提出进化论来？为什么认为人是从古代的猿类进化而来的？归根究底理由很简单，就是因为他从现代人类的身体结构等研究，发现了其和猿类之间的相似之处，加上对其他物种，尤其是加拉帕戈斯群岛上的物种进行的研究，得到了物种进化的思想，由此推及于人，于是提出来了人类的进化理论。请问这个推论的基础之一是什么？当然是他认为现

---

① 《新科学》，（意）维科著，朱光潜译，商务印书馆，1989年，第153—154页。

代的人类与远古的人类即古代的猿类之间既存在着差异，但又存在着相似性。因为人类无论怎样进化，总有某些特征有着猿类祖先的特征，例如有着十根长短不一的手和脚趾，有着大致相似的身体整体结构，如此等等，这就是进化论成立的基础之一。

人类的身体如此，心灵也是如此。我们现在的心灵虽然已经与远古时代的心灵之间存在着极大的区别，但我们不能否认，依然有着某些相似之处，即我们心灵之中依然有着古人心灵的遗迹。只要找出这些遗迹，我们就可以由此去理解古人的心灵特征，然后是社会特征，总之理解古代的社会，这就是维科历史哲学的根本目标。这种方式实际上与进化论是内在一致的，不过后者研究人的身体，而前者研究人的心灵。

在我看来，维科的这种研究方法对于研究我们中国古代文明也是极为有用的。我们知道，中国虽然号称有着五千年的文明，但若讲考古资料，则只有三千多年，起于商代，商代以前只有原始社会的资料遗存，例如半坡与河姆渡文明之类，实际上都不能说是文明社会，而是原始社会。至于我们耳熟能详的夏代，可以说至目前为止没有任何可靠的文物流存，所存者唯有一些文字的记述，如《史记》《竹书纪年》等中的记述。夏代如此，更遑论夏代之前的三皇五帝了，在许多人看来，基本上是一些神话，西方的历史学家们是断乎不将之视为真实的历史的。

但倘若依据维科的观点，则不但夏代是存在的，三皇五帝同样是存在的，并且是可以研究的。如何研究？就是根据现在留存的那些史书记载以及神话传说去研究，以及从我们现在的心灵之中、语言之中去研究，去寻找那远古文明的遗迹。

还有，语言与心灵在这里是统一的，我们如何去探讨我们的心灵？当然主要是通过语言，因为我们是用语言去表达我们的心灵的，而古书也是用以表达古人的心灵的，因此在文字与心灵之中存在着极为密切的联系,我们由文字可以通过心灵,无论古今。

上面我们通过对维科关于心灵的分析讨论了中国的历史,对中国历史的悠久有比较清楚的认识了,也当对于西人传统的僵硬的考古法的局限性有所认识了。现在再与伏尔泰的有关论述结合起来,再更往前地结合莱布尼茨对中国文化的推崇,当可以对我们自己的文明的悠久有更加清楚的了解,也更加自信。

当然,伏尔泰对中国文化的了解不止于它的历史悠久,还有更多的内容,例如还有对中国文明的特色与优越性的分析,当然也有对中国文明之缺憾的分析,这些对于我们了解自己的文明都是极有益的,不能略过。

第二节 中华文化的优越性

在伏尔泰看来,中华文明的第一大优越当然是历史悠久,这前面已经说过了。不过,伏尔泰还认为,中国文明不但悠久,而且恒定,也就是说,中国文明的各个方面,从语言衣饰直到政治法律,自从诞生以来就没有多大的变化:

> 中华帝国从它存在之时起。就比查理曼帝国幅员辽阔,如果把中国人当时的藩属高丽和安南包括在内,就更是如此。……这个国家已有 4000 多年光辉灿烂的历史,其法律、风尚、语言乃至服饰都一直没有明显变化。①

不过,这话在今天来看只有一半是正确的,因为今天的中国已经变了,我们的衣服与政治等都已经和中国几千年以来的传统大不

---

① 《风俗论》(上册),(法)伏尔泰著,梁守锵译,商务印书馆,1994 年,第 239 页。

相同了,实际上是采用了外族的东西,如衣服是来自西方人的,政治制度同样如此,因为马克思是西方人。但若从历史的角度或者中国文明整体的角度去看,伏尔泰的说法是正确的,这也是中国文明最主要的特点之一,就是它的几乎"亘古不变",是一种超级古老又超级静态的文明,和人类其他古老文明都大不一样。

提起中国文明的古老时,伏尔泰还带着羡慕的口气说:

> 早在四千年前,我们还不知读书识字的时候,他们就已经知道我们今日拿来自己夸口的那些非常有用的事物了。①

伏尔泰眼中中国文明的第二个优越之处是讲理性,没有西方文明中一向有的宗教冲突与迷信。

倘若了解西方的历史与哲学,我们就可以看到,西方历史上可以说充满了宗教的迷信与狂热还有不同教派之间的冲突,这导致了数不清楚的灾难,但中国文明一向没有这样的灾难。这是伏尔泰非常羡慕的,对此他说:

> (中国的)皇帝和官员们的宗教从未受到伪善者的玷污、政教之争的干扰和乖谬的革新教派的诬蔑。革新教派常以同等乖谬的论据互相攻讦,结果是狂热信徒在叛逆者的引领下彼此兵戎相见。中国人特别在这方面胜过世界上的任何其他民族。②

这的确是中国文明的一大特色,即我们中国历史上从来没有宗教的狂热以及因此而来的血腥屠杀,这前面已经说过了。

---

① 《哲学辞典》,(法)伏尔泰著,王燕生译,商务印书馆,1991年,第331页。
② 《风俗论》(上册),(法)伏尔泰著,梁守锵译,商务印书馆,1994年,第88页。

伏尔泰还探究了之所以能够如此的原因,他认为那原因就在于孔夫子创立的儒学。我们知道,中国从汉代开始就是儒学立国的,千年未变,而儒学在伏尔泰看来,是最理性的、最少迷信的哲学:

> 中国的儒教是令人钦佩的。毫无迷信,毫无荒诞不经的传说,更没有那种蔑视理性和自然的教条。①

这也是明显的事实,大家都听说过《论语》中的两个名句:"子不语怪力乱神。"

> 季路问事鬼神。子曰:"未能事人,焉能事鬼?"曰:"敢问死。"曰:"未知生,焉知死?"②

这可以说是儒学一个极大的特点,甚至本质性的特点,也是儒学不能被称为"儒教"的原因所在。一种没有神甚至谈都不想谈神的思想是无论如何也不能称为宗教的,除非对宗教的含义做出绝大的修正。

不过,伏尔泰在这个问题上还有另一个观点,就是认为没有迷信与宗教冲突并不意味着中国无神,相反,在伏尔泰看来,中国人是信神的,就像西方人一样。这和他一向反感的莱布尼茨的思想倒是颇为一致的。关于这一点他在《风俗论》与《哲学辞典》中都说得很清楚。例如在《风俗论》中他说:

> 我们西方人随便指摘跟我们想法不同的人为不信神者,对中国人也这样滥加责难。中国政府在几乎所有的诏书中都这样说:"冥冥上苍,万民之父,赏罚公正,祈祷

---

① 《哲学辞典》,(法)伏尔泰著,王燕生译,商务印书馆,1991年,第331页。
② 《论语·先进》。

必受天佑，为恶定遭天谴。"这样的政府，只有像我们这样在一切争论中都信口开河的人，才会把它说成是不信神者。

这样说当然是符合史实的，中国虽然没有西方那种系统化的宗教，但这并不意味着中国人没有神，相反，中国是有神的，敬天畏神是中国文明最古老的传统之一。关于这个问题完全可以写出许多的长篇大论来，我们就不多说了。其实从一个小细节就看得出来，我们知道，中国皇帝的圣旨开头通常是："奉天承运皇帝诏曰"，这是源于秦朝的说法，这里的"天"就是天帝，就是神，只是一种朴素的神，没有基督教的耶和华那样分明罢了！但历史可是一样古老的。

中国皇帝圣旨中这种说法的宗教含义伏尔泰也看到了，因此他在《哲学辞典》中说：

> 只要看一看幅员广大的中国的皇帝们的历代诏书，就可以看出这类诏书都是些训词，而且满篇所谈的不外是神明、赏罚严明的主宰。

伏尔泰还认为，在中国古代有一种有特色的中国宗教，即帝王和士人的宗教，其中皇帝是首席的大祭司，他的祭天就是祭神。当中国处于王朝时代，皇帝每年都要干这个——北京的天坛就是做这个用的。

在伏尔泰看来，中国这种古老的有神信仰是很重要的，甚至于是比西方的基督教更好的宗教。因为在这种宗教之下，我们只要服从于那个神秘的神或者说天就可以了，中间没有迷信，只有单纯的信仰；没有西方基督教会的从教士到主教到教皇的复杂的教阶体系。从西方历史之中可以清楚地看到，正是这种复杂的教阶体系和数量庞大的教士们造成了西方历史上的许多黑暗面。西方社会的宗教改革正是从教会改革开始的,是从反对天主教那些复杂的教阶体系开始的,这也是基督教新教异于天主教的主要地方。在伏尔泰看来,中国的宗教从来就没有这些,这是中国宗教最大的优越之处,正是这一切使得中国即使经历了两次的被异族征服,依然能够繁荣昌盛:

> (中国人)他们从远古时代就承认有一位独一无二的上帝;上帝以下什么属神都没有,在上帝和人之间什么神仙或魑魅魍魉都不存在;什么显圣、降神谕之类的事也没有;根本没有什么抽象的教条;在通儒文士之间,也从来没发生过神学一类的争论;皇帝本人就是教长;那里宗教一贯是庄严纯朴的。所以这个幅员辽阔的帝国虽然经过两次被异族征服,却仍然保持它的完整性,而且令它的征服者遵守了它的法律,以致就在人类被罪行和灾难纠缠着的时候,它却依然是地球上最繁荣昌盛的国家。①

从这番话就可以看出来,伏尔泰对于中国文化的理解何其深刻,纵观整个西方哲学史甚至西方历史,恐怕只逊于一人,那就是莱布尼茨。还有,莱布尼茨之所以要强于伏尔泰,主要原因是因为莱布尼茨本身就是一个伟大的哲学家,他对事物包括中国文明的理解之深刻是与他整个伟大而富于独创性的思想体系深刻结合在一起的。因此之故,伏尔泰当然是没法同莱布尼茨相比的,但这种逊色有类于一种先天的逊色,就后天而言,伏尔泰对中国文明的了解之深刻与赞赏的程度是不亚于莱布尼茨的。这只要对比一下我们前面讲莱布尼茨时的有关分析就看得清楚了。

伏尔泰眼中国文明的第三个优越性就是它在法制与道德方面的

---

① 《哲学辞典》,(法)伏尔泰著,王燕生译,商务印书馆,1991年,第428页。

优越。

关于中国古代究竟是法治还是人治，向来就有争议，有许多学者认为中国一向是个人治的社会，而不是法治的社会。对于这样的观点，伏尔泰是不认同的，他认为中国向来就有着相当完整的法律体系，因此中国也一向是个法制社会，至少是一个法制为主体的社会。

在这里伏尔泰举了一个简单然而"顶级"的例子，就是中国皇帝。我们一般人都认为，中国古代的皇帝是绝对的专制君主，是超越于法律之上的，"普天之下，莫非王土；率土之滨，莫非王臣"，皇帝可以随意行事，完全不要讲什么法律。但伏尔泰认为不是这样的，他说：

> 人们在皇帝面前必须像敬拜神明一样下跪，对他稍有不敬就要以冒犯天颜之罪受到惩处，所有这些，当然都不能说明这是一个专制独裁的政府。独裁政府是这样的：君主可以不遵循一定形式，只凭个人意志，毫无理由地剥夺臣民的财产或生命而不触犯法律。所以如果说曾经有过一个国家，在那里人们的生命、名誉和财产受到法律保护，那就是中华帝国。执行这些法律的机构越多，行政系统就越不能专断。尽管有时君主可以滥用职权加害于他所熟悉的少数人，但他无法滥用职权加害于他所不认识的、在法律保护下的大多数百姓。①

伏尔泰的这番话放到所有朝代的所有皇帝身上也许不行，因为有些皇帝的确可以任意胡为，完全不讲规矩，的确法律也拿他没办法。但若论中国历史的整体特色，这种说法依然是有道理的。在中国的

---

① 《风俗论》（下册），（法）伏尔泰著，谢茂申等译，商务印书馆，1997年，第509—510页。

历史之中,我们可以看到,历朝历代都有法律,而法律确实是皇帝也要遵守的。这样的法律包括两种,一是祖宗之法,即一些祖上传下来的规矩,二是成文法。这两种法律一般而论皇帝都是要遵守的,在绝大多数情形之下也确实是遵守的。若有哪个皇帝不遵守,那些大臣一定会冒死进谏,直到皇帝尊重法律为止。因此中国一向有"王子犯法,庶民同罪"的说法。《史记》中也有这样的记载,出自秦国商鞅变法之时:

> 于是太子犯法。卫鞅曰:"法之不行,自上犯之。"将法太子。太子,君嗣也,不可施刑,刑其傅公子虔,黥其师公孙贾。明日,秦人皆趋令。行之十年,秦民大说,道不拾遗,山无盗贼,家给人足。

这就道出了为什么要尊重法律的道理,因为只有这样国家才能稳定、才能强大,秦国之所以能够灭六国,一统天下,与它的法律是关系极大的。

伏尔泰在《风俗论》中还记载了一个皇帝,就是康熙皇帝,伏尔泰像莱布尼茨一样,对康熙大帝是崇拜至极的,称他是"善良仁慈、行高德美而驰名遐迩的君主",还说康熙帝虽然是专制君主,但也遵循古例,遵守国家的法律,按法律而行事。

至于为什么中国会成为一个法制社会,伏尔泰认为同样和儒学有关,他认为孔夫子实际上就是一位"传授古代法律的贤明官吏":

> (中国人)他们的孔子不创新说,不立新礼;他不做受神启者,也不做先知。他是传授古代法律的贤明官吏。我们有时不恰当地把他的学说称为"儒教",其实他并没有宗教,他的宗教就是所有皇帝和大臣的宗教,就是先贤

的宗教。孔子只是以道德谆谆告诫人,而不宣扬什么奥义。①

看到了吧,伏尔泰也认为中国是没有什么儒教的,他对孔子的理解也是正确的,我们知道,孔夫子是极重视法律的,他的身份也的确可以说是"传授古代法律的贤明官吏",例如在他短短的为官生涯里,曾为鲁之司寇,司寇就是掌管刑狱、纠察等与司法之事的官,类似后世的刑部尚书,即是国家的最高大法官。

伏尔泰对孔夫子的律法可以说是极其尊崇的,他甚至说过这样的话:

> 世界上曾有过的最幸福、最可敬的时代,就是奉行孔子的律法的时代。(同上,253 页)

这话就是我们现在听上去也有些过分吧!由此也足见伏尔泰对孔夫子以及中国古代法制社会的推崇。

伏尔泰还同样推崇中国古代奠基于法制之上的极有规范的行政体系,包括通过科举考试录用官员的体系,并发出了这样的赞美:

> 人类肯定想象不出一个比这更好的政府:一切都由一级从属一级的衙门来裁决,官员必须经过好几次严格的考试才被录用。在中国,这些衙门就是治理一切的机构。②

在伏尔泰看来,中国古代的政府是人类可以想象出来的最好的政府了!这样的赞美是不是我们自己听上去都有些脑袋发懵呢?大

---

① 《风俗论》(上册),(法)伏尔泰著,梁守锵译,商务印书馆,1994 年,第 88 页。

② 《风俗论》(下册),(法)伏尔泰著,谢茂申等译,商务印书馆,1997 年,第 509 页。

概还会这样问:"我们中国的古代社会真有那么好吗?"至少在伏尔泰看来是最好的,其实我们只要从一个角度来看就会明白这样的说法至少不是没有道理的。试问:在全世界所有的现存文明之中,哪个最为古老?答案就是中华文明。其他的古代文明,例如古埃及文明、古西亚文明、古代克里特文明、古印度文明,如此等等,虽然一度辉煌,甚至比中国古代文明更加古老,但都已经消失了,只有中华文明一直延续到今天,生生不息。请问这是为什么呢?难道与中国历代的政治与法律制度没有关系吗?那当然是有关系的,这是不言而喻的。甚至于可以说:正是因为中国有着古老、强大而有凝聚力的政治、法律制度以及文化传统,我们这个民族及其文化才可以如此生生不息,并且辉煌灿烂。

这是伏尔泰对中国政治体制的赞美,相应地,在他看来,正是在这样的制度之下,中国人民具有很高的道德水平。当然也可以反过来说,中国的上述政治体制是奠基于中国人民崇高的道德水平之上的,而这种道德的基础依然是孔夫子所创立的儒学。对此他说:

> (中国)这个庞大的帝国的法律和安宁建筑在既最合乎自然而又最神圣的法则,即后辈对长辈的尊敬之上。后辈还把这种尊敬同他们对最早的伦理大师应有的尊敬,特别是对孔夫子应有的尊敬,合为一体。①

伏尔泰在这"后辈对长辈的尊敬之上"讲的就是孝。在伏尔泰看来,中国的整个法制与安宁都是奠基于孝这种美德的,他也将这种美德形容为"最合乎自然而又最神圣的法则"。由此可以看出来,伏尔泰对孝也是极为重视的,这也显示了伏尔泰对中国文化的深刻

---

① 《路易十四时代》,(法)伏尔泰著,吴模信等译,商务印书馆,1984年,第600页。

了解。因为中国文化可以说正是如此，即正是基于孝这种道德的，这就是所谓的"百善孝为先"：

> 百善孝为先，万恶淫为源。常存仁孝心，则天下凡不可为者，皆不忍为，所以孝居百行之先；一起邪淫念，则生平极不欲为者，皆不难为。①

更早地，孔夫子则说：

> 君子务本，本立而道生。孝悌也者，其为仁之本与！

看到了吧！在孔夫子看来，孝是仁的根本啊！而仁是儒学之根本，儒学可以说就是求仁之学。因此从某个角度上来说，孝是整个儒学的根本，一如它是中国传统道德的根本。

伏尔泰说，正是在这样的道德教育之下，使中国人民成了普遍有道德的人民，在《风俗论》里，他这样记载了当时中国人的情形：

> 据一些传教士说，公共市集上的拥挤和混乱，如果是在我们这里，就会引起粗鲁的吵闹和经常发生无礼的举动；但在中国，传教士往往看到农民按当地的习惯，彼此作揖，为给对方造成麻烦而请求原谅，他们互相帮助，心平气和地解决一切问题。

我们可以相信，伏尔泰的记载是真实的，因为这来自传教士们的记述，而他们是不大可能就这样的事撒谎的。还有，伏尔泰所处的时代，正是中国封建王朝最后一个伟大而昌盛的时代，即"康乾盛世"之际，这种情形是完全可能的。

---

① 《白话〈围炉夜话〉》，（清）王永彬著，希望出版社，1991年，第189页。

第三节　中华文化的局限性

看了上面伏尔泰热烈赞美中华文明的话语后，我们可不要以为伏尔泰对中国完全是一味的称赞，并非如此，他也看到了中国文化的缺陷，例如他曾这样说过：

> 人们可以是一位很糟糕的物理学家而同时却是一位杰出的道德学家。所以，中国人在道德和政治经济学、农业、生活必需的技艺等等方面已臻完美境地，其余方面的知识，倒是我们传授给了他们的；但是在道德、政治经济、农业、技艺这方面，我们却应该做他们的学生了。[①]

伏尔泰在这里说得很清楚：中国与西方之间是各有所长，中国之长在于道德、政治与经济、民生、技术等方面，但中国在其他方面则有所缺憾，要向西方学习。

具体是哪些方面呢？现在我们就来看看吧，看看伏尔泰眼中中国文化的局限性。

在伏尔泰看来，中国文明的第一个也是最大的缺憾是在古代取得了伟大成就之后就停滞不前了，在《风俗论》里他曾经发出了这样的感叹：

> 人们要问，既然在如此遥远的古代，中国人便已如此先进，为什么他们又一直停留在这个阶段；为什么在中国天文学如此古老，但其成就却又如此有限；为什么在音乐方面他们还不知道半音？这些与我们迥然不同的人，似乎大自然赋予他们的器官可以轻而易举地发现他们所需的一

---

① 《哲学辞典》，（法）伏尔泰著，王燕生译，商务印书馆，1991年，第323页。

切，却无法有所前进。我们则相反，获得知识很晚，但却迅速使一切臻于完善。

这段话是对中国与西方近代史的最好对照。一方面，中国有着古老的文明，千年之前就领先世界，然而在领先世界千年之后，到了近代却又停滞不前了。事实上，早在很久以前，中国文明就已经停滞不前了，其主要根源应该就在于我们传统的哲学思维方式了。在这种传统思维方式里，自从春秋战国之后，我们哲学所面对的对象就不再是世界本身、事物本身，而是他人的思想，是他人的"书"与"经"，是把几本春秋战国时代——和古希腊哲学大致是同一个时代——的几本经典翻来覆去地诵读，读了千遍也不厌倦。当然不能说这样的方式有什么不好，但一个不可避免的结果是，以这样的方式——哪怕皓首穷经——能够产生新的、与先贤们不同的思想吗？就像古希腊之后西方其他哲学家们的思想那样新的思想？不管理论如何，事实上没有。所以，我们自从春秋战国之后，那一样辽阔的东方大地只是一片平原，也可以说是一片荒原——新思想的荒原。

而这种哲学思维方式影响所及的不但是我们的哲学，还包括我们的科学，而科学的影响又直接涉及我们的生活以至于整个的文明形态，使我们的文明趋于停滞。

与中国相反，西方社会却是敢于创新，敢于超越，敢于在古希腊罗马哲学之外创立新的哲学，从而也有了新的科学，而这就是西方文明后发而先至，其力量终于压过中华文明的根源所在。这个结果在伏尔泰时代还不明显，还要等上百来年，到晚清才清晰地呈现出来，那结果就是鸦片战争与《南京条约》。

伏尔泰不但看到了中国文化的停滞，还说了一些具体的表现，例如说我们中国没有科学，只有哲学，而这些哲学还停留在没有推理，只有死记硬背、盲目崇拜的状态，就像西方的中世纪哲学家们崇拜亚里士多德哲学一样：

> 我们相当了解中国人现在还跟我们大约三百年前那时候一样，都是一些推理的外行。最有学问的中国人也就好像我们这里十五世纪的一位熟读亚里士多德的学者。（同上，323页）

这样的说法是很直白的，也符合于事实，事实上，直到今天，我们中国虽然从西方传入了科学，但哲学上还和那个时代差不多，大多数人还缺乏独立的推理，缺乏对世界本身的观察与研究，而是读书，只是在读孔孟老庄之外，多了柏拉图、亚里士多德、康德、海德格尔、胡塞等人而已！一辈子在这些书中打滚，一直滚到人生的尽头。这样下去，中国的哲学再过一百年，一定也还会是老样子。

对于中国的缺乏科学，伏尔泰列举了一个有趣的历史现象，那就是我们中国人首先发明了火药和指南针，却不用于武器制作与航海：

> 他们从未成为优秀的物理学家，但他们致力于化学，发明了火药；不过他们只拿火药来制造烟火，用于节日。在这方面，他们胜过其他民族。几个世纪以前，教他们使用火炮的是葡萄牙人，而教会他们铸造大炮的则是耶稣会士。[①]
>
> 他们有指南针，但并未真正用以指引船舶航行。他们只是在近海航行。他们的土地能提供一切，用不着像我们这样奔赴天涯海角。罗盘，就像发射用的火药一样，对他们来说，只是纯粹的玩物，他们也不因此感到可惜。（同上，248页）

这两段话很清楚，不需要解说，但值得我们深深思索。我们知道，

---

① 《风俗论》（上册），（法）伏尔泰著，梁守锵译，商务印书馆，1994年，第247页。

欧洲人的强大与称霸世界之始是"发现"新大陆。而之所以能够发现新大陆，一个必不可能的条件就是十五世纪时，欧洲人已经有了比较先进的航海技术和军事技术。前者保证他们能达到他们要到达的地方，后者保证他们到达那个地方后能用武力进行掠夺。

这两个条件其实都是我们中国人种下的"恶果"。我们知道古代人打仗用的是弓箭长矛等，如果用这些冷兵器，少数探险的欧洲人要打赢人口众多的中国、印度或者印第安人想都不用想，多半只有挨打的份，像他们曾经挨匈奴人和蒙古人的打一样。但现在他们已经发明了新式武器——枪炮。它们的威力较之弓箭长矛要厉害多少？

枪炮之所以产生，最重要的基础是火药！它的发明者就是我们中国人的祖先。可我们的祖先只用火药来做鞭炮，赶鬼贺喜，西方人却用它来做枪做炮，然后用它们来打我们！

另一样进步就是航海技术的进步。这时欧洲人已经能造出可以长途航行的大海船了。它十分坚固，经得住狂风恶浪的拍击；挂着多面大帆，简直跑得像马一样快；还装备着大炮，像一座海上的堡垒，载重上千吨。此外，更重要的是，它还装备了罗盘，罗盘能使它在茫茫大海上航行而不致迷失方向，这是远洋航行的第一要务。

这罗盘像火药一样是我们中国人发明的，不过我们的祖先发明它主要用来看风水。

这样的情形，思来不由不令人寒心！

伏尔泰看到这样的情形也是颇为感叹的，也进一步询问为什么中国人要如此？他经过思索，找到了两个原因：

> 如果要问，中国既然不间断地致力于各种技艺和科学已有如此悠久的历史，为什么进步却微乎其微？这可能有两个原因：一是中国人对祖先留传下的东西有一种不可思议的崇敬心，认为一切古老的东西都尽善尽美；另一原因

在于他们的语言的性质——语言是一切知识的第一要素。

用文字表达思想本应是一种极其简单的手段，然而对于中国人来说，却是极端困难的事。每个词都由不同的字构成。在中国，学者就是识字最多的人；有的人直到老还写不好。（同上，249页）

这里面的第一点不用说了，崇古是中国文化最大的特色之一，是孔夫子都有的情形，这也是中国之所以停滞不前的最主要原因，我们前面已经说过了。

至于第二个原因，文字，伏尔泰说得也是有道理的，这我们在前面讲莱布尼茨时就已经说过了，中文虽然是古老的语言，但这种语言非常难以掌握，是世界上最难的语言之一，甚至于可以称为世界上最难掌握的语言。我们知道，人无论要表达什么都必须依赖语言，而要表达系统化的知识则要用文字语言，这种文字是思想表达最基本的工具，工具掌握不好，就不可能很好地表达。这在西方不是个问题，因为他们的写字与说话是统一的，掌握一些基本的规则之后就可以写了，懂说就会知道写。也就是说他们可以很轻松地掌握文字这种工具。此后就可以用这种工具去创造新的知识了。但中国就不一样了，汉语的文字是极难掌握的，会说与会写根本就不是一回事，写与说之间可以说没有关系。所以，我们在说之后，还要从零开始去学会写，而这些要写的字也是极难极难的。它们是由一笔一画几乎没有规则地组成的，而且大部分构造复杂，即使我们生下来是中国人，要掌握这些文字也是很难的。学会写难、写得好就更难了，很多人就像伏尔泰所说的"直到老还写不好"，这也是不折不扣的事实。

不用说，这样的情形对于中国人掌握知识是极大的障碍，掌握新知识之后的创造新知识就更难了！这也是中国文化难以发展、停滞不前的另一个重要原因。打个比方吧，两个人去砍树，一个人用的是铁斧，另一个人用的是石斧，请问哪个人砍得快？当然是铁斧！这就是孔夫子所谓的"工欲善其事，必先利其器"。

可以说，若讲用以表达知识，尤其是用文字把知识写出来的难度或者学习两者的难度，中文与英文之间的差别几乎不亚于铁斧与石斧之间的差别！

这就是中国为什么一直有人主张消灭汉字，用拉丁化的字母代替的缘故，这当然是难以成功的，因为这等于消灭了中国传统文明之核心，但汉字的简化是很必要的。

以上就是伏尔泰对中国文化的分析，看了这些分析，令人有些感慨吧！但我们不应当止于感慨，而且要深思之，并且思谋改进之法。

这应该是我们中华文化未来最重要的课题之一！但这个课题并不是那么好解决的——"路漫漫其修远兮，吾将上下而求索。"

跋

　　写这本书我首先要感谢的是海南大学的傅国华教授，傅教授虽然是海大的校级领导之一，但却是一个学术型的领导，一向重视学术研究，不但自己热衷于此，创立了颇具特色的分层次管理思想，而且出版了多部相关著作，产生了不小的影响，对于学校其他老师的学术研究也鼎力支持，曾多次与我畅谈各种学术问题，使我受益匪浅。

　　有一天，傅教授和我谈起了西方哲学，想知道西方思想史上是否有相应的分层次思想。这当然是有的，例如中世纪哲学家们证明上帝存在的主要方式就是认为世界万物是分层次的，并且正是这种分层次的现象表明了必须有一个最高层次的存在，这就是上帝。傅教授对我的话很感兴趣，请我总结一下这方面的思想。

　　除此而外，傅教授还对人类的思维模式也颇感兴趣，认为人类的思维模式可以分成多种，如实证的、逻辑的等等，并且提出了一种中国独有的思维模式"联觉思维"，即基于简单的感觉而来的思维，认为这是中国传统上最主要的思维模式，相应地，中国缺乏其他两种思维模式，即逻辑思维与实证思维，正是在这两种思维模式上的落后导致了近代以来整体的中华文明的落后。

　　我对傅教授的结论是十分赞同的，认为其符合中国的历史国情，傅教授又委托我整理一下西方思想史上这两种思维模式的表达及其缺失对中国所产生的影响。由于我此前已经对整体的西方哲学史，从古希腊一直到康德，都有比较完整的研究，也写下了相应的文字，这样的总结对于我并不难。但正是在这样的总结之中，我看到了西方哲学家之中的三位有一个共同之点，就是对中华文明有着比较深刻的理解，也有着相当多的分析与表述，并且表达了对中华文明的高度敬意。当然同时也有相应的批评，并且这些批评都是怀有善意的。这在西方哲学家当中是相当罕见的，在我看来也是相当宝贵的，值得奉献给国人。所谓"他山之石，可以攻玉"，他人对我们的评价或许比我们自己对自己的评价更加可靠的，对个人是如此，对国家与文化同样如此。

正是基于此，我才最终写出了这本《西方哲学家中的中国之友——马勒伯朗士、莱布尼茨与伏尔泰思想研究》，因此，在这里我首先要感谢的就是傅国华教授，没有他，我很可能不会写这本书，虽然这些内容我实际上早已经写出，但不会将它们归入一部单独的作品。

此外，我要感谢的人还有很多，例如张志扬教授近20年以来对我各方面都帮助有加，我一直深怀感激；还有我们中心的两任领导曹锡仁教授与张治库教授，他们对我的研究与写作也给予了大力的支持，使我可以基本上脱离繁重的教学任务而专心写作，这是我写出许多本作品的基础。

我同样要感谢的还有商务印书馆的郭可与刘玥妍二位女士，能够有幸认识她们、与她们合作是我一生莫大的荣幸！我还要感谢我的硕士导师倪梁康教授与博士导师陈启伟教授，以及我的同门师兄弟、也在商务印书馆工作的关群德博士还有他活泼善良的夫人、在清华大学图书馆工作的李晓红博士，没有他们，我恐怕也难以走上这样的学术之路，更难与商务印书馆有如此愉快的合作。

是为跋。

2017 年 10 月 26 日于海大研究室